都是孔子惹的禍？

魏得勝——著

序

感覺上，想說的話，在書裡都說了，再來個序，似乎就語塞了；感覺上，一本書，還是有個序好，於是埋頭就寫，洋洋灑灑數千字，可回過頭來，怎麼看都不滿意。最後，思來想去，還是覺得寫給向繼東[1]先生的一封信最合適，是以偷懶照搬，是為序。

繼東兄：

您好！

《歷史的點與線》[2]一書，容易給人一個錯覺，似乎在寫中國數千年的歷史。其實不然，我也沒有這樣的意圖。我只不過在借助歷史框架這個平臺，來表達我個人的一些思想，一些對歷史的不同見解，如此而已。當然我也不否認，這本書是有一條從混沌到近代的灰線穿插其中，但這絕不表明，這就是一本歷史考證性的書。不是的。還是那句話，通過自己的視角，我在表達，發出我對歷史獨有的聲音。

1 向繼東：編輯家《歷史的點與線》初版主編。

2 《都是孔子惹的禍》，二〇〇五年初版簡體中文版時，書名為《歷史的點與線》。

就歷史題材的寫作而言，我固執地認為，歷史細節應該交給文學作品去完成。而純粹的歷史作品，應靠基本事實、靠歷史框架來完成。歷史必須有它自身的高度，這個高度就在於，學人是否用獨特的歷史眼光，給後世提供了可供借鑒的人類文明史經驗。比如我們看蘇聯二十世紀三十年代的大清洗，如果「大清洗」的基本事實是存在的，被清洗者無論是幾百萬人，還是上千萬人，抑或數百人，性質上都是一樣的（一七七〇年三月五日，英軍在波士頓殺害五名平民，既被稱為「大屠殺」）。這個時候，我們的歷史眼光就需要放遠一些、開闊一些，去探討為什麼會出現大清洗這種荒唐而令人髮指的事件，去探討專制在蘇聯所起的破壞作用等等。

基於這樣的認識，我一直在思考中國的歷史。直到這本書寫完，才覺得我從來沒有像今天這樣，如此清晰而理性地看到中國史的走向與演變。我知道，在觀點上，這本書必定存在許多值得商榷的地方。問題是，就看傳統社會怎麼看。具體而言，就是從哪個方向來看。一部書稿寫出來，經與編者的心靈碰撞，書一經出版面世，就完成了知識份子間的相互欣賞（贊同與反對都在欣賞的範疇）。這時，不同的讀者肯定會有不同的看法，這是正常的。如果誰寫了一個東西，一出手就讓所有的人認同或反對，那一定不是什麼好書。我堅持認為，知識界沒有任何一種觀點是鐵打的。反過來說，只有允許不同觀點的存在，知識界才無愧於「知識界」這樣一個尊稱。進而說，只有允許不同觀點的存在，才是一個成熟和健康的社會。讀者可以不同意一本書裡的觀點，但如果這本讓你產生了許多以前從沒思考過的東西，那麼事實上，這本書對你而言已經是開卷有益了。我堅信自己的這本書，能做到這一點。

最後我要說，這本書裡的觀點，無論是贊同我的，還是反對我的，都是我的良師益友。我喜歡贊同，更喜歡異議。異議使我的頭腦更清晰、思想更成熟。

即頌 大安！

得勝頓首

二〇〇四年二月十三日

接下來的話，就是本書修訂之後要說的。回眸寫於二〇〇三年的這本書，可謂青澀盡顯，且有諸多不如人意之處。如推倒從來，就是另一本書了。因此，除少部分略作訂正外，餘皆保留它粗陋的原貌。新的想法，放在「修訂瑣記」之下。

二十一世紀初，中國正處於思想啟蒙的偉大時代，出版社與讀者，以寬廣的胸懷、飽滿的熱情，接納了我這本並不成熟的史學之作。著名學者向繼東、林賢治、鄢烈山，更是不惜筆墨，力薦此書。《歷史的點與線》的暢銷，意外引來執政當局的封殺與禁售。借用胡適先生的話說，這也不失為光榮的下場。

暢銷與禁售效益，使得本書在誕生十年後的今天，成為奇貨可居的精神產品（網路書店最高單價，每本賣到四百多元人民幣），這是我所不能預見的。至於當局為什麼要封殺與禁售這本書，答案就在書裡。相信，不同經歷的讀者，會有不同的答案。

目次

秦朝篇

漢朝篇

隋朝篇

唐朝篇

宋朝篇

元朝篇

明朝篇

清朝篇

民國篇

混沌篇

神話・傳說・煮一鍋

中國史，一說就是上下五千年，這很容易使人畏懼。而這五千年，似乎也比較含混。中國文字妥善保存，也就從周王朝東遷開始。籠統算下來，至今也不過兩千八百年的歷史。即使如此，也足以讓後世頭暈目眩了。

但真要梳理中國史，還須從遠古說起。遠古有多遠呢？有虛無縹緲那麼遠。這一時期的主角，非盤古莫屬。據說，盤先生是咱中華一族的祖先。央視早年有個評書節目，片頭歌曲，頭一句就是唱他的，「盤古開天地，地久天長……」其實，真有沒有盤古這麼個人，誰又在乎呢？

不過，作為中華民族的精神史，神話中的盤古，也就有了追溯的必要。於是，在一個誰也無法確知的時間裡，從一巨星中突兀地殺出一個人來，他就是盤古先生。巨星開裂，始有天和地。盤古開天地就是這麼來的，你看到《西遊記》裡的孫悟空出世了嗎？謂之差不多吧。盤古先生還非常的悲天憂人，他看到自己開闢出的天地無光無熱無水無山，一句話，什麼都沒有，後代怎麼活呀。盤古一咬牙：「算了，我死吧！」於是英勇獻身。要知道，死對生是非常有用的，該死的死了，就會有許多該生的面世。此謂自然進化。比如一棵樹的老死，它可以孕育以下無數新生命：

死樹能為很多植物和動物提供食物及避難所，同時這些植物與動物又漸漸地將樹分解，使其變為泥土重新被植物所利用。白蟻、甲蟲及另外一些靠樹木為生的昆蟲是死樹的第一批「入侵者」，因為他們能以粗糙的樹皮為食。（死樹）吸引了更多的昆蟲前來覓食，如螞蟻、跳蟲、母豬身上的臭蟲、蒼蠅等。當這些昆蟲成倍增長時，也招來了他們的「剋星」，如蜈蚣、蜘蛛、蠍子、癩蛤蟆、鼴鼠、啄木鳥等。有時候當一棵樹倒下時，那麼它又會成為熊、花栗鼠和蛇的樂園。[1]

還有諸如寄居在死樹上的真菌與細菌，還有人類不能觀察到的許多新生命，都在一棵死樹下萌發著、孕育著。盤古先生就起到了這樣的作用，他死後，其毛髮拔地而起為植物；雙眼分別變為太陽與月亮；血液流變而為江河湖泊；呼吸為風音為雷；苦樂為陰晴。至於五嶽（泰山、華山、嵩山、衡山、恒山），毫無例外，也由他的整個軀體演變而成。從人體學的角度說，盤古先生幾乎就是大卸八塊——不，直接就是粉身碎骨，才造就了後世中國家園。盤古犧牲得可謂澈底。

不知為什麼，中國遠古的神學人員沒有過多地涉及人的誕生，總覺得盤古的故事生硬了些，遠沒有伊甸園[2]裡的故事來得浪漫和人性化。下面是波蘭歷史學家科西多夫斯基筆下的《創世紀》：

1 徐瑋：《一棵死樹能孕育多少生命》，（《大自然》二〇〇〇年第四期）。

2 上帝把他造的人亞當安置在伊甸園裡，叫他在那裡耕種。上帝允許亞當隨意吃各種樹上的果子，惟不准觸動辨別善惡之樹上的果子。上帝知道亞當寂寞，就叫他沉睡，借機從亞當身上取出一根肋骨，用這根肋骨造了一個女人，即亞當後來的妻子夏娃。亞當和夏娃赤身裸體，並不感到羞恥。是一條蛇捅破「善惡果」的祕密，亞當夫婦吃下，眼睛一亮，為自起初上帝創造了天和地。地是空虛混沌的，淵面黑暗，到處是水。上帝說：要有光！於是就有了光。上帝看到光好，於是就把光和暗分開了。他把光稱作晝，把暗稱作夜。這是第一天的事……

後來的六天，上帝要了空氣（他將水分成兩部分，在地下的是水，在天上的是雲和雨）、陸地、青草、蔬菜、果木、太陽、月亮（定日月和年歲）；又要了生物、飛禽、走獸、家畜、魚、昆蟲、人。到天地萬物都造齊了，第七天，上帝就歇息了。上帝賜福給第七天，把它定為萬世的節日，也就是現在的禮拜天。

無論是出自中國歷史上的盤古開天地，還是出自《聖經》上的上帝創世紀，皆出於遠古智者的想像，就像後世寓言想像得那樣，先有一個合理的存在，然後再把要表達的意思裝進既有事實這個套子裡，也就成了。這同時又像後世的家譜，人們總是想著法子、繞著圈子地把有名望的人，拉到自己的家譜上，甚至是八杆子打不著的，也認作同宗，以光耀門庭。如張獻忠拉起隊伍鬧革命時，有一天打到張飛廟，問得廟中供奉的神像是張飛，於是一時興起，親自做祭文一篇，說：「你姓張，咱老子也姓張，咱倆連宗得了！」就這樣，張獻忠甘心情願地給張飛當了孫子。李唐家天下的時候，也把宗連

己的赤身裸體感到羞恥……《聖經》裡的人類大概就是這麼繁衍開來的，很貼近現實。

到老子也就是李耳那裡，他們連線的時候會怎樣說呢？想像一下吧，李淵也許在內心會說：「你老子姓李，咱小子也姓李，咱倆連了宗吧。」李淵是不是這麼說的不知道，李唐皇室跟老子連宗，卻是不爭的事實。遠古智者把中華一族的根，連到盤古那裡，作為神話，是可愛的；作為歷史，是可笑的。

我們常說美國是個年輕的國家，建國才二百多年，不足以使他們背上歷史的包袱，所以他們才發展得那麼快。這種看法是片面的，因為美國人沒有中國人那種光宗耀祖的情節，他們非常現實。倘若追蹤歷史，他們不僅可以追蹤到母國英國，至少還可以追蹤到八二七年的威塞克斯王國。或許現實的美國人感到這樣做是無聊透頂的事，才拋開與現實不相干的歷史，而把目光鎖定在一國當下的發展道路上去。

美國沒有歷史包袱，這或許就是「五・四」（以下簡寫為五四）文化精英們力斥中華史之故。陳獨秀主張將中國數千年之歷史書付之一炬。李大釗主張「取由來之歷史，一舉而焚之；取從前之文明，一舉而淪葬之」。[1]他們的意思是說，中國人的歷史包袱太重了，壓得邁不開步子。應捨棄從前，看重當下與未來。原意雖好，字面過激，故不為後世所推崇。

從我的史觀來說，我當然建議現代讀者，知道一點中國的歷史框架就可以了，尤其沒有必要被無聊的浩如煙海的歷史給淹沒掉。不客氣地說，中華一族之所以有那麼重的歷史包袱，完全是自找的。余以為，說中華民族在地理上古老尚可，言及精神世界，還新新人類的很哩。

1 《二〇〇〇中國年度最佳隨筆》，漓出版社，二〇〇一年版，第八十三頁。

三皇・五氏・石頭記

來得早不如來得巧。這天雖是盤古開，這地雖是盤古辟，可最終他卻未能成為中國人心目中的真正主宰，倒是讓後來者居上的玉皇大帝取而代之。從《西遊記》中隱約可見，玉皇大帝在天上的政府班底，幾乎就是凡間政府班底的照搬。不同的是，天上的文武百官，由道家和佛家人物及牛鬼蛇神來擔任。然這個特殊的政府，不僅在精神上一直統治著中國人，而且在組織上（表現在影視劇中那些上天告狀的情節，孫悟空也常常不能例外），也影影綽綽地統治著中國人，說起來，實在是件很奇怪的事。

盤古和玉皇大帝同是神話人物，前者是務實家，後者是務虛家。中國經驗告訴我們，務實家只能當牛做馬，務虛家總能平步青雲。沒人能知道玉皇大帝在神話世界中，為中國人做了哪些實事，但就是這個平庸之輩，卻一直高高在上，接受中國人世世代代的香火供奉。而盤古，他在神話世界中，用自己的生命養育了那麼多的中國人，卻遠沒有玉皇大帝在中國人的心目中有份量。到現在都還這樣，社會普遍缺乏對務實家的應有尊重，而務虛家因有職有權便為人頂禮膜拜。

玉皇大帝之外，最早能載入中國人史冊的領導人是三皇，即天皇、地皇、人皇。說起這幾個人的歲數是很有意思的，天皇與地皇皆一萬八千歲、人皇一萬五千歲。後面的也就不用說了，肯定也得萬歲或千歲。這大概是中國帝王最早的萬歲情節，以至發展到後來，敬頌偉大領袖的時候，要用「萬歲萬歲萬萬歲」。別說個體的人，就是一個政體又能多久呢？漢帝國算是帝制時代最長久的一個吧，它立國四百餘年，不仍舊分著西漢和東漢嗎？人萬歲不了，一個政體同樣也萬歲不了。明擺著辦不到的事，卻仍要那麼喊，那就是自欺欺人了。

三皇之外又有個五氏，分別是巢氏、燧人氏、伏羲氏、女媧氏、神農氏。如果說歲數大是三皇的特點，那麼故事妙則是五氏的特點。這也許只是一個短暫的進化，但畢竟讓後世看到了神話中好玩的那一面。就說女媧吧，傳說她的身材很棒，棒到什麼程度呢？用現代娛樂圈的話說，就是魔鬼般的身材。說當時有兩位英雄在決鬥，鬥得天昏地暗，結果把天捅了個大窟窿，一時間狂風大作，暴雨連連，日月無光。這是當時人類最大的劫難，女媧氏挺身而出，采五色石頭燒煉，煉好以後，用它把天補上。這裡又出現一個寓言似的情節，說在傍晚時，天際那些紅燒雲就是女媧氏補上去的五彩石。

每及傍晚，我總有站在書房窗前眺望遠處的習慣，以緩解視覺疲勞，往往不經意就會瞥見西天的五彩雲霞，每每會想起魔鬼身材的女媧氏，不知是她的冶煉技術拯救了人類，還是遠古的神學人員拯救了人類靈魂。但不管怎麼說，有了女媧，至少中國人的精神生活少了許多的寂寞。須知，曹雪芹的一部《紅樓夢》（原名《石頭記》），就是從女媧開始的。

列位看官：你道此書從何而來？原來女媧氏煉石補天之時，於大荒山無稽崖煉成高經十二丈、方經二十四丈、頑石三萬六千五百零一塊。媧皇氏只用了三萬六千五百塊，只單單剩了一塊未用，便棄在此山青埂峰下。誰知此石自經煅煉之後，靈性已通，因見眾石具得補天，獨自己無材不堪入選，遂自怨自歎，日夜悲號慚愧。一日，正當嗟悼之際，俄見一僧一道遠遠而來……坐於石邊高談快論。先是說些雲山霧海神仙玄幻之事，後便說到紅塵中榮華富貴。此石聽了，不覺打動凡心，也想要到人間去享一享這榮華富貴；但自恨粗蠢，不得已，便口吐人言，向那僧道說道：「大師，弟子蠢物，不能見禮了。適聞二位談那人世間榮耀繁華，心切慕之。弟子雖粗蠢，性卻稍通……如蒙發一點慈心，攜帶弟子得入紅塵，在那富貴場中、溫柔鄉裡受享幾年，自當永佩洪恩，萬劫不忘也。」……那僧便念咒書符，大展幻術，將一塊大石登時變成一塊鮮明瑩潔的美玉，且又縮成扇墜大小的可佩可拿。（後）便袖了這石，同那道人飄然而去……（《紅樓夢》第一回）

曹雪芹的天份真是沒說的，他從女媧那裡獲得啟示，天衣無縫地傳接下一塊石頭，就給中華一族留下一部大書——《紅樓夢》。所謂古文明，以中國而論，完全是家族式的，社會家族化，國家個人化。此即曹雪芹對中國古文明的一個判斷，整部《紅樓夢》就是中國式文明的一個縮影。因此，中國的歷史，也就在期望中誕生了開天闢地的盤古，在急切中誕生了能補天的女媧。總之，必須有個強權出現，中華一族才活得下去，這是一種文化，也是一種亙古不變的拙劣意識。如果說這是中國古文明的一部分，實不為取——假如想屹立於世界民族之林的話。

黃帝・黃龍・升天龍

神話時代，盤古開了天地，有了三皇五氏。我們知道那是假的，合理編造出來的寓言。後神話時代，總算是多了點事實的影子，這就到了傳說時代——黃帝以降至周王朝創建的那些傳說。其實，這個時期的許多歷史陳跡，仍不外考古學家和歷史學家的推理。因為直到西元前[1]九世紀，中國的文字資料才有所保存。當然，完好和全面是談不上的。而這一時的周王朝，據信已歷二百多年。沒有文字記載的時代，其歷史又是如何嚴詞鑿鑿地寫就的呢？其實我們大可不必認真，當神話閒讀的態度比較超脫。

不扯遠了，我們繼續傳說時代的話題。在這裡，最值得一表的，就是被中華一族尊崇為老祖宗的黃帝。至此，做為中華祖先的盤古，漸漸遠離人們的視野。

說起黃帝也就是姬軒轅，他也是一個神話般的人物，據說他是當時三大部落（神農、九黎、有熊）之一有熊部落的領導人。我們也可以看到，這個人跟後世的包拯[2]一樣，是一個箭垛式人物，遠

1 本書凡「西元前某某世紀」、「西元前某某年」，此下一律簡稱「前某某世紀」、「前某某年」；「西元某某年」，不再前綴，直接書寫年號。

2 歷史上有許多有福之人，一個是黃帝，一個是周公，一個是包龍圖。上古有許多重要的發明，後人不知道是誰發明的，只好都歸到黃帝的身上，於是黃帝成了上古的大聖人。中古有許多製作，後人也不知道究竟是誰創造的，也都歸到周

古時期人類生活中的一切智慧和才能，全都歸到他名下，比如說他是偉大的政治家、科學家、軍事家和魔法家。具體到姬軒轅的科技發明這一塊，有房屋、衣裳、車船、兵器、陣法、音樂、器具、井田等。

雖說這個時期的姬軒轅是個箭跺式人物，畢竟他還不那麼霸道。換言之，他的偉大還有一定的節制。比如說他的妻子和他手下的幾個大臣，都屬於那一時代的發明家，姬軒轅並沒有憑藉自己的權力和一連串的「偉大」而把別人的發明竊為己有。姬軒轅的妻子嫘祖發明瞭養蠶抽絲技術，他手下的大臣倉頡先生發明瞭文字，隸首先生發明瞭算術，容成先生發明瞭曆法。

但姬軒轅的結局，使我始終不願認同他就是華人的祖先，把他當神話來讀還可以。然而，姬軒轅的結局在中華一族中流傳了幾千年，三人都能成虎，何況上千年無數人的傳說呢？再加上祖榮宗耀的心理，姬軒轅那麼偉大，哪個華人不願他是我們的老祖宗呢？說實在的，姬軒轅確實也起到了凝聚民族的作用。

既然如此，就讓我們來看看這位華人祖先，是怎樣仙去的。話說前二五九八年的一天，一百五十二歲高齡的姬軒轅視察橋山。橋山在哪兒呢？就是在今天的陝西黃陵，這個地方，已然成為中華民族的發源地。這一天，姬軒轅在黃陵鑄造了一口巨鍋。姬軒轅的行為很有些莫名其妙，無人知

公的身上，於是周公成了中古的大聖人。《宋史》裡只記包拯四十五個字，然古來有許多精巧的折獄故事，或載在史書，或流傳民間，一般人不知道他們的來歷……不知怎樣選出了宋帝國的包拯來做一個箭垜，把許多折獄的奇案都射在他身上。包龍圖遂成了中國的福爾摩斯了。（《胡適書評序跋集》，岳麓書社，一九八七年版，第一百〇八～一百〇九頁）。

道其所為。當那口巨鍋鑄成時，天開裂縫，降下一條黃龍，把姬軒轅接上天去。情急之中，一些官員與宮女，攀龍而上。這場面，猶如美國電影《二〇一二》中，人們湧向諾亞方舟時的混亂情景。那條龍難以負載，使得一些人半空中掉下來。

關於姬軒轅升天的傳說，到此結束。即便是神話，也應該邏輯優先，驢唇不對馬嘴的，過於缺乏美感。但有一點似乎沒有問題，那就是黃陵的姬軒轅衣冠塚。後世華人把這裡認作祖宗升天的地方，同時又半遮半掩地把黃陵當作姬軒轅就寢的地方。每年清明，來自世界各地的華人聚集於此，祭祀姬軒轅這個人。而陝西官方主導下的祭祀活動，越來越多地流於超豪華陣容的文藝表演。這其實是對逝者的褻瀆。古今中外，你見過誰家上墳是敲鑼打鼓載歌載舞的？

再者說，華人萬姓之多，何以每到清明，都跑到黃陵，去給外姓的姬姓人家上墳？參加祭祀的人沒有自己的祖墳？亦或自己的祖先沒有姬家的祖先令他們榮耀？萬姓人皆認一姓（姬氏）為祖先，幾乎等同於全球華人都跟姬氏聯了宗，真可謂荒誕不經。這哪兒是什麼祖先崇拜，直接就是權力崇拜、榮耀崇拜嘛！民族主義者或一些政客在撻伐誰誰不愛國的時候，往往祭出「數典忘祖」這句狠話，彷彿他們多麼認同自己的祖先似的。可是，每當清明的時候，我們總能看到那些傢伙，跑到黃陵或祠堂，去祭祀別人家的祖先。這才是正宗的數典忘祖呀。或許有人不同意我的觀點，拿耶穌說事。但我要說，西方世界禮待耶穌誕辰，那是紀念性的，這意味著耶穌為基督徒的精神共主，而非共同祖先；華人對於姬軒轅，一向行祭祀大禮，這意味著姬軒轅為萬姓華人共同的祖先。紀念與祭祀之別，不言而喻。這些都是題外話，就此打住。

言歸正傳。或許有了黃帝陵的啟示，後來各朝君王，都喜歡把自己或一個家族的墓群，稱之為陵，如漢帝國的五陵、明帝國的十三陵等等。民間有句話叫作，做了皇帝想升天。大概都想像姬軒轅那樣，功德圓滿，升天成仙。或者後世君王以為死後入了叫作「陵」的地方，也就升了天。未可知的事。

中國人信奉黃帝，跟西方人信奉上帝小有相像，但有質的區別。相像是因為黃帝和上帝都近乎於無主體的神，當然黃帝還沾點人氣，上帝則完全是獨立的神。上古的中國也是有神論國家（這種國家不是現代意義上的國家，或著叫它部落更合適），後來，以至到今天，中國成了一個徹頭徹尾的無神論國家了。如果還有什麼類似神的話，那就是權威這個「神」。所以，西方人崇奉的神，他們大可以張開雙臂，動輒就喊：「My god!」而中國人一這麼喊，就非鬧笑話不可，比如：「我的黃帝！」黃帝聽了準龍顏大怒，黃帝（延伸至皇帝）怎麼是你的？你是黃帝（皇帝）的！當然，這一點，中國人比誰都清楚。西方人喊我的上帝，猶如他們喊我的總統、我的首相，這樣喊就對了，因為西方的總統和首相，都是一個一個的我（公民）一票一票選出來的，換成中國，大的不說，小小的鄉長你也不敢說：「我的鄉長！」因為那是縣委縣政府某個長官的鄉長，明著是黨委和政府的選拔行為，實際大都是長官意志，也就是私貨！

言歸正傳。黃帝以後，中國興起三個王朝，夏、商、周。夏、商雖然也有出土文物佐證了那一時代的存在，畢竟不能服人。比如夏王朝出現了一位后羿先生，他的妻子就是著名的嫦娥小姐。比如商王朝的著名美女、末代君主子受辛（即紂王）的妻子蘇妲己，後世也把她的亡國故事說的有鼻子有眼。我想，僅憑甲骨文就得出那麼壯烈、殘忍的故事，畢竟不能服人。

周朝篇

美女・亡國・誰興邦

周王朝的源頭，要從蘇妲己說起。蘇妲己的經歷，部分地與後世武則天相同，都是與夫君共掌政權。武則天與夫君李治共掌唐帝國政權的時候，被時政當局譽為「二聖」。蘇妲己沒有這麼好的名聲，她有的只是亡國代名詞。

史書上說，子受辛、蘇妲己夫婦經常在宮廷裡大擺筵宴，所謂「酒海肉林」，就是對他們糜爛生活的具體指斥。不僅如此，這對至高無上的夫婦還喜歡虐待生命，比如敲碎窮人的腳骨，探究人家冬天赤腳走路為什麼不怕冷；比如剖開孕婦的肚子，探究胎兒長什麼樣等等。當時還沒有文字記載技術，這兩口子所幹的惡事，要通過口傳，才能抵達東周（中國史始有文字記載），載入史冊。自商末至東周，三百多年的時間，口傳之誤到底有多大，無人能給出合理的想像。不過，我這裡倒有兩個小故事，可以證明口傳所產生的謬誤。

我從軍的時候，夜裡搞緊急集合，隊伍被拉到山裡野營，帶隊的軍官壓低嗓門告訴他身後的排長：「往後傳，前面路險，注意安全。」待隊伍修整的時候，壓陣軍官問帶隊軍官：「你瞎傳些啥令呀？」帶隊軍官反問道：「傳到你那裡是什麼？」答曰：「往後點，前面有妞，統統臥倒。」另一個故事，也跟軍隊有關。一九○一年的一天，美軍營長對值班軍官說：「明晚八點鐘左右，哈雷慧星將可能在這個地區看到，這種彗星每隔七十六年才能看見一次。命令所有士兵著野戰服在操場上集合，我將向他們解釋這一罕見的現象。如果下雨的話，就在禮堂裡集合，我將為他們放一部有關彗星的影片。」值班軍官對連長說：「根據營長的命令，明晚八點哈雷彗星將在操場上出現。如果下雨的話，就讓士兵們穿野戰服列隊前往禮堂，這個罕見的、每隔七十六年才會有一次的現象將在那裡出現。」連長對排長說：「根據營長的命令，明晚八點，非凡的哈雷彗星將軍身穿野戰服在禮堂出現。如果操場上下雨的話，營長將下達另一個命令，這種命令每隔七十六年才會出現一次。」排長對班長說：「明晚八點，營長將帶著哈雷彗星在禮堂出現，這是每隔七十六年才會有的事。如果下雨的話，營長將命令彗星穿上野戰服到操場上去。」班長對士兵說：「在明晚八點下雨的時候，著名的七十六歲的哈雷將軍將在營長的陪同下，身穿野戰服開著他那輛彗星牌汽車經過操場前往禮堂。」

兩個故事都說明，口傳資訊，關節越多，時間越長，謬誤也就越大。我並非為子受辛夫婦開脫，意在提醒讀者，謹慎對待傳說時代的人與事。下面所涉內容，依舊來自傳說時代的商朝，接茬續說宮廷事。子受辛夫婦越鬧越不像話，大臣便拐彎抹角地進諫，勸其向善。子受辛一聽到政府裡的那些雜音噪音，便命人把不同政見者逮捕，將其剁為肉醬。子受辛手下的大臣姬昌（商王朝下轄的周部落酋長）聞悉，不過一聲歎息，便被逮捕下獄。子受辛仍不甘心，一刀宰了姬昌的兒子姬考，並做成肉羹給姬昌吃。姬昌為了保命，只得含淚吃下兒子的肉。

姬昌還有一個兒子，那就是姬發。姬昌在押期間，他替父掌管部落政務。為了救父圖大業，他以美女、珠寶、名馬賄賂子受辛，其父姬昌遂被釋放。由此看來，子受辛稱得上是豬腦子的人，你屈辱了人家的父親、殺了人家的兄弟，人家向你行個賄，怎就冰釋前嫌地釋放了姬昌？子受辛失去了制衡姬發的籌碼，他離死也就不遠了。我們看到，姬昌一回到部落，姬發便積極備戰，決心與其他部落組成聯軍，進攻首都朝歌。子受辛夫婦看看大勢已去，便雙雙自殺。至此，商王朝被推翻，姬發創立周王朝。在這一朝代的更迭過程中，我們實在沒有看到蘇妲己在治國或亡國方面的具體作為，那麼後世加在她身上的亡國大名，也就必不符實。具體觀點，詳於《歷史深處話名著》一書中，此不多贅。

美女亡國早已成陳詞濫調，說是沒人再信，但史書上或新賦上，仍然那麼引用、那麼看待。說是陳舊史觀的慣性，還不如說是男權意識的根深蒂固。從對稱學的角度看，一壞必有一好，那麼美女亡國，猛男該興邦了。然而歷史上的帝王，除了少數幾個開國者有所作為外，幾乎個個都是吃喝嫖賭的敗家子。難道我們靠這些東西來興邦嗎？所謂「一門富豪，不出三代」，這話也適用於政體。人玩人，人治人的社會，什麼安邦興國啦，什麼民族復興啦，全是虛的飄的，一經風雨，立時灰飛煙滅，即便是中國史上的三大黃金時代，亦概莫例外。[1]

1 三大黃金時代：周朝的諸子百家時期；唐帝國的李世民李隆基時期；清帝國的康乾時期。

土屋・土院・土皇宮

周王朝後期的「城邦制時代」，起源於它一度被人所誤讀的封建制度。比如我們一說到封建社會與封建思想，一般是單刀直入，直接想到獨裁、專制、家長意志、納妾、三綱五常、三從四德等等上面去。其實，這並非真正的封建，很大程度上是專制，是暴政。封建作為一種政治制度，一般只存在於政府機制當中。封建政治制度的形態是，由元首分封家族男性到各地建立封國，統轄那裡的一切。

在周朝來說，除少數異姓封王的人外，均為老姬家的人。少數異姓功臣封王的如姜子牙，就被分封到當時還很荒蠻的山東淄博為王。應該說，這是中國歷史上最早的齊國了。有了封國，意味著中國從部落社會，邁向建制社會。對於一個古老的民族而言，這個飛躍意義非凡。人們常常津津樂道於中國五千年文明，這個說法非常含混。中國文明的出現，就從封建制的建立開始（至今也不過三千年）。換言之，部落時代的中國，是沒有文明可言的。即便是前十二世紀周王朝初期，其封國跟部落也並無實質性區別，一個簡陋的土屋土牆的小院子，就是封國君主的宮廷了。為便於理解，把那茅屋宮廷，理解為皇宮，亦未嘗不可。

封國直屬於中央政府，封國間的地位平等，就像現在的省與省之間的關係，誰也管不了誰。但封國大小不一的面積，卻造成了它們之間的差別，因此封國君主的爵位也就有了高低上下之分。分權上，基本還保留了一些自然因素在裡面。這也像現在的一些省，有的省或直轄市的領導人是中共中央政治局委員，有的則不是。是政治局委員的，自然在職位上要比非政治局委員的省或直轄市領導人職位高。

接下來，就是在這個封建政治制度中最為關鍵的一環，王權的繼承問題。國王有三宮六院的女人給他創造子女，誰才是正宗，誰可以來接班呢？周王朝的設計是：嫡子繼承制。這一制度，延伸至二十世紀初溥儀那裡，前後長達近三千年之久。

法國學人孟德斯鳩的立法、司法、行政三權分立理論（一七四八年），實際源自古希臘文明，其目的就是要拆分國王的權力，造成「一山容三虎」的政治格局。周朝正相反，遏制了其他派別對王權的分享。

今天的人，已生疏了「嫡」意，這多半歸功於一夫多妻制的取消。只有在國共內戰題材的影片中，我們尚可重溫此字，通過演員之口，道出諸如「蔣介石的嫡系部隊」之類的話。看電影的時候，無人生出歧義，可是那類臺詞明明就是罵人的，意思是這支部隊為蔣介石正房所生，那支部隊為蔣介石偏房所生——也就是所謂的「嫡出」與「庶出」了。說到這裡，我想讀者應該知道「嫡子繼承制」的含義了。對了，正配妻子（亦即正房）生的孩子都是嫡子，嫡長子是王儲，嫡次子在嫡長子被廢或死亡的情況下，自動轉為王儲，這跟董建華自動當選為香港特別行政區長官的情況差不多。「嫡子繼承制」法案，可以概括為「傳嫡不傳庶，傳長不傳賢」。這就是封建時期最重要的政治制度之一。

那麼，排在嫡子之後的，則統統為庶子，這些孩子都是國王的小老婆們生的。制度上，他們是不能繼承王位的。但這並不能取消姬妾之間的等級，比如第一妾就比第二妾優榮得多，猶如第一副總理、第一副書記、第一副省長、第一副市長、第一副縣長優榮於排名他之後的所有副領導人（中共的各級黨政副職，常常七八個之多）。同是庶子，也就因母而優榮地分出了先後和尊卑。像明帝國的萬曆帝朱翊鈞，他非常想立他所喜歡的鄭貴妃之子朱常洵為皇儲（自然就要廢掉嫡長子朱常洛），結果引來滿朝風波，鬧了若干年，也沒有夢想成真，可見宗法制度的厲害！

修訂瑣記

二〇〇三年三月，董建華在競選第二任香港特別行政區長官時，因無人出來參與競選，他便自動當選該職務。

二〇一七年，香港將歷第五屆香港特別行政區行政長官的選舉。根據《香港基本法》第四十五條規定，普選行政長官的候選人「由一個有廣泛代表性的提名委員會按民主程序提名」。官方認為，這是香港前所未有的民主進程。而民間則普遍關注提名委員會，是否能夠真正做到具有廣泛代表性。由一千二百人組成的提名委員會（包括中國全國政協委員、工商界人士以及專業人士等），並非由港人普選產生。香港的激進者認為，官方在這個問題上愚弄了他們，侮辱了他們的智商——所謂一人一票式普選，不過是一千二百人的提名委員會欽定的人選，還是「傳嫡不傳庶」的意思，普選也就成了一句空話。是以發生二〇一四年的香港大規模和平「佔領中環」抗議活動，其目的就在於阻止他們所理解的變相任命制。任命制，即變種的宗法制。這裡，僅把官與民兩方的觀點擺出來而已。鑒於二〇一五年七月一日《國家安全法》[1]的頒佈，我個人不對香港普選發表任何見解。

[1] 二〇一五年七月七日，聯合國人權高級專員侯賽因發表聲明，對中國新出臺的《國家安全法》表示關切，稱該法涉及領域極為寬泛，將限制公民權利和自由。（《京華時報》，二〇一五年七月十日）。

春秋．爭霸．看城邦（上）

周部落新的領導人姬發，聯盟其他部落，倒商建周，定都西安（長安）。王國下設封國；封國數量，因時不同。東周末期，大約有一百七十多個封國。用顧準先生的話說，這春秋時代真是中國史定型的關鍵時代，即中國式城邦時代。遺憾的是，周王朝在長達二百六十年（戰國時代）的砍砍殺殺中，終歸灰飛煙滅，接力棒一到秦始皇手裡，中國就徹底走上了官僚體制之路，亦即專制政體。

這裡之所以為周王朝沒能走上希臘式城邦制感到萬分遺憾，是因為作為後世的我們，看到了希臘式城邦制的眾多好處和發展的便利。當代各方面發展均衡而又最好的，是受古希臘文明影響的西方諸國；當代發展滯後而又被廣稱為第三世界的諸多國家，尤其是東方第三世界國家，大多受儒家文化的影響，其發展存在嚴重偏差，要麼各方面都滯後；要麼經濟前瞻性很好，而政體卻滯於專制主義時代。總之，第三世界的發展相當不均衡。看到希臘式城邦制的影響，自然就想去探討我們曾經存在過的「城邦式時代」，儘管這與希臘式城邦有很大的差異。

名義上，周王朝立世八百多年，實際到春秋時代，周王朝的光榮和權力都已經成為過去。反過來說，周王朝的光榮和權力，最多也只有三百年。歷史學家也有把春秋戰國分開來說的，但自春秋始，各封國間的相互傾軋和兼併就不斷了。只是到戰國時代，這種傾軋和兼併更加規模化和模式化罷了。

事實上，從「王后一笑百媚生」的時代起，周王朝已經開始走下坡路了。周王朝第十二任國王姬宮涅，為博美女褒似一笑，竟然動用萬不得已的軍事手段——烽火來解悶。其結果可用一首詩來說明：

烽火著了，
美女笑了，
軍心散了，
民心亂了。

自此（前八世紀七十年代），周王朝的版圖縮至不過二萬平方公里的彈丸之地。也就是說，周王朝只有中原地區是它實際控制的行政區域了。其間的各封國，則是連年欺詐火拼。對此，自身難顧的周王朝，也只有旁觀的份兒了。也就在這時，中國進入春秋時代，各封國開始爭相上演不流血的政變，一波又一波的國君被趕下臺。我們說，這個時代，要算是中國比較理想化的一個時代。首先表現在：統一的中央政府即周王朝，在司法權和行政權上，大大地被削弱；其次是封國間各自為是，而其內部鬥爭，大都表現在不流血的政權更迭上。這樣，就真正地形成了「中國式城邦制時代」——周王朝及各封國間大有那麼一點「聯邦制」的意味，它們有一個統一的但沒有多少權力的中央政府，各封國的權力又因為中央政府權力的受限而大大增強。換句話說，中央政府（周王朝）成為事實上的有限政府，各封國成為事實上的擁有絕對主權的政府——封國領導人不再是出於初級封建制度上的「嫡子繼承制」，而是北方人常說的那句「誰大誰是哥」。說白了，就是拳大胳膊粗者通吃。

像後世的諸葛亮，如果他輔佐的蜀國在春秋「城邦式時代」出現，他極有可能將劉禪這樣的混混取而代之。可惜諸葛亮生不逢時，投胎飽受儒家文化思想影響的三國時代，所以他再睿智再能幹，也還是皇權杖下的一個高級奴才。以諸葛亮那樣的政治與軍事才能，委身劉禪這樣的低能兒，也實在可惜。然而，「中國式城邦」畢竟是曇花一現，早早地夭沒於春秋，後世自秦始皇開始，一路帝制，狂飆兩千餘年。帝制之惡，甚於封建制，加之儒家忠想在漢帝國定於一尊，諸葛亮再能耐，劉阿斗再草包，恐怕也沒有取而代之的想法。至少，以諸葛亮所受的儒式訓練，他真的幹不來取而代之那種事。儘管在他之前的中國政治史上，出現過無數取而代之者。

基於種種感情因素，讓中國學人無不懷念「中國式城邦時代」。這個時代，中國有一個巨大的影子中央政府，又有上百的大小封國，這是中國政治多元化的一個偉大時代，與其有政治上的多元化，才有文化上的諸子百家，因此史學家才把春秋戰國時代定為中國三大黃金時代之首。這樣的定位，首先考慮的就是政治制度這個因素，其次是好的政治制度對優秀文化的牽引，進而使先進的政治制度與先進的文化氛圍互補和協調。

在這種先進政治和先進文化（前者是被動產生的）產生的初期（也正是代表中央政府的周王朝勢力日益萎縮之時），長江中游的楚部落開始嶄露頭角。至此，我們不得不把周王朝改稱為周王國了。因為在當時，周政府已不是中國惟一的中央政府，楚政府起而與它並存。同時，因為周王國事實上已不能控制和代表全體封國，進而跟封國的地位平等，不再超過封國之上，行政權力上，有時甚至還低於一些封國。

說到這裡，就很容易使人想到克林頓（Clinton）當總統時的一件事。有一年，他邀請了許多國家的政要在紐約相聚，在一場晚會上，當時紐約市的市長，愣是把巴勒斯坦領導人阿拉法特（Arafat）給請了出去。理由是，對方認為阿拉法特是恐怖主義者。在美國有這麼一個邏輯，你總統（克林頓）買阿拉法特的賬，我當市長的卻不必買這個賬。兩千多年專制主義文化薰陶下的中國人，橫豎都想不明白這件事，怎麼堂堂世界惟一超級大國的總統，連這點權力都沒有？的確沒有。美國制度就是這樣的，總統職位很大，權卻有限。站在國家的角度，總統是蓋世無雙的元首；站在一州一市的角度，總統職權，除軍事和外交權外，又在州長市長之下。這是因為，州長、市長的權力來自民選，而非來自總統任命。

回頭再看前八世紀的周王朝，說它的權力「有時還低於封國」，是基於對「中國式城邦時代」的認識而言的，並非就是拿它和美國制度相提並論。

春秋・爭霸・看城邦（下）

對封國來說，「中國式城邦」，實際就是一種能者上的政治格局。各封國在無政府狀態（即無中央政府）下，開始你爭我奪，弱肉強食，誰都想在新的世界格局佔有重要地位。開始的時候，還相當混亂，但打到中期，就打出了規則，產生了秩序——霸權上的秩序。這一點很重要，因為秩序孕育理性，理性帶來和平；秩序還能把一個紛爭與混亂的世界，理出一個頭緒，使混沌中的人看到某種方向。比如春秋時就出現了這樣的局面，過去的封國還只是一個村落，頂大也只是一個城市。現在（前七世紀初）——經封國間的戰爭、吞併等，發展到某個封國必以城市為中心（即後來的首都），兼治多個村落。這是由封國走向獨立王國的必然階梯。就在這種演變中，有十二個封國，從周王朝原有的百餘封國中脫穎而出，即晉國、齊國、秦國、鄭國、宋國、魯國、衛國、陳國、蔡國、曹國、許國、楚王國。其中有一半，分布於河南境內，其次是山東。可見這兩省在遠古中國史上的地位。

既然周王朝的國王和中央政府無力維持舊有的秩序，那麼它的那些禮教因之也就不能發生約束作用。現實是，無論國際或國內，力量決定一切。前面說到的十二個封國，經過力量對比，最終在前七世紀初決出勝負，後世按照自己的觀點，為那一時期的大國設計了一個「五強」範本，就像福布斯（Forbes）搞的那個「世界五百強企業」一樣。這「五強國家」（史稱「春秋五霸」）分別是齊國（霸權四十年）、晉國（霸權一百六十年）、秦國（霸權三十年）、楚王國（霸權一百一十年）、吳王國（霸權三十年）。吳王國並不在前面提到的那「十二強國」之列，顯屬後來者居上。

齊國是第一霸，自然關於這個封國及其領導人的故事，也就頗令人矚目。這就像當今世界惟一霸權的美國一樣，關於這個國家及其領導人的故事，自然格外引人注目。所以，克林頓當總統的時候，跟白宮女實習生萊溫斯基（Lewinsky）的一段小插曲，竟然被世界所有媒體當作重中之重的大新聞來炒作。春秋時代的齊國也一樣，因為太強大，所以受到特別關注，其領導人的故事也比其他強國領導人的故事有賣點。

但這裡，我也僅想掐取齊國領導人姜小白生活中的一個片段，以襯托當時的霸權秩序。說在齊國的一次政變中，國君姜無知被殺。流亡在外的姜糾、姜小白兄弟二人得到消息後，分別由他們所居留的封國，派軍隊護送而回。很顯然，誰先到達首府山東淄博（時稱臨淄），便意味著誰來當這一國之君，也就是先入為主。

話說姜糾手下有位神射手，他就是勇謀雙全的管仲，此人深恐姜小白先到，便單槍匹馬追趕上姜小白，先是一躬到地，表現出臣服的樣子，繼而突發一箭，射在姜小白腰部的銅鉤上。姜小白知道管仲乃神射手，怕他再補一箭，便假意栽倒車下。管仲這才凱旋歸去。

儘管如此，姜小白還是先姜糾到達淄博，坐上齊國國君的寶座。後來，姜糾被殺，管仲被囚。江山初定，姜小白決定任命他的智囊鮑叔牙出任國相，鮑先生卻推薦了獄中的管仲。姜小白欣然而從。這一戲劇性的轉變，封國內外，無不震驚。姜小白與管仲聯手，使齊國獲得「春秋五霸」之首的地位，也因此留下不計前嫌、知人善任的美名。

前六四五年，管仲逝世。臨終前，管仲曾憂心忡忡地對姜小白說：「你身邊的易牙、豎刁、衛開方三人，別看平時他們在你面前給你當孫子都嫌不夠，實際上他們是最最危險的人物。就說易牙吧，他聽你說什麼肉都吃過了，就是還沒吃過人肉，於是眼都不眨一下，把自己三歲的兒子給宰了，蒸了給你吃。再說豎刁吧，本來好好一個幹部，就為了能貼身伺候你，又怕你不放心，愣把自己一刀給閹了。還有那個衛開方，追隨你可謂不遺餘力，竟然十五年不和家人見一次面。這三個人的行止，讓人不寒而慄。你雖然最信任他們，但我認為，我死後，絕對不能讓他們掌握政權。」

姜小白不以為然：「怎麼能這麼說呢？這三個無私奉獻的人，不全是為了咱的國好嗎？」管仲搖搖頭說：「能對親骨肉下毒手的人，對誰還能手軟？能閹割自己的人，對誰還不能閹割？六親不認的人，還會認誰？」

姜小白似有所感悟，便不住的點頭，以示贊同。然而管仲一死，易牙、豎刁、衛開方三個畢恭畢敬的奴才往他面前一站，他左看右看橫看豎看上看下看歪看斜看，發現他們都不是管仲所說的那種危險人物，甚至覺得，世上再也找不出這麼可心的三個奴才來了。是呀，誰不喜歡奴才呢？他們低眉順眼，唯唯諾諾，常常會使主子的形象陡然偉大起來。可是奴才心裡想什麼，你猜得出嗎？等他們用行動把心裡話表達出來的時候，恐怕一切都晚了。

兩年後，姜小白病重，臥床不起。易牙、豎刁、衛開方二人以為掌控時局的時機成熟，遂發動宮廷政變，將姜小白活活餓死。

姜小白臨死之前想了些什麼，我們無從猜想，但我們可以去合理想像，他或許想到了管仲臨終前的那些話，他或許後悔沒聽管仲遺言……不過，這個時候想什麼都晚了。奴才雖然是世上最下流的坯子，但對於一個習慣了奴才的傳統社會來說，它具有不可抗拒的吸引力。一些人的委曲求全給人當奴才，也不過為了有朝一日能讓別人給他當奴才。既使在所謂的現代文明社會，我們也還常常聽到這樣的話，一些下流官員在給下屬開會時，竟毫無廉恥地宣稱：「我寧肯要奴才，也不要人才！」

每天清晨，當我繞翠湖跑步的時候，每每看到遠處那座高樓大廈上啟功先生寫的「人才市場」幾個大字，我就會為那些所謂的人才們感到悲哀。說實話，那實在不過是奴才市場罷了。在魯迅時代，尚有「做穩了奴才」的說法，現今，恐怕連這「美景」也並非人人都可以嚮往了。越是這樣，翻身奴才對社會的報復和攻擊就越暴烈，而最先受到慘烈報復和攻擊的目標，必然是曾經親手奴役過他的那些人，如易牙、豎刁、衛開方之流對付姜小白。當然，歷史上還有比這慘烈千百倍的，翻開中華帝制史，可以說比比皆是，數不勝數。奴才不是好東西，喜歡和培養奴才的，更是劣種！

從姜小白的故事，我們看到「中國式城邦時代」的制度缺陷，這也就是為什麼在談到春秋的城邦時，一定要前加「中國式」定語的原因。古希臘城邦的執政官是民選的，而且執政時間很短，通常為一年。尤其值得一提的是，這些民選的執政官都不拿工資，他們的職務完全是盡義務。古希臘式城邦，制度上保證了它的內部機制是相對健全的，也就不至於動輒因權逐君殺君。在整個春秋時代，各封國間的逐君殺君事件，就跟家常便飯一樣。在這一過程中，大量弱勢封國被強勢封國所吞併。一路直下，周朝便結束了「中國式城邦時代」，走向硝煙彌漫的戰國時代。

其時（前六世紀）的影子中央政府——周王國，業已淪落成一個看霸主臉色行事的小國。前七世紀，姜小白還假模假樣的把周王國抬出來，利用一下，比如每次在召開封國峰會的時候，他都宣稱是奉中央政府之命，並由國王的特使坐在首席。到春秋末期，這樣的好事（對於周王國來說），一去不復返了。周王朝的名存實亡，使得史學家在評述這段歷史的時候，感情上都更願表述為「春秋戰國時代」，而不注重對周王朝本身的表述。

就個人角度來說，我更傾慕周王朝的封建制，這一制度使中國政治呈現古今乏見的多元格局。沒有這個政治基礎，就不可能出現異彩紛呈的諸子百家時代。在順流直下的三千年中華史中，能與春秋戰國政治格局和思想文化格局相提並論的，只有以「五四」為軸心的中華民國那三十七年（一九一二～一九四九）的歷史，這是中華民族的幸事。令人遺憾的是，此一幸事，至今未能成為中華民族的主流。

孔丘．出道．顯其暴

孔丘在中國的文化史上，地位獨特而又複雜。他是什麼我們先不論，僅僅後世拿他所做的文章，簡直不計其數。附在他老人家身上的公案也出奇之極，比如文革的林彪事件，你批林彪就批唄，愣把孔丘也捎帶上。以致讓當時的儒學大師梁漱溟受盡精神上的折磨，也因此給自己引來政治災難。當年他就開宗明義地說：「批林可以，批孔我不幹，因為我實在看不出林彪與孔子有什麼關係。」你說，梁漱溟說這話，他能好得了嗎？

還有歷朝歷代的政權，一看人民的心思有點活泛，就趕緊把孔丘搬出來（謂之「敲門磚」），大搞尊孔祭孔，以此鉗制人民的思想。這些政客中，一肚子壞水的有之，道貌岸然的亦有之，總之好東西不多。把孔丘當作教育家，單純尊之祭之，也許沒什麼，但尊孔祭孔，一旦出自黨派或政權的策劃，百分之八九十沒有好事，或著乾脆說就是愚弄人民。孔丘有這麼厲害嗎？當然有，他有一切專制主義的權力意識，更有助紂為虐的幫兇理論。

前五〇〇年，魯國國君姬宋跟齊國國君姜杵臼在山東新泰（時稱夾谷）舉行峰會，這樣的峰會在當時的封國間非常流行，就跟當今頻繁的國際峰會是一樣的。在這次峰會上，孔丘被任命為姬宋的賓相，負責禮儀事宜。孔丘平生多不得意，好不容易被國君看中一回，機遇難得，於是決定，挽挽袖子，賣賣力氣。這也是常人心態，有戲臺給他，不好好表現，誰都對不住。結果，孔丘腦門一熱，把事做過了頭。

事情是這樣的，根據慣例，峰會期間，都有文藝演出（這如同每年春天的北京「兩會」，都有文藝演出，慰問代表與委員）。當齊國代表隊演出原生態的土風舞時，孔丘根據儒學理論，指斥土風舞的不當，認為在兩國峰會這樣的重大場合，應該表演莊重的宮廷舞。孔丘據此得出一個駭人聽聞的結論：土風舞侮辱了峰會領導人。隨即，孔丘命魯國衛士，把那些跳土風舞的男女演員趕下臺，並殘忍的砍斷他們的手足！

這在當今怎麼可以想像呢？國家領導人出訪非洲、澳洲時，我們經常會看到這樣的電視鏡頭，東道主往往會安排當地的土風舞，以示特別的禮遇和熱忱的歡迎。那些土著演員，多以半裸，呈現在客人面前。按照孔丘「平民輕視國君」的戒規尺度，得有多少土風舞演員被斬斷手腳呀。難以置信的是，孔丘的過度使用暴力，不僅沒有給他帶來負面影響，相反，還在四年後（前四九六年），使他的祖墳上冒起了青煙，即他被國君姬宋拔擢為代理宰相（攝相事）。

或許這一任命，鼓勵了孔丘，他到職第七天，便拿少正卯開刀，祭他內心那把私怨小旗。把少正卯殺了就殺了吧，他還曝屍三日，可見孔丘之狠。孔丘與少正卯何怨之有？在魯國，少正卯與孔丘齊名，且開辦私立學校，與孔丘爭奪學生。國家領導人不允許大臣與他爭奪人民群眾（蕭何求媚人民，不就被劉邦下獄了嗎），孔丘同樣不允許別人與他爭奪學生，這都是競爭起的禍。但孔丘畢竟不同，他是文化名人，又是為人之師，不能公報私仇，更不能無緣無故的殺人。所以，他的學生子貢就問老師，為什麼要殺少正卯。孔丘給出的理由竟然是：少正卯系小人之桀雄！並歷數其五大罪狀，原話即

「心達而險、行辟而堅、言偽而辯、記醜而博、順非而澤」，白話即：

一、居心叵測，迎奉人意；二、行為邪惡，不受勸告；三、口是心非，琢磨不定；四、強記博學，所知皆謬；五、文過飾非，自卸責任。

孔丘所指，無一實證。即便上述莫須有的罪名成立，孔丘的司法手段，也完全弄顛倒了，即採取倒走模式，也就是先殺人，再宣布其罪名。這為後世陰謀家們以及惡意執法者，標立了極其惡劣的範本。因此，在二十一世紀的今天，一些司法系統照樣是先羈押人，後搜羅證據。

也正因為有了孔丘這麼一位奇人，位於泰山腳下、其小如豆的魯國，才在中國歷史上，成為影響最為深遠的一個封國。當然，這也取決於魯國本身的歷史特點。魯國是姬伯禽的封國，其父姬旦乃周朝文物制度的首創者。因此，魯國所收藏的圖書和文獻，為所有封國之最，其貴族階層的文化水準，也普遍高於其他封國貴族階層。尤其前八世紀，周朝首都西安（時稱鎬京）被犬戎部落所攻陷，圖書文獻盡毀於戰火之中，而魯國的圖書文獻，卻完好無損。魯國首府——山東曲阜，遂成為當世惟一的文化大都市。再加上魯國從沒有遭受過劫掠焚燒的惡運，對周王朝初期的文物制度，保持的也最完整。正所謂，一方水土養一方人，在古希臘那樣的大環境下，產生了蘇格拉底那樣的哲學家，在魯國這樣的大背景下，卻必然產生孔丘這樣的教育家；蘇格拉底一條道跑到黑，孔丘卻顯得複雜多變。我們常說的「人文環境」這個詞，即可以用於古希臘對蘇格拉底，魯國對孔丘。

魯國確實是偉大的，它給後世留下一個人——孔丘，留下一套完整的《周禮》；孔丘又給我們留下「五經」，即《易經》、《春秋》、《詩經》、《書經》、《禮經》。還是那句話，先不論孔丘刪減編纂的這「五經」價值如何，至少以孔丘為座標的春秋政治、思想、文化，其影響至今不衰。貢獻有之，破壞有之。這就是事物的兩面性，陰陽共存。

修訂瑣記

以二十一世紀來說，中國人在孔丘身上所做的文章，堪稱鴻篇巨制的，當屬在全球一百多個國家開辦的四百餘所孔子學院及七百多個孔子課堂。一個驚人的數字是，中國政府在這一項目上的投入，十年（二〇〇四～二〇一四）或超七十億元。下面有幾個問題，值得讀者去注意：

主管單位：孔子學院隸屬中國國家對外漢語教學領導小組辦公室，簡稱「國家漢辦」，為教育部直屬事業單位，配享副部級待遇。因此，在美國方面看來，孔子學院是中國政府的一個分支機構。

經費來源：官方資料顯示，每所孔子學院建設費五十萬美元，每個孔子課堂建設費六萬美元；每所孔子學院及課堂的啟動資金，為五至十萬美元。保守估計，中國政府每年在全球建校方面的投入達一億美元。四千名專職教職工和每年三千名外派志願者的費用，不由受惠方國出，而是由中國政府支付。僅以任期一年的志願者來說，國家每人每月補貼一千美元，每年投入約三千六百萬美元。建校建課堂的款項，原則上中外各占一半。實際操作中，中國承擔一切費用，以此換取對方國家大開方便之門。

分一杯羹：中國財政部網站公布的中標廣告顯示，孔子學院網站運營服務專案中標金額達三千五百二十萬元，中標者五洲漢風網路科技（北京）有限公司系國家漢辦直屬企業。毫無疑問，這是自家中自家的標。中國互聯網協會交流與發展中心主任胡延平稱，做孔子學院這樣一個網站，「任何人來做，連十萬都用不了」。如此說來，那三千五百萬元的去向，便成了一個大問題。

備受質疑：先看幾則負面消息：二〇一二年五月，美國審查孔子學院學術資質，要求部分教師離境；二〇一四年九月二十五日，美國芝加哥大學宣布停止與孔子學院合作；同年十月一日，賓夕法尼亞州立大學宣布，終止與中國孔子學院已達五年的合作；二〇一四年十月二十九日，加拿大多倫多公校教育局斷絕與孔子學院的合作計畫；二〇一四年六月十八日，《紐約時報》刊文稱，「為維護學術自由，美國大學教授協會本月公開呼籲美國各高校，結束與孔子學院的合作」；二〇一五年一月十一日，「德國之聲」中文網報導稱，瑞典斯德哥爾摩大學近日宣布將關閉孔子學院。西方抵制孔子學院大致有以下兩個原因。

一、缺乏學術自由：由中國政府控制和補貼的孔子學院，所在大學無法單方對其掌控，違背了美國一九四〇年出臺的《關於學術自由和終身教職原則聲明》。邁阿密大學教授德雷耶說，很多議題在孔子學院都是禁區，比如說西藏和達賴喇嘛問題、臺灣問題、中國擴軍問題、中共領導層內派系鬥爭問題等等，令人難以自由探討。在美國人看來，限制學生思想自由，是不可接受的。

二、政府干預教育：孔子學院往往直接設在其他國家的學校中，並由中國政府提供經費、選派教師和確定教材。中國政府不計成本的巨額經費投入，以及對學生實施免費教育，令歐美人十分反感。政府的干預，會扼殺學術自由；免費教育，有違社會公平。歐美人甚至認為，孔子學院以漢語教學為名，推廣其意識形態。同時，孔子學說中的君臣父子倫理，也與歐美崇尚的言論自由、信仰自由、表達自由背道而馳。加拿大人更是直截了當地指出，中國政府尚未解決自己國家的孩子上學難問題，卻在國外投巨資創辦孔子學院，難以理解。

孔子學院引出的話題，若孔丘在天有靈，又作何感想？

諸子・百家・數墨家（上）

我們常說的春秋時代的諸子百家，實際不過二十家。以濃墨重彩為準，包括儒道墨法在內，也只有十一家。讓普通中國人掰著指頭能數得出來的，也只有孔子、老子、孟子、墨子、莊子、荀子、管子、韓非子、孫子等等。那史書上為什麼要強調百家呢？喻繁意榮而已。而毛澤東時代的「百家爭鳴、百花齊放」中的那個「百」，更像是一個誇張過度的詞。那個時代，別說「百家爭鳴、百花齊放」，能容忍一點點不同聲音就燒高香了。就是有那想爭鳴的「百花」，往往不及開放，便被打蔫踩爛。所以，毛澤東時代的「百家爭鳴、百花齊放」，也可以看作是政治鬥爭中的一個謀略，說是「引蛇出洞」的一部分，也不為過。

再說春秋時代的那個諸子百家，就其意義而言，那的確是百家，甚至還可以說是中國人言論自由最好的一個時期，能與之一比的，只有一個「五四」。春秋與五四，相隔兩千多年。許仙與白娘子的愛情是千年等一回（電視劇歌詞如此），我們的言論自由是兩千年等一回。在古老的中華大地上，言愛不易，言論更難。惟其難，中華一族的學人，才不斷地津津樂道於春秋時代的諸子百家，樂道於「五四」時期的西風東漸。出於這樣的理解和認識，我願把春秋時代與五四時期，看作中國的兩大學術黃金時代。如果說春秋時代的諸子百家得益於「中國式城邦時代」的話，那麼，「五四」則「得益於」西方列強用船堅利炮轟開中國緊鎖著的大門。這樣說很痛苦，也很容易引起民族主義者的敵視，但這是誰都不可否認的歷史事實。

學術上，中國的兩大黃金時代具有許多相似之處，其中之一就是，第一個大黃金時代，即諸子百家時代，是在不斷的戰爭和不斷的政變聲中出現的；「五四」也一樣，是在列強入侵、軍閥混戰聲中出現的。分裂、動盪、戰亂、飢餓、痛苦……民不聊生，恰恰就是在這種環境下，誕生了以孔子為代表的春秋諸子百家，誕生了以胡適為代表的「五四式」諸多思想先驅。「五四」所呈現的文化局面，從數字上說，也許是中國真正的「諸子百家」時代；既使從對中國人的影響力上，也絕不亞於春秋時代。還可以說，「五四」是中國文化精英所夢寐以求的真正的「百家爭鳴、百花齊放」時代——這一時代，就在一個沒有中央政府宣導的情況下誕生的。春秋思潮，同樣是在政府行為缺席的情況下誕生的。美國文化之所以洇及全球，正是因為美國政府在其文化產業的缺席。我們注意到，凡是政府主導的文化，無論好壞，受眾天然的或潛意識的牴觸。什麼意思？就是說這人心呀，風能進，雨能進，國王不能進。

綜上所述，我們不難得出兩個結論：在文化與思想上，沒有政府的參與，一切會更好；一定程度上的不穩定因素，是促進民族自醒和發展的最好良機。

繞了一大圈，我現在準備回到春秋時代的起點，不是從頭說起，而是以特寫的形式，回望一下在諸子百家中名列前茅的幾家，看看他們的優劣，看看他們給我們帶來了什麼、帶走了什麼。自然先說諸子百家中的第一家——儒家。這一家的創始人當然是孔丘了，在當時來說，他的出生地魯國並不顯赫。這是從地理上說的。但地理上的小國，並不見得就是民族文化與民族精神上的小國。比方說英國吧，地理上，它就是個小國，然其稱霸世界的程度，竟一度被稱之為「日不落帝國」。先不說英國的殖民政策如何，單是他們的法律文化，至今仍讓世界各國人民受益。所以，我們不能以地理的眼光去看一個國家，比如我們眼前這個魯國，它的地盤雖小，卻有當時別國所無的整套《周禮》，有孔丘這樣的文化名人。《周禮》與孔丘互為補充，構成魯國的文化標誌，魯國於是就牛起來了，就陽春白雪起來了。別國沒有叫得響的文化標誌，自然就下里巴人了。這是那一時代的文化共識，其實也是任何一個時代的文化共識。

說到《周禮》，它還不是嚴格意義上的歷史文獻，而是周王朝初期各種法令規章和各種典禮時所使用的儀式程式，其內容以儀禮為主，包括祭禮、葬禮、婚禮、冠禮～笄禮（就是男孩戴帽子、女孩戴簪子，以證成年）等等，具體內容，繁複之極、無聊透頂。在中國的南方，周禮所見不多，甚至絕跡；在我的故鄉山東——進一步說魯國舊地，則還能隱約看到一些周禮的影響。比方說待客之禮，七八個人湊成一桌，開始是隨意而坐，偶有禮讓，也只是敷衍性的。待正式入席，便熱鬧開了，不僅分主賓席，還分陪席、左右席、上下席。最大的難題是上座，謙讓的時間也最長。遇到上下尊卑難分的情況，那情景往往是你推我讓，好長時間坐不下去，大家都陪著站立，七嘴八舌，好不熱鬧。最後落座了，那個坐在上座的人還一臉的愧意：「你看這是怎麼說的，今天這場合我能坐這兒嘛！」下面是敬酒，同樣是瑣碎之極，反正應了那句話，「禮多人不怪」，所以酒桌上的禮也就顯得特別多。二〇〇七年夏天，我攜妻帶子回魯地老家省親時，被戰友與親朋輪番邀宴，入席不再你推我讓，而是各自知道自己的位置，一番寒暄，落座即可。這在貧困年代被譏為窮講究，現在則是真講究。

西南就不一樣，這使我初到雲南的時候，　度不習慣。一九八三年，我到普洱一人家做客，主人是先主後賓（這在魯地，完全不可想像），給自己斟上酒，然後才輪到給客人斟酒。席間也不分主次，也不禮讓，各喝個的，各吃個的。一九八七年，我到中緬邊境采風，際遇版納州政府一位公務員（傣族），請我到他家吃飯，斟酒方面，他也是先主後賓。他那一臉的真誠，無法讓你有慢待感。奇怪的是，在這樣的人文環境下，雲南境內竟然有數個孔廟（也有叫文廟的）。其中建水的孔廟為之最，而且他們就在孔廟裡復古宮廷樂。當年，齊魯兩國元首舉行峰會的時候，就因為齊國歌舞團的演員未能演奏這種宮廷樂，而被負責禮儀的孔丘下令砍斷他們的手足。二〇〇一年，我與會建水，到孔廟觀看了這種宮廷樂，一些老頭老太太，約十五到二十人，穿著復古的黃袍，領班嘴裡嘰哩咕嚕地說些凡人不懂的行話，接著就開始演奏，一側還有編鐘。規模不大，但氣勢不薄。看完才發現，這種音樂初聽很美，聽多了，尤其看看那些老樂師們古板的機械動作，就會生出厭惡之情。或禮或不禮，在雲南這塊土地上竟如此分明。

諸子・百家・數墨家（下）

諸子百家中，除了第一家儒家，接下來就是道家了。道家不像儒家有那麼好的根基，再說，道家人物的名聲也不怎麼樣。什麼煉丹求仙之類，全是旁門左道。儒學看上去還有一定的學問，道學簡直就是胡來了。看看古代小說中的那些道教人物，再看看影視劇中的那些道家言行，無論他們怎麼裝扮自己，或刻意被創作者粉飾，都無法掩飾他們內心的卑陋與外表的拙劣。

我以為，老子是不幸的，他的不幸就在於，他被後世掛在了道教的旗杆上，說是高處不勝寒，他死了還怎麼知冷知熱？只好給後人利用去了。其實，道教界還是有許多可以成為旗手式的人物，為什麼偏偏把老子給掛上去，代道教迎風而展呢？這恐怕還有老子個人的因素在裡面。

前四八四年，老子出走。你以為他是易卜生筆下的娜拉，出走是為了什麼人生新目標嗎。不是，他的出走也就是什麼都不幹了，辭職歸隱。他的工作當然也不是什麼大不了的行當，不過周王朝的一名圖書管理員。所以，走也就走吧。可是，老子畢竟不凡，他走得讓世人感到眩暈。據說，他出走的時候，是騎著一頭青牛走的，一直向西。到了陝西寶雞（時稱散關）時，不知怎麼，讓秦國邊防部隊長官尹喜[1]知道了。巧的是，尹喜竟然是老子的Fans。然後是可以想見的熱情款待，席間，尹喜

1 尹喜，周敬王姬匄時代的大夫，精通曆法，善觀天文。周敬王二十三年，自願到邊防部隊去任職。

道：「這麼說，您老從此就要隱居了，多捨不得呀。不才無力挽留您老，那就給我們留點什麼吧。」老子摸了摸身上，一無所有；再看看窗外正在吃草的那頭青牛，笑道：「那就把青牛留下，做個念想。」尹喜雙手一推：「豈敢！學生仰慕老師的超人智慧，期望能給我們留幾句話，比如為人處世什麼的。」老子哈哈大笑：「了然也。」於是，老子就在寶雞那個地方，寫下一篇五千字的文章，留給尹喜，以志紀念。

以今天來說，五千字，只比短文略長。但在老子時代，那就是雄文大著。「著作等身」那句話，用在鉛字印刷以降的時代，那作者終其一生，也難以完成這個使命。但在竹簡刻書時代，幾千字的文章就足以達至實際意義上的著作等身了。像老子留給尹喜的五千字文章，他老人家須先把竹簡燒燙，然後用刀一個字一個字地往上刻，很是辛苦。站在一旁觀摩的尹喜，且喜且忐忑，喜者求得偶像的雄文大著，忐忑者過勞偶像。不日，老子的《道德經》問世，尹喜說什麼也要再留老子住幾天，老子一捋長髯，打趣道：「再住下去，何作隱士？」遂義無反顧，收拾行裝，騎著那頭青牛，出關而去。尹喜望著老子騎牛遠去的背影，淚流滿面。

《道德經》，後世稱為《老子》。這是一篇怎樣的文章呢？大要是說，人要清靜，不要作為，任憑事物自然發展。看上去，這樣的主張似乎還有可取之處，比如「清靜～自然」說。但「不要作為～任憑發展」說，就不免糊塗。而老子對上述的解釋，顯然陷入混亂的境地。他解釋說，清靜～無為，表面看似柔弱無力，一推即倒，實則正恰恰相反。老子的意思是，柔的東西更堅韌持久。這意思本不錯，可令人產生歧義的地方是，他的「不作為既是作為」的闡釋。這尚且稱之為中性觀點，而老子

「兇惡的學說」（范文瀾語），才是我們必須警惕的。老子竭力主張愚民政策，說：「聖人治民，非以明之，將以愚之，民之難治，以其智多。」又說：「聖人之治，常使民無知無欲。」時至今日，那些讓人民無私奉獻而自己至死都抱著極權不放的人物，就是老子兇惡學說的實踐者。范文瀾先生據此把儒道兩家並列而批，認為儒家替統治者制定貴賤尊卑的秩序，使他安富尊榮；道家替統治者發明駕馭臣民的方法，使他地位鞏固。看來，儒學也罷，道學也罷，在智者眼裡，都不是什麼好東西。

至於法家、兵家、陰陽家、小說家等等，在此一筆帶過。我重點要說的是墨家。我大體上有這麼一個求其平衡的心理情節，意思是儒學、道學都不是什麼好東西，那總應該有個好的構成對稱罷。倒也是。我從前有個片面的認識，認為中華傳統文化一團糟，甚至是一片腐爛。現在重新審視墨家，發現我偏激了點，因為墨學就比較符合我的精神視角。

墨子即墨翟，孔子的同鄉。年齡上，他晚孔子一百多年。比較下來，墨子與孔子一樣，他也有數目龐大的門徒；不一樣的是，墨子的門徒有嚴密的組織。孔子的學生致力於歌頌老師，墨子的學生則致力於社會實踐。墨子主張博愛、和平、反浪費、反享受、反侵略。在這一理論框架下，墨子提出若干建設性學說，比如「為什麼和平時期殺一人者為罪犯，而戰場上殺萬人者卻是英雄？為什麼偷人錢財者為賊，而奪人國土者為將？為什麼百姓種地無糧吃，而不種地的統治者卻有吃不完的糧食？為什麼種地的世代種地、當官的世代當官？」等等。這些觀點，即使是今天，也不失新穎。

再把儒道與墨道相比，借用范文瀾先生的話就是：「儒家信命，所以鬼神不靈。墨子不信命，所以鬼神也能賜福降禍。儒家認為庶民最賤，奴隸不算人類。墨子以為官無常，民無終賤，奴婢也是人，在上天看來，凡是人都應該兼相愛，交相利。儒家替統治者制定衣食娛樂喪葬等等奢侈排場，墨子知道這只是加重庶民負擔的籍口，根本予以否定。歸根到底，儒家企圖等級制度鞏固，自己分享富貴。墨家要求人類平等，反對統治者任意剝削和壓迫。」[1]

帶有宗教色彩的墨子集團，還有其他學派所無的優點，表現在：克勤克儉、鞠躬盡瘁、紀律嚴明、言行一致、散財扶貧（有點類似於美國的捐助文化）、崇尚科學（墨家對自然科學多有研究，為其他學派所不及，如墨子自己就用木材造過一隻飛鳥）。

以現代的眼光來看，墨子的思想雖然也有其很大的侷限性，帶之有許多令人不滿意的地方，但作為春秋戰國時代的人物，他能有這麼多現在看來仍為國際主流的思想，實在是了不起的。兩千多年來，墨子之所以在中國人的生活中毫無地位，一是因為漢帝國把儒家定為一尊，二是墨子思想不利於統治集團。因此，墨子思想也就無法在中國發揮影響。中國歷來的統治集團之所以重用儒家，是因為儒家學說能幫助專制主義鞏固政權；連道家都比墨家有地位，是因為道家也和儒家一樣，皆為專制主義的幫閒、走狗。

所以，就整體而言，最接近現代民主思想的是墨子。墨子再有它的侷限性和不足之處，我們都由衷地感到：諸子百家，還數墨家！

1 范文瀾著：《中國通史簡編》上，河北教育出版社，二〇〇二年版，第一〇〇頁。

國事・安危・繫一身

前四世紀，各封國紛紛宣布獨立。之前，彼此打打殺殺，兼併不斷，但始終沒有舉旗獨立，也就是還承認作為中央政府的周王朝，既使後來的一兩百年，周王朝一度成為各封國的影子中央政府，他們也還繼續充當和扮演封國的角色。直到戰國時代，中央政府（周政府）名存實亡，各封國才想到要獨立。這從一定程度上，推遲了中國的統一時間表，因為沒有實際意義上的封國獨立，就不可能有大規模的兼併統一。因此看來，春秋戰國時代裡的政治軍事強人，仍顯本分和保守，不像二十世紀初民國的政治格局那樣，動輒就宣布獨立，動輒就舉旗造反。與其動輒就獨立、動輒就舉旗而反，二十世紀初的北洋政府也罷，南京政府也罷，才在獨裁上總有所顧慮和收斂。

按照優勝劣汰的自然法則，獨立後的各封國，到最後實際只剩下八個重要國家，即楚王國、齊王國、魏王國、宋王國、秦王國、韓王國、趙王國、燕王國。理論上，除楚王國外，其他七國，仍然是周王朝中央政府下屬的封國，就像二十世紀初的各獨立省一樣，任你再怎麼獨立，仍然有一個理論上的大中國政府在那裡「統轄」著，不到另一個中央政府取而代之，它就繼續發揮著框架作用，哪怕這個框架是影子上的。前三八九年，即便是影子政權的周王朝——中央政府，仍不失時機地發揮了它的最後一次餘熱，任命田和為齊國國君，則將原來的國君姜貸，放逐到海邊的一座小城。姜姓人在齊國世代承襲國君，到這裡卻改天換地了，而且姜家人還買影子中央政府的賬，這本身就已經很說明問題了：在沒有新的中央政府出現之前，靈魂深處，人們還得依賴一個有形或無形的政府為他們的寄託，就像春秋的爭霸、戰國的弱肉強食，許多封國尤其是弱小的封國，都無不希望出現一位他們可以攀附的強權，以圖苟延殘喘。從某種意義上說，這也反映了秩序對一個時代、一個政府、一個社會的重要性。失序，便意味著寶座不保、民不聊生。

強權秩序先天不足之處就在於，一國乃至多國之安危，皆繫一身（一人之意）。比如魏國，它之所以成為戰國時代前期的超級強國，是因為它的開國國君魏斯一連任用了三位法學派人物：李悝（他制定法律，調整賦稅，使社會長治久安）、西門豹（他大興灌溉技術，使魏國富足有餘）、吳起（傑出的政治家和軍事家）。魏斯可謂戰國時代的一位明君，然他一死，能臣便樹倒猢猻散了。從此，魏國始衰，其超級大國地位，僅維持六十餘年。魏斯歸西，吳起入楚，結果使楚國興盛六年。重用吳起的楚國國王一死，吳起再度失寵，結果被反對黨亂箭射死。楚國的興盛，至此告一段落。

公孫鞅原為魏國宰相公叔痤的助理，公叔痤死前向國君（已是魏斯的孫子輩執政）推薦公孫鞅，結果遭拒。這麼一個大能人感到在魏國無用武之地，就跑到秦國。那時也幸虧有這麼多的封國，不然吳起啦、公孫鞅啦等等，要跳槽可就難了。公孫鞅一跑到秦國，大受重用，他的變法使蠻荒小國，躍為一流大國。然而，重用公孫鞅的秦國國君嬴渠梁一死，公孫鞅即被反對黨五馬分屍，遭遇一如吳起。

例外的是，公孫鞅的結局，並未影響秦國崛起的步伐，這使其他獨立王國寢食難安。這時就出現了平民學者蘇秦與張儀，他們是同學，同時也屬於「國之安危繫於一身」似的人物。各國不是懼怕秦國的強大嗎？好了，這下有了蘇秦，他抱著戰略報告（合縱對抗與連橫），周遊列國，四處推銷自己

（其作為，有點類似今天美國的蘭德公司）。也許蘇秦的軍事思想太前衛了點，初出茅廬使他無功而返。蘇秦毫不氣餒，二度重返列國，這次因為各國國君看到了秦國現實的威脅，除楚國外，其他六國不得不聘用蘇秦做他們的軍事顧問。也別說，秦國的威脅確也階段性被遏制住。

上之所述，僅僅是「國之安危繫於一身」中的個例。類似者，在中國史上，不知凡幾。這說明，一身大於一國，已然為專制政治的傳統和根深蒂固的思想意識。因此，才有毛澤東去世當天，人們擔心次日太陽可否還會出現那樣的愚蠢想法。所不同者，「國之安危繫於一身」——戰國時代是繫於能人之一身，而帝制時代亦即專制時代，往往是繫於高級蠢貨之一身。你想想，專制政權的接班人，不論能力大小、不論能力有無（甚至是專揀草包窩囊廢接班，以便垂簾聽政者駕馭），只要是一黨之內、一家之內、一姓之內，也就可以接過革命的班了。專制主義政權一代不如一代的癥結，就出自這裡。

刺客・政客・全是禍

「刺客」這個詞，實在有意思。刺殺他人者歹，又何致於客呢？給歹人冠以「客」稱之，難道贊成行歹不成？這個問題，恐怕要置於「政客」之下才能回答。政而客，首先就否定了這個被表述的傢伙不是政治家，有時也有接近政治流氓之義。那麼刺殺這樣的政客，為之刺客，也還能自圓其說。這是局外人的叫法，刺客自己從來都不那麼叫，他們另有一個好聽的名稱，叫作革命，大不了叫作暴力革命，也就到頭了。

漢語詞彙的豐富，往往表現在政治方面，隨時有化神奇為腐朽、化腐朽為神奇的能力。從刺與被刺雙方的角度來看，一定是刺有刺的道理，被刺也有被刺的道理，不然誰會平白無故的刺人或被刺呢？周作人效力汪精衛政權的時候，挨了一刺。別人怎麼說不去管他，他自己的說法是，因為在日偽方面看來，他是「反動老作家」的緣故。在民族主義者來看，管他挨刺什麼原因，反正周作人就是個漢奸。典型的一題兩解。

那麼，我們怎麼來解讀戰國時代的刺客荊軻與政客嬴政呢？站在荊軻的角度，他是受命於危難，因為秦國採取「遠交近攻」政策，準備吞併其他六國，而且已經有韓國被吞併的先例。主持國政的燕國太子姬丹感到壓力太大，就想出一個刺殺秦王的方案，目的是消除這種威脅。「圖窮匕首見」的成語就是講這一段歷史的，荊軻給秦王嬴政帶去燕國的地圖，說這是燕王的意思，請求秦國把燕國給吞了。這情景猶如二〇一四年的一幕，克里米亞（Crimea）領導人抬著轄區地圖，跑到莫斯科，跟俄羅斯總統普京（Putin）說：「天啊，求求你快吞了我們克里米亞吧！」普京知道，克里米亞領導人的地圖裡沒有匕首，所以放心大膽地把克里米亞給生吞了。嬴政並不知道荊軻的地圖裡有詐，接過來就要活剝生吞，不料那荊軻從展開的地圖裡，抄起一把事先藏好的匕首，不由分說，揮刀即刺。可惜，荊軻的刺殺沒能成功，又趕上嬴政這個人有非常的專制手段，結果他的大業倒成了中國兩千多年帝制的大業。有時我也在想，假如當年荊軻把嬴政給一刀宰了，同時又沒有第二個嬴政式人物出現，說不定倒是中國人的福氣。

嬴政沒有被刺死，這反給他以及後世帝王提了個醒。到西漢，劉邦命叔孫通定制「朝儀」的時候，就把「圖窮匕見」的安全因素考慮了進去。比如大臣（更不用說外國來使了）等上奏的公文或敬獻的禮品，一律經過二傳手，即首席太監，轉呈皇帝御覽。極權寶座上的政客，這就安全多了。到了今天，就更加非同凡響了，你想刺殺專制國家的領導人？門也沒有呀！要麼，有的衙門不掛牌，讓你無從辨識內裡的貨色；要麼，掛起天大地大的招牌，大門口荷槍實彈的戳著幾個撇呲拉嘴的棒槌，不斷的喝斥行人：「閒人不得在此逗留，快走快走！」要知道，這大門口，距離首長居所或辦公室，還十萬八千里哩，可他們在面對人民的時候，卻如此害怕。大官如此，下面的中官、小官、芝麻官，也一律如法炮製，統統把自己與人民澈底隔絕，大小衙門，森嚴壁壘。

行政官員如此懼怕人民（儘管人民無膽無心刺殺他們）還不算，就連司法部門的普通工作人員，也怕人民怕得要死。以人民法院為例，訴訟人員進入法院時，在大門口一律實行嚴格的安檢，進入法庭時，再進行一道嚴格的安檢。若要進入法官們的辦公區，那就更費勁了，單元防爆門隨時緊閉，應約會見某法官時，你必須事先給他打電話，他從辦公室裡一搖三晃走出來，經防爆門貓眼確認是他約見的人，才給開門。人民法官縮進堅硬的烏龜殼裡，目的只有一個，防止人民行刺他們。這只能反證一個問題，那就是這些人民法官實在是太黑了！難怪一位安徽人這樣詛咒惡意判案的法官：「吃飯被噎死，走路被撞死，再得上晚期絕症痛死。」[1]話說這已是二十世紀的事了，而二十一世紀的人民法官，其淩厲的程度，已遠遠超出了我們的想像。如上文的安檢防刺，就是寫照。

閒話少敘。最後，我們來看看嬴政的角度，他會怎麼想呢？哦，你們要革命！自然我就得反革命了。反革命的理由很簡單，就是設法保住自己屁股底下的江山。問題是，「反革命」一詞不能用在執政的一方，得找塊遮羞布擋一擋。於是，就有了蔑稱刺客為亂黨的說法。對手是亂黨，被刺的一方自然就是正黨了。這真是一個巧妙的政治語言設計，而且，居然為兩千多年後的導演張藝謀所接受，二○一二年他拍了一部《英雄》，以無庸置疑的正義性，詮釋了這一政治概念。說白了，就是為嬴政的專制大唱讚歌。這之下，如果把張藝謀同中國政協委員的頭銜聯繫在一切，就覺得他這麼幹，實在不是東西。

用暴力顛覆一個政權的刺客行為是禍，用專制鞏固一個政權的政客行為更是禍中之禍。惟尊重彼此的不同和善於妥協，才是現代政治之道。

1 《南方週末》，（一九九八年十一月二十日）。

秦朝篇

小引

從這一章開始，我們的視野進入秦帝國。秦帝國雖短命，但正如李慎之先生所說，它卻為中國人力辟出一條「從上到下的專制主義和從下到上的奴隸主義」之路。從此，秦漢隋唐宋元明清，八個重要朝代，兩千多年一條龍，絲毫不改其顏。這裡面大致有個規律，即每朝都拖著一個紛爭與混戰的尾巴，短則十年如秦尾，長則近四百年如漢尾。在較短的朝尾裡，因為很快分出仲伯，混戰紛爭也還是混戰紛爭，比較的單純。當朝尾長達數百年後，就產生了令人眼花繚亂的國中國、朝代中的朝代，乃至朝代名稱重疊的現象，一般讀者讀來，定會有雲遮霧罩之感。基於這一考慮，我按照自己對歷史的認識，簡單地把中國帝制史分為「秦漢隋唐宋元明清」八個朝代。諸如產生於這些朝代之後的那些紛爭與混戰場面，以及派生出的大小朝代，依舊納歸本朝，列為「×尾」[1]，如秦帝國傾覆後的十年紛爭與混戰，即為「秦尾」；如漢帝國傾覆後長達二百六十九年的紛爭與混戰，即為「漢尾」。這樣，我們就容易分得清，哪是主朝，哪是主朝之尾了。我知道這樣分化中國帝制史有些簡單從事，但只要讓人易懂，又不致於損傷歷史的骨架，想來也就可以達到預期的目的了。

1 秦尾（前二一〇～二〇二）；漢尾（一九〇～五八七）；隋尾（六〇一～六一九）；唐尾（九〇七～九七九）；宋尾（一二五九～一二七八）；元尾（一三三八～一三六八）；明尾（一六二七～一六八二）；清尾（一八四〇～一九一二）。

猛蟲·吸血·韓非子

前三世紀七十年代，秦王國利用十年時間，輕而易舉地把六個王國全部征服。此間的前二五六年，路過洛陽的秦國軍隊，捎帶手，為周王朝打上一個句號，將最後一位國王姬延廢為平民。至此，立國八百七十九年之久的周王朝，走進歷史的塵埃。這同時，迎來一個統一了的中國，歷史將其稱之為秦帝國。

我們讀秦帝國初肇這段歷史的時候，一定不要忽略韓非子這個人，是他的思想「精髓」滋養了秦帝國這隻無比兇惡的猛蟲，並禍及後世兩千多年。這個話題還要從前二三七年說起，當時二十三歲的青年皇帝嬴政不滿呂不韋專權，將其免職，自己親政，以李斯為相。說有一天，嬴政正在讀書，李斯來了，看到年輕的皇帝如此好學，心裡非常高興，就問：「陛下正用功吶？」嬴政道：「我正在看韓非子的書。你別說，這個人的書，蠻有趣的。」李斯道：「是嘛？韓非子這個人我知道，他是舊時韓國人，如需要，陛下可召見此人。」嬴政高興道：「好呀好呀，李相快快宣召他來咸陽，朕要與他切磋治國理論。」

前二三三年，韓非子如邀而至，咸陽當局以國賓待遇，隆重接待了他。但這也引來李斯的嫉妒與警覺，心想：「噫，我這不是腦子進水了嗎？怎麼給自己請來一個對手。倘然那韓非子日後受寵，我往哪兒擱？」遂巧設一計，對嬴政說：「韓非子乃韓國貴族，咱把人家的國給滅了，他肯定記恨。因此，他絕不會忠於秦國，留他在側，無異於引狼入室。而放他走，又無異於放虎歸山。」嬴政眨巴眨巴眼道：「李相以為如何是好？」李斯道：「不如把他給辦了，以絕後患。」

極權專制者的可怕就在於，喜怒無常。經李斯一說，嬴政就把韓非子投到監獄，在獄中又被李斯拿藥毒死。於韓非子而言，這真是禍從天降。跟極權打交道，就這麼危險，正所謂「伴君如伴虎」——哪呀，極權人物，壓根就不是什麼君，直接是吃人的惡虎、吸血的猛蟲。

猛蟲之猛表現在，它對學術——對利於它統治的學術，有著非凡的胃口，比如嬴政對韓非子學說的吸收。嬴政這個人雖然殺了韓非子，但卻接受了他的全部思想。韓非子的思想是什麼呢？即君主擁有至高無上的絕對權力，不必拍人民的馬屁，更不需要人民感恩戴德，即使人民怨聲載道，也不必自責內疚。重中之重的是，賞罰嚴明，可使政府無所不能。正如顧準所言：

> 專制主義本來必定一代不如一代，必定愈來愈腐化墮落。韓非不注意這一點，宣導君主乘勢以術禦下，無限縱欲，那些地方的文筆犀利　簡直是無恥！——你留心一下，秦二世誅殺李斯前後那個縱欲詔書，所引的就是韓非的文章　（一個人）如果有一點點「人民感」的話，他可以宣導君主對貴族殘酷，然而他絕不可以宣導君主本人縱欲。事實上，秦統一六國後大肆縱欲，阿房宮、陵墓、長城一起來，人民比戰亂頻仍中還要難受。[1]

1 顧準：《顧準文集》，貴州人民出版社，一九九四年版，第四百頁。

所以，顧準認為韓非子在中國史上沒有起一點積極作用，而他本人在道義上也毫無可取之處。韓非子學說之可惡，就在於他的「君主中心」論，在於他宣導君主縱欲。皇帝「中心而縱欲」，人民是一點好也沒有了。然而，偏偏就是這樣可惡的理論，卻為秦政權所吸收。你想想，一個荒蠻、愚昧、落後的國家如果在一夜之間崛起後，它能給普天之下的人民帶來什麼呢（納粹德國的崛起，給世界帶來滅頂之災）？可以肯定地說，它原有什麼，它就帶來什麼；它吸收什麼，就帶來什麼。秦帝國原有商鞅的那些變法，它帶來了，諸如度量衡等等，能統一的都統一起來了。這是好的。壞的當然就更多了，荒蠻、愚昧、落後、專制、血腥、殘酷、無道……連殺降也帶過來了，秦帝國大將白起，活埋趙王國四十萬投降的軍人。到了十九世紀，李鴻章如法炮製，當駐守蘇州城的太平天軍獻出城的時候，李鴻章擺下鴻門宴，將降兵兩千多人和幾個天將全部殺絕。

所以，就思想學術和制度層面而言，秦皇漢武締造的業績，不是中國人的光榮，而是中國人的恥辱，是中國人那個長達兩千多年惡夢的開始。

葡萄・美酒・夜光妞

嬴政統一中國後所做的第一件事是，取消國王稱謂，改稱皇帝。

一般人會認為，國王與皇帝在性質上是一樣的，都有絕對的專斷權。其實不然。以周王朝的國王為例，他的權力就很有限。做為中央政府性質的一國之尊，周王朝的國王，可以分封他的子孫去某個地方為國君，而被分封地區的事務，他就管不著了，而是由被分封者來治理。行政上，這叫分權制，同時也是封建制度的靈魂與內核。皇帝就不同了，國家大大小小裡裡外外的事務，只要他不怕被累死，皆可獨裁，其權力不受任何限制。影響所至，省市地縣鄉單位部門的頭頭，也全是準皇帝性質的，職權上，他們除了接受上一級的領導外，幾乎不再受任何團體和個人的監督與節制。

嬴政自為始皇做的第二件事是，把四川山林中不可勝數的木材，運往咸陽，去建阿房宮。四川地域遼闊，要建何等規模的宮殿，木材上才需要如此大的輸送量呀？不僅要追問，建造阿房宮所用木材的砍伐、運輸，以及制為梁、柱、門窗的過程等等，又該需要多少人工呢？推及阿房宮督造辦公室及下屬各機構、單位、部門；推及建造阿房宮的總工程師、工程師、技術人員、施工人員；堆集石料、裝飾材料等等，這該是一項多麼巨大的工程呀。下面就讓我們借助杜牧的《阿房宮賦》，把鏡頭推近阿房宮，來點它的特寫吧（大意）：

阿房宮占地三百多里，樓閣高聳，遮天蔽日。自驪山向北，再西轉，一直延伸至咸陽。渭水和樊水，流入阿房宮的圍牆。五步一棟樓，十步一座閣。建築物千奇百怪，盤旋曲折，不知凡幾。樓閣之間，通道彩色斑斕，橫空而過。

六國王侯的宮妃、女兒、孫女，辭別本國的樓閣宮殿，至秦國而為宮女，日夜彈唱。如星之光，是宮女們梳妝的鏡子；烏雲繚繞，是宮女們晨起梳理的髮髻；河面浮紅，是宮女們潑掉的脂粉水；空中煙霧，是宮女們焚燒的椒蘭香料；雷霆之音，是皇上馳過的宮車。燕、趙、韓、魏、齊、楚收藏的財寶，聚斂的金玉，搜求的珍奇，這都是多少代，從人民那裡掠奪來的，堆積如山。旦夕之間，國滅家亡，珠寶珍奇，皆歸阿房宮。這裡把寶鼎當作鐵鍋，把美玉當作石頭，把黃金當作土塊，把珍珠當作沙石……

秦始皇開糜爛之先例，自然就有後世效仿。隨便點幾處吧，隋帝國建有迷宮，清帝國建有圓明園（費百年之功的建築藝術珍品，裡面彙集了世界上的奇珍異寶，供皇帝享樂。後為英法聯軍付之一炬）。共和國時代呢，河南省委在餓殍遍地、屍橫於野的一九六〇年代，「用高價購斂聚的資金，在黃河岸邊興建起一座豪華的園林型別墅群——中央委員和中央候補委員一人一個套間，黨的七位領袖每人一幢別墅」。[1]後面的兩例就不細說了，還是看看楊廣怎麼玩的吧。

[1] 魏得勝：《農民史：一讀一把心酸淚》，（《隨筆》，二〇〇二年第一期）。

六〇五年春，楊廣即位的第二年，募工二百萬，在洛陽大興土木。另外幾項工作同步進行，楊廣令各地政府進獻奇珍異木與飛禽走獸；令開鑿水路，引卞河水至離宮；令造龍舟建蓬萊仙島，以供水上遊玩，其工程之浩大，時無可比者。

稱奇的是，楊廣在人造海的周圍，所建的那十六座庭院，儼如建制單位，每院的美女，差不多有一個加強團，置女主管一人，享副部級待遇（四品銜）。十六院美妾爭寵鬥強，女色之外，更鬥美食，以討楊廣悅色。伊拉克前總統薩達姆（Saddam）就是這樣一個人，他在被美軍推翻前，曾有七十多處宮殿供他揮霍，每天通常有十二個地方同時為他準備精美的飯菜，而薩達姆也只可能在一個地方吃飯，那十一處烹製出的精美飯菜，則一律作廢。為什麼人人願意做皇帝？原來他享有無限縱欲權。

即便如此，楊廣仍然感到索然無味。侍臣高昌看出皇帝的心思，就請來建築設計師項升，重新為他設計了一個好的去處，這就是歷時一年多完成的迷樓（李世民攻陷洛陽後，火燒迷樓，數月而盡）。建此遊樂場，所費錢財之多，難以計數。楊廣在兩種情況下，每致國庫空虛，一者造迷樓，二者打高句麗[1]。造一個迷樓，以致國庫空虛，即可想見那規模。在夜裡，楊廣常常率領數千美女，騎馬馳騁於迷樓。看看《隋唐演義》的描寫吧，那迷樓大的，足以令人迷路，找不到北。

[1] 強人楊廣，三征高句麗，慘敗收場；強人李世民，兩征高句麗，慘敗收場；倒是看上去懦弱無為的李治，拿下高句麗（六六八年九月，唐軍佔領平壤），高句麗王及二十萬高句麗戰俘，被押回大唐。薛仁貴將軍，作為佔領軍首腦，統治朝鮮半島。

當人們觸及慈禧軼事時，往往驚歎她本人及皇室在飲食上的奢侈。其實，歷代的宮廷生活，都充滿著普通人所無法想像的奢侈。以一四二五年間的明朝宮廷為例，僅皇宮內的廚子，就多達六千三百人。數量龐大的廚子，估計每天要為宮中的一萬至一萬五千人提供膳食服務。據信，到了明朝末年，皇宮內的廚子人數更多。具體數位不詳，但有個數位是確切的，那就是在宮中服務的宦官和宮女，分別為七萬人與九千人。[1]帝國的征斂，不限於田賦，也不限於軍供產品（弓、箭、冬衣之類），宮廷日用，亦完全取自民間。

歷代皇帝們就過著這樣的「葡萄美酒夜光妞」的好日子，其荒淫的程度，遠非史料所及。這糜爛的政治傳統，從秦始皇一直延伸到清帝國，從清帝國又延伸到二十一世紀的今天。現代官員因腐敗而落馬，翻開他們的糜爛史，總少不了迷樓之類的地方，當然更少不了一波又一波的二奶陪伴在側。早期的代表人物有成克傑、胡長清、李嘉庭之流，後期的代表人物有周永康、薄熙來、徐才厚之流。這是落馬的，而那些在職的高級貪官，其荒淫程度，更是常人所想像不來的。

[1] 賀凱（Hacker）：《明代傳統國家》（University-of ArizonaPress，一九六一年），第十一頁。

官制・人治・極權制

秦始皇嬴政一生幹了六件大事，但多為罪大惡極。（一）取消國王稱皇帝，推行專制主義即政治恐怖主義是罪惡的；（二）勞民傷財建阿房宮是罪惡的；（三）修築長城是罪惡的；（四）焚書坑儒是罪惡的；（五）以戰爭的方式統一中國是罪惡的；（六）統一度量衡是偉大的。

在這六件事中，推翻封建制度，建立專制制度，是對後世中國影響最大的一件。專制制度首先表現在官制上，嬴政把帝國劃分為三十六郡（說法不一），直屬中央政府，郡下再劃分為若干縣，縣下再劃分若干鄉，各級機構均為地方行政單位。所有的政府官員為皇帝私有，那麼官員為公既是為私（皇帝那個私），為私既是為公（皇帝那個公）。秦帝國官制本來就是建立在公私界限模糊基礎上的，運作的時間一長，這樣的官制就更模糊不清了。

政治體制上，秦政府跟周政府就很不同，周政府雖然建立封建體制，但仍帶有濃厚的部落色彩；秦政府則是中央集權的政治機構，在皇帝之下設立政府總理（宰相），在總理之下設立九位部長（九卿）。秦帝國的官制一俟確立，便為後世各朝沿用或稍作改動而用，但萬變不離秦帝國官制這個宗旨，所謂「百代皆行秦政制」，指的就是這層意思。自秦至清各朝官制對比可知，它們是何等的一脈相承，些微變化，不足掛齒。

從各朝官制我們可以看出，專制政體是一個典型的金字塔式組織結構，官員是自上至下地層層選拔使用，同時又是自下至上地層層奴顏婢膝。在這裡，組織上只有一個人是可以不做奴才的，那就是握有實際權力的皇帝或皇后或皇太后或宰相或首席宦官，除此之外，全是下級的主子、上級的奴才。這種格局，直到今天還那樣，甚至有過之而無不及。如此官制，其根基就是人治；人治的目的是打造牢固的極權制；極權制的目的就是維護「始皇」、「皇帝二世」、「皇帝三世」、「皇帝萬萬世」的政治地位，意思是他這一家一姓一黨世世代代都把這皇帝當下去。但歷史證明，這一家一姓一黨無論對國家實行極權統治多久，總歸是要滅亡的。那些自我「萬歲萬歲萬萬歲」的嚎啕，不過是預先鳴響的喪鐘罷了。

焚書・坑儒・不死藥

說到嬴政的焚書坑儒，就不能不回顧春秋的諸子百家時代。我在《周朝篇》一章中曾說過，春秋時代的那個諸子百家，就其意義而言，可以說是中國人言論自由最好的一個時期，能與之一比的，只有一個「五四」。

為什麼從諸子百家時代，到五四時期，中國的言論自由被阻斷達兩千多年之久呢？是焚書坑儒埋下的禍根嗎？不是。焚書坑儒只是一個問題的表面，那不過是消滅「非我族類」的一個警示性動作。焚書坑儒之所以在史書上大都能獨立成章，是因為非它不能說明嬴政的殘暴，非它不能說明專制主義的血腥，非它不能說明政治恐怖主義的危害。

現在看來，我們研究歷史也罷，只是讀讀歷史書籍也罷，都會遇到這樣一種困境，假如沒有一個可靠的歷史細節，我們讀起某段歷史，會有恍惚感，甚至懷疑某段歷史的真實性。一段歷史，往往是史官怎麼說、後世專制集團按照自己的利益怎麼修飾，我們就怎麼認同。久而久之，人們就像《肖申克的救贖》（The Shawshank Redemption）中所說的那樣，體制化了。

美國的南北戰爭史，至今各異，並共存於美國史中。這才有亞特蘭大石頭山正面雕刻著的巨幅肖像，他們是美國內戰期間南方的幾位反叛首領，其中那位著名的李將軍身跨戰馬，目光炯炯，神態沉穩，一派大將風度。李將軍等反叛首領們之所以受到國人的仰視，乃源自美國言論自由的法治精神。

我們的春秋時代沒有這樣的法治精神，但有廣開言路的大環境。然而，這種言路，卻被嬴政的萬世大一統澈底扼殺掉了，能讓我們順手供出他這一具體罪狀的，也只有焚書坑儒。

說到焚書坑儒的來龍去脈，源自周王朝遺臣在秦政權中的爭寵。嬴政這個人喜歡到全國各地去視察，他的足跡幾乎遍布華夏各大名勝景點。每次出巡，都有一個龐大的隨從隊伍，博士當然也在其中。每到一處，嬴政大帝都要「到此一遊」地建石立碑，向世人宣傳他征服六國、統一中國的豐功偉業。這些正是儒家的拿手好戲，比如他們在泰山頂上為嬴政立的頌德碑，就頗為嬴皇上所喜愛。那些頌詞，無非說嬴政大帝是統一中國、繼往開來的領導人之類。那時的儒家缺心眼，沒想到給泰山頂上的頌德詞配上曲子，倘然，嬴政大帝還不得天天優哉樂哉地沉浸在「統一中國的領導人」樂曲之中；倘然——儒家的馬屁拍得叮噹山響，恐怕也就不致於發生後來的焚書坑儒了。

遺憾的是，那時的儒家還愚鈍得很，他們只知一味地復古復古，不知與時俱進，以為泰山頂上的頌德詞讓嬴政大帝一樂，他們就可以進言，借皇帝之手復古了。問題是，復古不符合嬴政親手締造的那個「新中國」的國家利益，更不符合他創立的東方式專制主義。後來的若干皇帝，包括當了八十一天皇帝的袁世凱，以及一個又一個的西裝皇帝，他們之所以尊孔復古，早已不是嬴政時代的儒家復古理論——復周禮之古，而是借屍還魂式的假借尊孔，復嬴政締造的那個專制主義之古。所以，當老牌儒家在向嬴政建議復古的時候，嬴皇上怒了。心想，我剛剛建立起新制，而且這套新制能保我事業萬歲萬歲萬萬歲，你等酸腐文人竟敢趁著我心情好的時候，建議我回到舊制上去。舊制有什麼好的？你看看周王朝的聯邦制，把中央政府的權力分散的七零八落，國家領導人毫無威嚴可講，到最後，中央領導還得抬著老臉去看各邦領導人的臉色……這幫臭文人，難道你們讓我分權嗎？要剝奪我說一不二的極權嗎？用心何在？

這情形下的老派儒家，其命運也就可想而知了。但嬴政並不親自給出結論，而是把這事交給總理，按照程序，先讓政務院拿個處理意見來。李斯是嬴政跟前高瞻遠矚式的政務總理，他站在嬴政也就是專制集團的立場，不遺餘力地駁斥了老派儒家的崇古思想。李斯的觀點是，儒家學者不能與時俱進，他們只一味地崇拜古人，堅持新中國沒有舊中國好，可謂擾亂民心，破壞社會穩定。

李斯拿出這個意見後，嬴政心中便有了底，遂下令焚燒儒書。在西方現代文明中，有這樣一句名言：「我雖然不同意你的觀點，但我卻誓死保衛你說話的權力。」專制主義恰恰與此相反，我不同意你的觀點，就一定要扼殺你說話的權力。嬴政在焚燒儒書令中，用「三個凡事」加諸強調色彩：

> 凡超過六十天仍不焚毀儒書者，刺配惡地勞教；凡探討儒書者，立即處斬；凡是古非今者，全家斬首。

焚書事件的次年，「方士事件」竟然陰差陽錯地燒到儒士身上。說來說去，嬴政對儒家的「是古非今」那口氣還沒出完。這就像毛澤東，一九四九年之前，知識界許多名流不太買他的賬，他心裡總是老大不快。建國後，他發動沒完沒了的政治運動，直到將全國的知識份子打入人間地獄，他才滿意。嬴政也這樣，他一旦找到籍口，就絕不輕饒那些儒家學人。但誰也沒料到，這個機會竟如此歪門邪道而入。前二一二年，道士侯生與盧生，因忌憚嬴政的淫威，悄然逃走。這倆道士，你逃就逃唄，還留下一堆惡言，給嬴政做把柄。侯生道：「嬴政這種人，不學無術，又兇殘無理，博士跟著他，準沒好果子吃。」盧生譏諷道：「不僅如此，嬴政這個人還深度癡迷仙藥。想想吧，哪有不死之人？哪有什麼神仙？還當皇帝哩，這點常識都不懂，世上再也沒有這麼笨的蛋了！」

今天的領導人身邊，也是奴才成堆，但他們不會像嬴政身邊的奴才那樣，坊間有什麼閒話都傳給主子。今天的奴才們，只揀甜言蜜語給主子，比如坊間如何讚美領導人啦，比如外國如何稱頌領導人啦，等等。即便沒有溢美之詞，那些奴才也會編出各種瞎話，稱頌偉大而英明的主子。有時，奴才領袖（高級奴才）親自編瞎話頌上，有時也安排基層奴才頌上。也因此，各地各基層，培養了一批專門奉承領導人的小奴才，他們專項負責接待蒞臨視察的領導人。那些奉承讚頌的話，完全公式化了的，默背下來，張口即來，如「感謝黨，感謝政府」之類。這些基層奴才，被基層政府視為合作對象，被周圍的群眾視為能說會道的人。有一年，鬧大地震，領導人去災區視察，慰問一位群眾代表（基層政府特意安排的接待專業戶），說：「大地震讓老百姓受苦了。」那位群眾代表說：「感謝黨！感謝政府！」瞧這樂子鬧的。

扯遠了，回到秦帝國。嬴政不會鬧這樣的樂子，他聽到的基本都是實話。所以，他震怒了：「噫，咱閒養著這幫五穀不分的傢伙，到頭來竟然在背後罵我。可惡之極！」遂下令，對首都咸陽的儒家學者，實施大規模的捕殺行動。說到這裡，我們要特別感謝一個人，他就是處在特別時期的博士伏生。就是這個山東人，在秦始皇焚書坑儒時，冒著生命危險，將《尚書》[1]藏於家中的牆壁裡，給上古時期的歷史文獻，同時也給古老的文化，留了一條生路。漢初之際，伏生將《尚書》取出，傳授於齊魯大地。

重溫焚書坑儒這段歷史，很容易使人聯想到一九五〇年代的反右，毛澤東一聲令下，無數知識份子被投進遠邊惡地的農場，實施所謂的勞動改造。在這場反右運動中，僅甘肅酒泉農場——夾邊溝一地，就餓死了一千多名知識份子。[2]比較之下，嬴政之坑儒，其數字要小得多，僅為四百六十人。但歷史一直在奮力批判嬴政的坑儒，卻忽略了毛澤東對知識份子的無情加害。

嬴政焚書坑儒後，市面上並沒有由他本人的著作取而代之，但毛時代就不同，書店裡全是時稱紅寶書的《毛澤東選集》、《毛主席語錄》。僅一九六七年這一年中，中國就有一百八十一家印刷廠參與印刷毛澤東著作，全中國新華書店發行了八千六百四十萬部《毛澤東選集》，三億五千萬冊《毛主席語錄》，四千七百五十萬冊《毛澤東著作選讀》，五千七百萬冊《毛主席詩詞》。在一九六六～一九七二年之間，全中國書店的社會科學櫃檯上、自然科學櫃檯上、兒童讀物櫃檯上、外國文學櫃檯上，放的全是一片紅的《毛主席語錄》，而社會科學的書，除了馬克思列寧的著作，其他書全是毒

1 《尚書》相傳為孔子編選，共一百篇，內容為上古時期（堯舜至秦穆公）的文獻資料。伏生所藏，實為散佚的《尚書》，僅存二十八篇，稱之為《今文尚書》。

2 楊顯惠著：《夾邊溝記事》，天津古籍出版社，二〇〇二年版。

草。[1]好傢伙，這比嬴政焚書坑儒還澈底。

自秦漢始，中國的意識領域，除「五四」外，基本沿著一條不變之路：主旋律——皇家的主旋律——專制主義者的主旋律，誰若偏離開這個基本路線，誰就得承擔破壞政治穩定、破壞社會穩定的責任。這就是嬴政焚書坑儒的後遺症，它對中國人造成的傷害之深之遠，無可比者。

1 陳丹燕：《紅書》，（《雜文選刊》，一九九九年第十一期）。

馬派・鹿派・真假派

在本書，我把秦尾提前了三年（參見本章「小引」注釋）。我們說，朝代之間的首尾相接，也很難讓人確準一個具體的時間表，進入歷史就更不能一刀切式的。首尾之間，總是你中有我，我中有你。一個朝代的尾巴，事實上也就是下一個朝代的龍頭；那麼你這個龍頭，又是從上一個朝代的尾巴中誕生出來的。無尾不能有首，無首也不能有尾。兩朝交替間的歷史，看作是甲的尾巴可以，看作是乙的首也可以，總之是一切以便於認知那段歷史為要。

我之所以把嬴胡亥與趙高放在秦尾來敘述，是基於這樣一種考慮，嬴政在前二一〇年（即坑儒的第三年）一死，秦帝國的大廈事實上已經算是傾覆了。專制主義社會就是這樣，一個國家的安危往往繫於獨裁者一身，只要獨裁者（這裡特指鐵腕式獨裁者）一登腿西歸，他建構的那個大廈也就算是傾覆了。國家作為象徵意義上的大廈，既使傾倒也有個過程，一年算是瞬間，兩年算是即刻，三年算是很快。這樣說來，秦帝國大廈在傾覆過程中就算是快的，其中有兩個人「功不可沒」，那就是秦二世嬴胡亥與趙高。

嬴政本來是遺詔他的長子嬴扶蘇繼位的，可惜這個傢伙命不好，他老爸翹辮子的時候，他正在陝西榆林督軍，防禦北方的匈奴。等他回來，他的弟弟嬴胡亥在宰相李斯與宦官趙高的策劃下，已登基為帝。按照皇室政權交替的規律，法定繼承人沒能即位的，只有死路一條。嬴扶蘇就這樣，在李斯、趙高他們篡擬的遺詔中，不得不自殺身亡。

嬴胡亥一登基，就對趙高說：「如今天下歸我，真是要什麼有什麼，也該咱盡情享受享受了，你說是不是？」趙高迎奉道：「陛下高見，此乃人之常情。」秦二世為所欲為的理論，在中國官場造成一種實實在在的腐敗傳統。

我們說，先秦為專制主義初級階段之首，它既沒有漢唐的諫官制度，也沒有明帝國那樣的文官集團，全是皇帝一人說了算。所以，秦二世為所欲為，那麼秦帝國的大廈，也就必然地啟動傾覆之鍵。前二〇九年，陳勝吳廣在大澤（安徽宿州）起事，本不足道，可竟然在全國引起一連串的負面反應，變民一波接一波，嘩啦一下，幾乎就在一夜之間，那些已消失十多年的六個封國，全部復活。

六國復活的時候，秦二世在幹什麼呢？他正興致百倍地享受奢靡。也正在此時，傳來民變的消息。這不是掃興嗎？秦二世一怒，將報憂者統統投進監獄，以絕煩惱。中國古代寓言中有這麼一個蠢貨，他的腳受傷了，疼得不得了。於是，想出一個天才都沒有的好主意來，在牆上挖個洞，把受傷的腳放到有仇的鄰居家去，還美滋滋地說：「就讓這隻受傷的腳，到仇家疼去吧。」秦二世正是這麼一個蠢貨，而且後世專制主義政權，也全都遺傳了「到仇家疼去」的基因，以致報喜不報憂，還成了後世專制主義政權所奉行的一套準則，報喜和誇大成績者，坐飛機般的被提升；報憂者、說真話者，墜機一般的下落。二十世紀與二十一世紀，中國就曾兩度大規模湧現「數字出官」的怪現象，可見報喜不報憂之傳統的根深蒂固。

那麼這個時候（六國復活），趙高又在幹什麼呢？他正在為後世創造一個成語：指鹿為馬。這個成語被後世運用之廣之烈，也說明專制主義被發展之深之甚。因為，只有專制主義社會，才會出現指鹿為馬的荒唐事；也只有專制主義，指鹿為馬才能成為現實，這個荒唐的現實才會被不斷複製，批量生產。獨裁者一言九鼎，「一句頂一萬句」。這情形下，別說是指鹿為馬，他就是指人為牛鬼蛇神，他不給你正名，你也休想回歸人的行列。這是說大獨裁者。推及不同等級的獨裁者亦然。總之，還是李慎之先生那句話，這一切無不是「從上到下的專制主義和從下到上的奴隸主義」。上行下效，役下媚上，全一個模子扣出來的，只有大小區別，沒有質的區別。

說了半天，趙高是怎麼指鹿為馬的呢？他先是設計將宰相李斯拿下，將其腰斬，自己榮登中央政府二把手——宰相的寶座。之後，他為了建立自己的權威，在一次辦公會上，牽一隻鹿獻給秦二世。在呈獻時，趙高說這是一匹馬。秦二世說，趙高你真搞笑，這不明明是一隻鹿嗎？趙高說：「明明是馬，怎麼說是鹿呢？陛下不相信的話，請問問大臣們。」大臣們遂分成兩派，一派說是馬，一派說是鹿。事後，說真話、指鹿為鹿（我謂之鹿派）的人全部被殺；說假話、指鹿為馬（我謂之馬派）的人全部被重用，趙高遂全面掌控政府。我真也佩服馬派政客駕馭複雜局勢的能力，當場就看穿 場遊戲的實質——專制政權的官員，在和平時期惟一的出路就是說假話、大話、空話。也可以說，這是一切專制主義政權的特點。

回到指鹿為馬的現實中來，我們就會發現，有一個荒淫無道的皇帝，加上一個卑鄙無恥的宰相，這樣的帝國不快速滅亡是無天理！所以，接下來的事件，環環相扣，發展之快，當事人也始料未及。

前二〇七年，趙高的女婿咸陽市長（咸陽令）閻樂率兵闖進皇宮，殺了秦二世嬴胡亥；嬴扶蘇之子嬴嬰繼位，又殺了趙高。前二〇六年，劉邦攻下咸陽，嬴嬰投降，秦亡（立國僅十六年）。

修訂瑣記

官員無限縱欲，可謂由來已久。即如二十一世紀初這十多年，中國官員，沒有一個不是秦二世心態的，他們貪汙無算，妻妾（大陸戲稱二奶）成群。每個被糾舉出來的貪官身後，都有一串令人難以想像的資料，貪汙上億，都算不上新聞，有幾十個二奶也算不上新聞。幹部隊伍那種空前高漲的貪汙熱情、揮金如土的灑脫無羈、奢侈糜爛的忘我精神，真可以說是空前絕後。官方文本涉及改革，總喜歡把「與國際接軌」的字眼招攬世人，可是最終我們發現，一旦涉及國際上先進的文明，尤其先進的政治文明，官方總會站出來駁斥，說：「我們不搞西方那一套！我們要走有中國特色的道路！」其實這樣說來，他們也就沒有什麼可與國際接軌的了，我們看到的是，當代幹部們倒與嬴政及其之後的各代皇帝們無縫對接了起來，皇帝們如何奢侈糜爛的，他們一學就會——甚至不用學，從娘胎裡就帶來了那些令人不齒的東西，我們稱之為基因遺傳。

一九五八年八月二十七日，《人民日報》以《人有多大膽兒，地有多大產》為題，談及山東壽張縣的糧食產量，縣委在全縣範圍內掀起畝產萬斤糧的豐產運動。隨之，中國領導幹部臉不紅心不跳地搞起了謊報畝產量。一九七九年改革開放之後，政壇又興起GDP熱。要知道，那可是仕途通行證哩——當然，「ＧＤＰ證」（說謊）須配合「money證」（行賄）方可有效。於是乎，大官小官的嘴裡、大媒體小媒體上，一律充斥著「ＧＤＰ」三個字母，老百姓戲稱為「雞的屁」，除了臭，沒別的。修訂至此，從二〇一五年四月三十日的《北京青年報》上，獲得一則與ＧＤＰ有關的消息，補充如下：國家統計局公布的ＧＤＰ資料顯示，各省份ＧＤＰ資料之和與中國ＧＤＰ總量，誤差超過二千四百多億元。

霸王．別姬．劉邦起

前二〇九年，陳勝吳廣起事，就像一根導火索，引燃了秦帝國這個巨大的炸藥包。何以言之？嬴政推翻運行八百七十九年的封建制度，建立集權專制制度，那要傷害多少人的利益呀？封建制度亦即分封制，國王的子女和七大姑大八姨等這些貴族、準貴族，都能分享到國家的權力或實惠。嬴政推翻封建制度，也就意味著剝奪了這些寄生蟲們的既得利益，他們反起秦政府來，恐怕比陳勝吳廣還甚。這才一呼百應，當年被嬴政滅掉的六國，眨眼間全復興了。

史學家為什麼要用「復興」這個詞，來形容重歸的六國呢？我想，這裡更多的恐怕只是一個形容，並非就是一種復興。所以也就大可不必認真。值得關注的是「復興」一詞在後世的被廣泛運用，諸如「實現中華民族的偉大復興」之類。乃想，「中華民族的偉大復興」在哪裡呢？我們究竟認同中華民族歷史上的哪個「興」值得後世去復之呢？春秋戰國時代的諸子百家即言論自由，是中華民族的第一個「興」；秦漢統一中國、擴展版圖、奠定一黨（嬴黨、劉黨）專制的石基，是中華民族的第二個「興」；唐帝國政治、軍事、經濟、文化、專制高度發達，是中華民族的第三個「興」；辛亥革命推翻清室學步共和、「五四」光芒四射再興言論自由，是中華民族的第四個「興」。上之大略，就是中華民族既往之「興」。

那麼我們要問，以上這些中華民族之「興」，哪一個是後世所要復之的呢？籠統去說，就有好壞不分的嫌疑，分開說，似乎又強人所難。比如復諸子百家和「五四」之言論自由那個「興」，似不太可能，因為中華民族再歷新肇（新共和）已達半個多世紀，至今還沒有一部《新聞法》[1]，說不過去呀。復唐帝國經濟那個「興」嗎？現在的中國經濟，與既往的中國比，堪稱無二。那麼，就只剩下政治上的復興了。這個問題，要兩說著，政治上，目前中國是世界上為數不多的社會主義國家之一，同時也是世界上最大的一個社會主義國家，這一意義上的政治自不用去復興了，本來就巨大無比。從民主國家的潮流看，中國至今沒有實現全民意義上的普選，各級政府官員一律出自上一級的選拔使用。乃想，連柬埔寨在二〇〇三年夏天，都舉行了第三次全民大選（選舉國家領導人），難道在政治上，中國連經濟貧弱國土狹小的柬埔寨都不如嗎？在這一背景下，如言政治復興，聽起來就讓人不寒而慄，因為秦漢以來至蔣介石政權等，中國的政治全是專制主義的，復如此之「興」，豈不是開歷史倒車嗎？

言歸正傳。我們看到，「復興」的六國，短時間內，就在秦帝國的圍剿和新興的項羽、劉邦的吞併中，灰飛煙滅。劉邦與項羽在新興中，開始著手確立他們的最終地位問題。項羽是故楚王國大將項燕的孫子，陳勝吳廣一起事，他便在故鄉江蘇蘇州發動暴力革命，把地方政府的頭頭殺掉，然後物

1 前中國國務院副總理陳雲說：「在國民黨統治時期，制定了一個新聞法，我們共產黨人仔細研究它的字句，抓它的辮子，鑽它的空子。現在我們當權，我看還是不要新聞法好，免得人家鑽我們空子。沒有法，我們主動，想怎樣控制就怎樣控制。」（廣東省公開出版物《同舟共濟》，二〇〇三年第二期）。

色到故楚王國第二十一任國王芈槐的孫子芈心，輔佐這位已經淪落為牧羊人的人為楚王，用以招攬故楚遺民，一起跟他們鬧革命。劉邦是江蘇沛縣的一個混混，他的揭竿而起，當然不能與項羽比，加之他與舊有的六國王族沒有一點淵源，也沒有機會利用殘餘的力量，怎麼辦呢？劉邦覺得靠自己那兩下子、靠自己那幫當地痞流氓的哥們是成不了大事的，弄不好，不是被剿滅，就是被吞併。所以，他審時度勢地帶領著烏合之眾，投奔芈心去了。

芈心鼓勵投奔他的將領們直搗帝國首都咸陽，說先攻陷咸陽者為秦王。結果，劉邦先把咸陽攻下，奪得頭功。後到的項羽暴跳如雷，打壓劉邦，處斬嬴嬰，焚燒阿房宮，這才算出了抑鬱胸中的那口鳥氣。

項羽畢竟太嫩，此後又連連失誤，最終敗在劉邦腳下。這裡僅舉一例，說當時項羽身邊有位謀士，叫韓生，他建議項羽建都咸陽，以便統馭全國。你猜項羽怎麼說：「一個人在外拼打為個甚？不就為有朝一日衣錦還鄉嘛。」韓生聽了很鬱悶，搖搖頭走了。可是韓生這個人又缺乏城府，私下對人說：「都說項羽是猴戴帽子裝人，果然如此。」中國有告密傳統，所以，很快有人就把韓生給出賣了。項羽什麼人，性如烈火，罵他不是人，這還了得！遂將韓生投到鍋裡，給活生生煮了。

項羽懷著如此心態，怎麼能和劉邦一爭天下呢？要知道，劉邦為締造他的大業，和項羽一決雌雄，物色了當時三位最為傑出的人物，即大將韓信、智囊張良、後勤部長蕭何。劉邦是流氓，但他知道什麼是人才；杜月笙是流氓，他也知道誰是高級知識份子。項羽不是流氓，但他不懂得知識的重要性，也不尊重知識份子，他與韓信擦肩而過，與范增擦肩而過，與韓生擦肩而過。作為領袖，這缺點無疑是致命的。也因此，鑄就項羽的悲慘結局。前二〇二年，漢兵於垓下設下十面埋伏，困死項羽及其殘兵敗將。隨軍的虞姬知道來日不多，吻劍安夫。那意思是，不拖累丈夫突圍。次日清晨，項羽率殘部突圍，至烏江時，覺得無臉渡江去見父老，舉劍往脖子上一揮，沒了。

項羽之死，結束了一個紛爭混戰的「秦尾時代」，這是歷朝尾巴中最短的一個，僅用了十年。秦帝國是一個短命王朝，帶之它的尾巴也很短。這也叫相輔相成吧。

修訂瑣記

二〇〇三年，《歷史的點與線》初稿之際，中國的GDP世界排行第七；至二〇一四年，已躍居世界第二。《上海企業》雜誌二〇一五年第三期甚至說：「國際貨幣基金組織（IMF）資料顯示，中國二〇一四年的GDP達十七點六萬億美元，超過美國的十七點四萬億美元，從而成為世界第一大經濟體。」問題是，中國的人均收入如何呢？世界銀行二〇一四年公布的資料顯示，中國的人均收入位居世界第九十四位，尚且排在汶萊、安道爾、馬爾他、巴巴多斯、赤道幾內亞、波斯瓦納、毛里求斯、利比亞、巴拿馬、加蓬、委內瑞拉、哈薩克斯坦、哥斯大黎加、帕勞、厄瓜多爾等等這些陌生的小國之後。中國的GDP或許在世界首屈一指，然百姓的收入，卻遠遠落後發達國家，也落後許多不知名的小國。學界有理論，將其稱之為「國進民退」或「國富民窮」。

漢朝篇

卑儒．犬儒．成大儒

孔府伴官庭（魏得勝攝影）

儒家一直不怎麼得志，他們見縫插針，旦發現天下大亂，四分五裂，便開始懷揣治國夢想，去投奔新興國家。然而，所到之處，幾乎是處處碰壁。你不得不佩服儒家學者，這些人好比飄搖於沙漠中的零星野草，看似枯的，其實卻有著極強的生命力，只要一有機會，他們就箭一般射出，也完全不在乎結果如何。或許是失敗再失敗造就了他們的這一堅韌不拔的性格。

周朝的時候，儒家小有風光，一直到嬴政時代，他們也還念念不忘重振儒學。嬴政平定六國，實現統一，儒家發現嬴政喜歡人家給他歌功頌德，於是就策應過去，拿「統一中國的領導人」這樣華麗的詞藻，去狠拍他的馬屁，結果真就把這位帝制始祖給拍舒服了。儒家以為翻身的機會來了，不料嬴政的臉一變，倒來了個焚書坑儒。

這一來，儒家就更加認識到復古的重要性了，因此都盼著嬴政早死。在一定時期內，儒家的想法，幾乎代表了整個秦帝國社會的心聲。嬴政大帝一死，陳勝吳廣一起事，結果一呼百應，整個帝國全亂套了。儒家就盼這個，所有被壓制的人群，尤其是高知群體，也都盼這個，改朝換代總會帶來新的機遇，正如一棵老樹之死孕育無數新生命一樣。帝國一亂，儒家便開始四處活動。最初是孔子的後裔孔甲，他和一些儒家學者，一聽說陳勝吳廣起事了，還不等形勢明朗，也不知人家是否會聘用他們，就迫不及待地上路投靠去了。最後陳勝吳廣自身都難保，還會收留什麼儒家學者嗎？

在儒家學者眼裡，能者為哥。其中有這麼一個儒家分支看好劉邦，二話沒說就投奔而去。按說，儒家那一套理論是排斥與流氓同道的，可是為了儒家的發展，也就難顧廉恥，於是就有了儒家與流氓共簷的奇觀。當然，一開始的時候，劉邦還比較排斥儒家，人家好心投奔他，給他當狗使，他卻抓過一頂儒生的帽子，往裡撒尿。那儒生也真夠可以的，劉邦如此侮辱他，他竟然一點氣都沒有，依舊忍著，別的儒生也依舊忍著。所謂「士可殺不可辱」，原來是一句裝門面的話。而且，這一回不是儒家排斥流氓，而是流氓排斥了儒家。

劉邦乃流氓出身，拿儒家學人的帽子當尿壺，是符合流氓之道的。非流氓出身的皇帝，又能對儒家學人好到哪裡去呢？照說到了清帝國，儒家文化已深入人心，可身為皇帝的乾隆，照樣對儒家學人說罵就罵，而且哪個話難聽他罵哪個。有一年，乾隆又要南巡。歷朝皇帝的出外視察，都是一次次大規模的蝗蟲行動，動輒幾萬人乃至十幾萬人同行，沿途幾乎是吃光喝光，直弄得民不聊生。江蘇省教育廳（學政）的尹會一出於好心，上奏章諫阻道：「興師動眾的南巡，令民間疾苦萬分，怨聲載道。皇上聖明，免了此行吧。」乾隆把奏摺往地上一摔，怒斥道：「大膽！你跑到朕這裡為民請命來了，你是想借此與朕爭奪人民群眾嗎？」尹會一汗流浹背，低眉順眼，不再多言。

紀曉嵐仗著皇室教師（侍讀學士）的身分，並未被乾隆的震怒所嚇倒，他借尹會一的茬口，趁便勸阻乾隆南巡。意思也還是尹會一的意思，什麼江南人民的財產已經枯竭，什麼民間疾苦、怨聲載道等等。乾隆愈發惱怒，從龍椅上跳起，用手指點著紀曉嵐說：「紀曉嵐呀紀曉嵐，朕看你肚裡還有點學問，可憐見，給你一個官做，其實不過當作娼妓一樣豢養罷了，你倒敢在朕面前論起國事來了。這江山是朕的江山，好了壞了，用得著你這幫奴才多嘴！」

得，乾隆打擊一大片，中央辦公廳會議，就此鴉雀無聲，無人再敢拂逆龍鬚。要說，乾隆這流氓也夠狠的。現代文明社會，就沒有乾隆這樣的流氓嗎？大有人在。資中筠女士有篇文章，提到「我國某部長秘書經常被粗暴辱罵，承受力特別強」。說得淺白一點，就是這位部長秘書，就如尹會一和紀曉嵐等古代大臣一樣，祖宗十八輩被領導罵一遍，也不帶羞顏惱意的。只要能給權貴當狗使，無所謂尊嚴不尊嚴，人格不人格。有朝一日，這裝孫子的傢伙爬上官位，不也照樣以辱罵手下為能事嗎？

儒家受尿壺之奇恥、娼妓之大辱，竟然還美其名曰「忍辱負重」，繼續給不是東西的東西當尿壺、當娼妓，而且還要「俯首甘為孺子牛」。過去儒家的忍辱負重是個什麼具體心態，已無從查證。現成的有李敖與李國文的心態，或可資證一二。李敖說：「我的老師殷海光，在臺灣和雷震辦《自由中國》雜誌，辦了十年，結果被蔣介石反掌一撲，雷震被關了起來。殷海光雖然沒有被關，但四十九歲就得胃癌死了。得胃癌有很多原因，心裡不愉快是重要原因。他是哲學家、思想家，思想家得胃癌死掉，不對勁啊，表示他沒想通啊。他的敵人（蔣介石）活了八十八歲，他活了四十九歲，他的敵人比他多活近四十年，他輸了。所以，我就不生氣，我贏你，活過你。現在我成功了，我贏了。」[1]

李國文的心態，與李敖可謂如出一轍，他說文人「倘不想被腰斬，你就只有沉默。在沉默和腰斬之間，若是任擇其一的話，如果高青丘徵求我對這道選擇題的看法，我會建議他採取沉默一道，誰也不會把他當啞巴賣了。因為寧肯咬斷舌頭，也要設法保住腦袋，才是上上策呀！腦袋掉了，他即使有八鬥之才，也白搭了。腦袋留著，他那八鬥之才雖廢了，至少，作為一個觀眾，活著看收拾過你的人死，也不讓收拾你的人看你死，這樣算帳，我覺得划得來」。[2]

如此說來，傅雷、鄧拓、張志新、遇羅克、林昭、李九蓮等人的死就是划不來了。也正因為儒家學人的賬是專算划得來的那一面，在我們的詞彙中，才有「犬儒」一說，意思是卑賤地像賴皮狗一樣

1 《讀者》雜誌，二〇一一年第七期。所引原文，說這段話的是金庸。努力查證發現，這段話的出處，應為李敖。

2 李國文：《高青丘之死》，（《隨筆》，二〇〇三年第三期）。一三七四年，高青丘因文字獄被朱元璋腰斬，時年三十八歲。

地活著。深受儒家文化影響的中國人都會說這樣一句口頭禪：「好死不如賴活著」。如果沒有這樣的生存意識和賴皮狗精神，儒家學人說不定早死乾淨了。也正因為有了這樣的意識與精神，儒家學人才隨時趴在地下，伺機而動。為了躋身流氓政權，哪怕是尿壺恥、娼妓辱，也在所不惜。

嬴政死後，儒家再次尋覓到新的機會，他們從地上一躍而起，四處投奔那些叛軍首領。投到劉邦腳下的儒家分支，雖不被尊重，畢竟劉邦收留了他們，這已經夠讓那些儒家學人感激涕零的了。試想，當年除了孔子有過這等榮幸外，誰還有過？燒高香吧！只要留下來，說不定就有機會。果然，劉邦完成統一大業。流氓終歸是流氓，他們打下江山，並組成以高級流氓為首的中央政府後，流氣不改。比如政府高官在皇宮內山吃海喝時，醉了或淫聲蕩調，或拔劍比武，以此取樂。劉邦是流氓出身不假，但他也絕不是白癡，他知道皇宮內亂糟糟的局面，很容易被不軌者所利用，是以愁眉不展。皇上的心思，被儒家學者叔孫通看在眼裡，如此這般，媚了一通。劉邦樂道：「你設計的朝儀，若能解除這混亂的局面，朕便重重有賞。」

劉邦的欣然接受，實際就是為我所用。叔孫通果真能搞出個名堂，保大漢江山永不變色，何樂而不為？由此可見，儒學對極權統治者的重要性，亦可見儒學對民主自由的破壞性。難怪顧準對他的胞弟陳敏之說，你寫孔子的評傳，可以把他小醜化。以現代的眼光來看，儒學的確沒有多少可取之處，不說把孔子小醜化，至少也應該力加批判。

閒話少說。下面來說說叔孫通在前二〇〇年給劉邦搞的那個朝儀，這裡用幾個分鏡頭來說明：

（一）文武百官在宮廷官員的引導下，依序入殿，分班兩廂就座；文官居左，武官居右。那座兒，不過大臣自己跪著的雙腿。禁衛軍官，則站在文武百官身後。

（二）劉邦坐著人拉的輦車，適時緩緩而現。每隔幾米，便有一位官員高聲傳報：「皇帝駕到！」一路遞進，待劉邦入殿方畢。

（三）劉邦落座，大殿肅穆。見昔日一塊打天下的哥們，個個臣服在地，劉邦那個舒坦。

（四）宮廷官引導文武百官，依序職務大小，向劉邦敬獻頌詞。那些程式化的辭藻，不外乎偉大、英明、正確之類。

（五）國宴始，大臣伏地，仰望主上，以示低賤。席間，大臣依序向劉邦敬酒，如是九次。

（六）國宴畢，司儀大聲宣布：「宴會禮成。」監察官（御史）進入文武百官隊伍，猶如老師檢查學生指甲頭髮之類，檢查百官的舉止，把失儀者一一趕出殿外，登入監督薄，為日後懲戒備案。失儀者或被彈劾，或被罰款（萬曆年間的御史，甚至參劾朝儀過程中咳嗽和步履不穩的官員）。從此，國宴之上，秩序井然。

朝儀後，劉邦大喜，隨即提升叔孫通為祭祀部長（奉常），賞黃金五百斤，門徒亦一一升官發財。打這兒，叔孫通成為門徒眼裡的聖人；打這兒，皇帝與大臣拉開距離；打這兒，儒家的聲望冉冉升起；打這兒，獨裁專制走進萬劫不復的深淵。

在這個世界上，我們很難找出和叔孫通的設計近似但結果卻正相反的例子來，找來找去，以為只有湯瑪斯・傑弗遜（他曾代表新生的美國和英國在巴黎簽訂獨立條約）為華盛頓設計的退職儀式相對接近，即二者都有為早期政府做行為設計的「共性」。傑弗遜為華盛頓設計的這個退職儀式很短，前後只有幾分鐘。步驟如下：

第一步：一七八三年十二月二十日中午十二點正，華盛頓將軍走進大陸會議廳，在議員們的對面就座，那個位置是專為他設立的。

第二步：議長作簡短介紹，華盛頓起立，向議員們鞠躬，以示尊敬。則議員們只需手觸冒簷還禮即可。

第三步：華盛頓發表簡短演說，口頭辭去他執掌了八年的軍職（大陸軍總司令）。議長也以簡短講話，口頭表示接受。

有文章認為，只需手觸冒簷還禮即可，乃是整個儀式裡最核心的動作，它象徵了國家的武裝力量對文官政府的服從。也就是從那一鞠躬開始，美國的軍隊便嚴格地置放在了國家之下……也就是從那一刻開始，美國人就明確了這樣一個理念：即一個國家是不能靠武力來管理的。這樣，一個靠槍桿子打出來的政權，在政權建立以後，就將槍桿子悄然收起。

我們說，也只有具有如此偉大人格魅力的華盛頓，才配那一簡短、乾淨的退職儀式。換句話說，也只有流氓出身的劉邦，才配叔孫通那麼大氣魄的「朝儀」。雖然不能說有什麼樣的掌權者就一定有什麼樣的追隨者，但歷史經驗告訴我們：追隨者卑劣的，相信被追隨者也一定好不到哪裡去；反過來說，被追隨者卑劣的，追隨者更是好不到哪裡去。這倒不是說追隨了流氓的叔孫通也流氓了，但我始終認為，追隨流氓的學者，即使他本人在品性上變不成流氓，他的皇權思想（表現在附庸權威、頌揚權威上）也非常可怕，其毒其害甚至比流氓政權還廣泛和深遠。

言歸正傳。劉邦死後的儒家，又經歷過一段曲折。劉恒繼位後，他的妻子竇猗房皇后信奉道家學說，實行清靜無為的國策，也就是老子的那套無為就是有為的混帳學說。劉恒（文帝）死，其子劉啟（景帝）繼位，竇太后參與國政，繼續信奉道家學說。如此，儒家便被排斥四十年之久，但也正是這一時期，創造了中國史上的一段輝煌：糧倉盈滿錢成堆，穀多腐爛錢生黴。這就是著名的「文景之治」。如此說來，老子的無為理論，不就被西漢輝煌的經濟驗證了嗎？不然。這一問題，我們將放在《木犁・鐵犁・曇花裡》一節來談，這裡暫且放下不提。

總之，竇太后喜道厭儒，也就聽不進對道家不同的言論。有一次，儒家博士轅固生對道家人物李耳（老子）、莊周略有非議，竇太后就懲罰他到圈舍裡去，赤手空拳鬥野豬。這活兒若是給施瓦辛格（Schwarzenegger）去幹，小菜一碟，給手無縛雞之力的儒生去幹，還不成了野豬戲人。幸虧當時的皇帝劉啟暗中悄悄塞給轅固生一把刀，才算沒把老命送掉。前一三五年，竇太后一命嗚呼，儒學才算重新回到軌道上來，而且來勢洶洶。董仲舒見儒學在中央政府中的地位已基本確立，便在他的萬言試卷中，攻擊其他學派為異端，為歪理邪說。他提出，立儒學為一尊，其外的書籍，一律禁絕。

儒家學者、身為當朝宰相的衛綰，把董仲舒列為全國統考第一名，董仲舒的意見也很快被漢武帝劉徹所採納，並將儒學定於一尊。從此，諸子百家只剩一家，一家中只剩《五經》。這影響，就是今天的中國學子乃至普通的中國人，心靈深處，也都深深地打著儒家文化的烙印。當代人常說的「亞洲價值觀」，多半也都來自儒家文化的影響。卑儒犬儒都「世界觀」了，這玩笑也未免太過了。

修訂瑣記

在漢朝史中，「文景之治」直接就是一塊遮羞布，可謂一俊遮百醜。當歷史的臭蓋子被徐徐揭開，我們才發現，漢朝並不如所謂正史宣揚的那樣光輝。新華社一篇電稿[1]指出：「以薄傜輕賦、減除苛刑開創了文景之治的漢景帝劉啟，生前曾驅使大批帶著刑具的犯人，為自己修建陵園長達二十八年之久。這是西漢十一個帝陵中已發現的惟一一個動用大量囚犯從事苦役，完成其規模罕見的地下王國的帝陵。」

「一九七二年，咸陽市九張村農民在陽陵修水庫時，發現地下埋有大批零亂的死人骨骸，有的脖頸和腳腕上還套有刑具。陝西省博物館得到報告，派考古專家杜葆仁等人前往調查，發現這裡是一處大墓地，其面積達八萬平方米，埋葬刑徒多達萬人以上。」

新聞稿接著報導考古隊的發現：「由杜葆仁率領的考古隊在這裡部分發掘了二十九座刑徒墓。發

1 《湖南日報》，二〇〇〇年十一月三十日。

現墓穴中無任何棺槨和隨葬品，死者多身首異處，隨意堆放，淩亂不堪。許多人的頸部或腰部有明顯砍斬痕跡，且鐐銬遍地，說明他們生前都是戴著沉重的刑具，從事繁重的勞動，被摧殘致死，或被砍頭或被腰斬處死的……」

新聞稿還介紹了陽陵考古隊隊長焦南峰對這一發現的看法：「陽陵陵園工程量極大，僅以現存地面的覆鬥狀封土來說，如按每人每天完成一立方米夯土計算，即需要三十萬個勞動日。在漫長的二十八年中，囚徒們或被累死或因反抗而被殺，均被草草地埋入這座巨大的萬人坑中。可以說，陽陵這座規模宏大的地下文物寶庫，是建造在上萬囚犯的累累白骨之上。」

劉啟造陽陵的事，《史記》只說：「五年三月，作陽陵」、「五月募徙陽陵，予錢二十萬。」《資治通鑒》也只說：「五年春，正月，作陽陵邑。夏，募民徙陽陵，賜錢二十萬。」皆一筆帶過。歷史不容置疑地告訴我們，劉啟仁政背後，是慘不忍睹、令人髮指的暴行！

為叫板西方價值觀，印尼、馬來西亞、緬甸、新加坡和中國等東亞和南亞國家，於一九九三年四月，簽署一項宣言。按照新加坡代表的說法，這項宣言突顯了亞洲國家在人權問題上的獨特立場。這項宣言的簽署國認為，由於亞洲國家信奉獨特的亞洲價值和特殊的歷史環境，亞洲人民對民主與人權的理解根本不同於西方，即所謂「亞洲價值觀」。

亞洲價值觀「有一種不良傾向，就是教導人民放棄追問的權力」。[1]正如法學博士劉軍寧所說：「亞洲價值的核心就是安定與和諧高於個人的權利與自由。國家的權力絕對優先於個人的權利；國家的安定絕對高於每個人的尊嚴。在亞洲價值中，最重要的不是個人的權利和自由，而是國家的安全。」

「亞洲價值在經濟方面也種下了不少的惡果，如官商勾結、金權交易、貪汙腐敗、操縱市場、壟斷經營、與民爭利。腐敗是東亞的政治之瘤，亞洲的政治家所談的亞洲價值實際上是滋養腐敗毒瘤的價值。美國、英國這樣的西方國家之所以能夠長治久安，恰恰是因為他們在價值觀念和制度安排上把個人的自由與權利抬高到比安定與和諧更重要的地位。」

「亞洲價值的發明，使那些試圖抵擋自由主義、民主政治和人權的人得到最新式的古老武器，並用這個武器來壓制國內的批評意見，慫恿反西方的狂熱民族主義。」

「亞洲一些國家的領導人與亞洲人民的價值觀是完全不同的，甚至是根本衝突的。所以，亞洲價值聽起來更像是亞洲國家一些不喜歡人權與民主的領導人的價值觀，而不是亞洲人民的價值觀。」

一九九七年，東南亞金融危機後，李光耀聲明並無「亞洲價值觀」一說。從此，臭名昭著的「亞洲價值觀」淡出人們的視野。

1 《粵港資訊日報》，一九九八年八月二十九日。以下引文均同。

木犁‧鐵犁‧曇花裡

西漢是幸運的，有劉邦這麼一位無所畏懼的開國者，再加上劉邦的兒子劉恒、孫子劉啟，有能力的、克勤克儉的、兢兢業業的皇帝（關鍵在他們身後還有一位女強人竇猗房），都讓西漢趕上了，這幾位帝國領導人，抓住歷史機遇，國家的強盛只五六十年，就呼哧一下起來了。

在科技落後的年代，只要給民休生養息，放寬政策讓人民做自己喜歡做的事，吃飽肚子意義上的國富民強並不難。西漢的「文景之治」（國富民強的代名詞），有點類同一九七九年鄧小平搞的那個土地承包制，那實際也是一種西漢式的土地鬆綁，讓農民在土地上馳騁。結果，西漢初期的幾十年，和一九八〇年代初的幾年，農業都得到了較快發展，農民均過上了好於從前的小日子。農業的快速發展，帶之國家整體經濟，也有了一個質的飛躍。「文景之治」前後花去至少五十年時間，才有糧多吃不完錢多用不完的局面。而一九八〇～一九八五年，中國農民僅用了五六年的時間，便完成相同的經濟目標。很顯然，科技發揮了關鍵性作用。

西漢的農民和一九八〇年代的農民，在耕種技術上，肯定不能相提並論。而科學技術本身，另面地體現了有為政治的宗旨。這就不可避免地撲到老子的無為政治這個話題上去。老子的無為政治，據說被西漢的竇猗房當作金科玉律來發展，結果才有了「文景之治」。這種說法我頗不以為然，也就是根本上否認無為政治在「文景之治」中所起的作用。「文景之治」乃是給農民鬆綁的結果，而不是無為的結果。

歷史實踐證明，西漢建國初期的所謂「無為政治」，現實與理論正好相反——意識形態上，劉氏政府高舉道家理論偉大旗幟，用「無為政治」（亦即「黃老政治」）振興了漢帝國。現實中，劉氏政府採用的卻是「有為政治」——給農民鬆綁，也給其他輔助性的行業如工商界鬆綁。不僅如此，皇室還以身作則（就是有為），劉恒在位期間，廢掉了割鼻斷足的酷刑，八十歲以上的老人，還可以享受國家的一些優待，猶如今天的一些城市，六十歲以上的老人免費乘坐公共汽車等。劉恒政府還經常免除全國田賦，皇帝本人有時甚至穿著草鞋上班，以切實體現他的克勤克儉。包括劉恒最心愛的姬妾慎夫人，她身在皇宮不追求時尚。西漢女人時興拖地裙，拖得越長，就越酷。慎夫人支持丈夫有為治國，所以拒絕穿拖地裙，說那樣太浪費了。

關於劉恒還有兩件事，一次他準備建造一個宮殿，讓有關部門的人給他做個預算，結果需要二千兩黃金，他感歎說：「這相當於十個中等人家的財產呀。」考慮到太奢侈了，遂放棄了這項計畫。另一件事，說劉恒即位後，所穿的一件袍子，一直穿了二十年，補了又補，始終沒換一件新的。劉恒與雷鋒「新三年、舊三年、縫縫補補又三年」的口號比如何？史載，劉恒當了二十年皇帝，監獄中幾乎沒有什麼犯人。

劉恒在位二十三年，他兒子劉啟在位十六年，一直到他孫子劉徹初期，一共五六十年間，國安民定，成就了漢帝國短暫的輝煌。這一切，怎能說是「無為政治」的結果呢？而且這種觀點（「文景之治」獲益於「無為政治」），在歷代中國學人中，幾乎是異口同聲。

在農業問題上，西漢初期與一九八〇年代初期所遇到的問題有某些相似之處，比如農民都有被戰爭或被政治長期捆綁過的經歷；比如中央政府給農民鬆綁；比如鬆綁後的農業迅速發展；比如農業發展到一定程度後就遇到瓶頸問題。最後一點，有相同之處，又有不同之處。西漢初期農業遇到的瓶頸是小富即安，高枕無憂後就開始對匈奴復仇血恥、開始軍事擴張，這時的農業很難談技術改良，保持原狀已是不易。一九八〇年代農業遇到的瓶頸則更讓人痛苦。「一九八五年以後，農民負擔就逐漸加重，雖然上面三令五申要減輕農民負擔，但很多地方農民的負擔越來越重，有的地方農民的實際負擔占了純收入的百分之十五至百分之二十」。[1]

西漢不能解決的農業瓶頸問題，現代社會同樣不能解決嗎？農民負擔問題叫嚷了二十幾年，直到二十一世紀初才基本解決。這就不能不讓人反思中國農業的兩次曇花一現，即西漢初期和一九八〇年代初期。當然不是反思為何越不過這道坎（瓶頸），而是為什麼能夠曇花一現。想來歸結為兩點，一是給農民鬆綁，二是技術參與。農民被捆綁的時間長了，一旦給他們鬆綁，他們就會產生一股如饑似渴的爆發力。這個爆發力會隨著時間以及政策的變動而轉移，這就為曇花一現埋下了伏筆。

再說技術，這是生產力解放的前提。西漢初期，人們發現鐵犁優於木犁，牛拉犁優於人拉犁。這兩個發現，令收穫大增，並一度引起社會巨變。鄧小平的鬆綁式經濟政策所帶來的社會結構巨變，同樣是無與倫比的。比較而言，一說起西漢，就兩個字：富強。一說起鄧小平時代的中國，也是兩

1 陸學藝：《農民真苦，農村真窮》，（《讀書》二〇〇一年第一期）。

個字：富強。必須強調，西漢初期與鄧小平時期的富強，是自我視角，而非全球視角。尤其鄧小平時代，放之四海，中國還屬於貧窮落後的第三世界。只是連遭餓運的中國農民，突然可以吃飽肚子，幸福感十足，完全在情理之中。儘管是溫飽之富，任何人也不能否認和忽略這麼一個事實：農業的曇花一現問題是我們所一直無法解決的。中國的農業為什麼不能持續發展呢？西漢就不去說了，就說現在的土地承包制吧，硬體上，有了法律的保障，農民可一次性承包土地三十年，然而最為殘酷的事實是，中國農業似乎再也回不到二十世紀八十年代初的發展勢頭上去了；不僅回不去，「現在在農村種田已經無法生活下去了」。其中最大的一個原因是，「農村基層官員對農民的剝奪和各種類型的苛捐雜稅」，[1]已讓農民失去了耕種的興趣和能力。曇花一現容易，可持續發展難呀！難就難在政治制度上，沒給農民一個定心丸似的保障。所以，農民成為一個固定受到利益集團盤剝的弱勢群體。

沒有鐵器時代的技術保障，沒有行政支持，西漢怎麼能成其為歷史意義上的西漢呢？因此說，把老子的「無為政治」牽強附會於西漢農業文明，是不切實際的，甚至是迂腐的。

[1] 高默波：《書寫歷史：高家村》，（《讀書》二〇〇一年第一期）。

桃花・不就・胭脂失

憑空貪他十里荷，
桃花不就胭脂失。

上述兩句，用來概括西漢時期的外患，大致沒錯。

當西漢帝國完成統一時，匈奴部落也在漠北完成統一，於是這兩股新興的力量開始了它們長達若干世紀的摩肩與融合。跟日爾曼蠻族鍥而不捨侵略羅馬帝國一樣，富庶的南方對那些寒冷荒涼地帶的游牧民族來說，確實是一個無法抗拒的誘惑。比如長城內外的對比，就很容易讓人平地起漣漪：

青山綠水農田肥（內），
沙漠駱駝牛羊瘦（外）。

詩人說得就更好了：

馬後桃花馬前雪，

教人怎能不回頭。

說的正是匈奴人當時的那種「望長城內外」的感覺。就是後來的十二世紀的金帝國皇帝完顏亮，在繼位後的第五年即一一五三年，先是把首都從黑龍江阿城遷到北京，又八年即一一六一年，把首都遷到河南開封，他的終極目標是柳永詞中「三秋桂子，十里荷花」的江南。可江南乃宋帝國的地盤，有長江作天塹，他也就難以夢想成真。結果，長江沒能渡過去，倒死在叛軍手中。

強大的匈奴汗國又怎麼樣呢？長城內的桃花總比塞外的雪吸引人，冒頓單于（酋長）帶著隊伍就來進犯。劉邦當然不幹了，那麼血性的一條漢子，怎能容忍匈奴的淩辱，於是親率部隊前去應戰。說劉邦是流氓，可與匈奴人比，他簡直就成了文弱書生。兩軍對壘，漢軍大敗，這才催生了漢帝國的和親政策。冒頓給漢帝國做女婿，也不說收斂著點，劉邦死後，他竟然寫信，調戲呂雉，說：「你死了男人，我死了女人，你我正好配對，從此匈中一家親。」雖說呂雉乃漢帝國前第一夫人、現政權領導人（臨朝稱制），仍不免遭此羞辱，但又不能翻臉，想來，滋味一定好不到哪裡去。

「文景之治」給漢帝國帶來繁榮，國力大增，雪恥的日子日漸來臨。既使不抱著雪恥的態度去征伐匈奴，長遠看，北方那個毛絨絨的怪物，畢竟是　個潛在的巨大威脅。不予清除，說不定哪天這個龐然大物就會跑到我們美麗的家園，來採摘我們的桃花，甚至作窩十里荷花湖畔。忽必烈一族，在那桃花盛開的地方，不就作窩百餘年嗎？

西漢人無法預見後世家園，會闖進這樣一個作窩荷花湖畔的大盜，但他們知道眼前的憂患，也知道必須趁國力強大的時候予以摘除，因此就有了前一二三～一二一年的那兩次對匈奴先發制人的戰役。前一二三年那次進攻失敗，前一二一年，先後兩場戰役，皆大獲全勝。指揮這兩場出奇制勝戰役的，是二十三歲的大將霍去病，他帶領部隊從隴西（甘肅臨洮）進攻，越過焉支山（甘肅山丹東南胭脂山）五百里，斬匈奴近九千人。同年，霍將軍再出隴西，越過居延（內蒙古額濟納旗），深入敵境一千多公里，殺敵三萬餘。霍去病橫穿河西走廊，來去無礙。伊稚斜單于大怒，追究職責。負責防守河西走廊的匈奴汗國渾邪王惟恐被殺，就地向漢帝國投誠，其部落與所轄的土地——河西走廊[1]，遂劃歸漢帝國版圖。這無疑對匈奴汗國是一個重大打擊，他們放聲哀歌：

亡我祁連山，
使我牲畜不繁育。
失我焉支山，
使我婦女無顏色。

焉支山盛產一種紅顏料，可作化妝品用。也不知哪位天才，把焉支衍化為「胭脂」，從此，脂粉氣就一直伴隨著這塊兵家必爭之地。

1 前一一五年，漢帝國將河西走廊設為四個郡：酒泉郡、威武郡、張掖郡、敦煌郡。

漢帝國北方戰爭這樣持續了十五年之久，最終被著名的西漢大將霍去病、衛青給平定，匈奴汗國對漢帝國已不像過去那樣，構成生存上的威脅。至曹操時代，立世四百多年的匈奴汗國澈底退出歷史舞臺。曹操將匈奴汗國分為五部，各設都督一名，直屬中央政府。

這真是，「憑空貪他十里荷，桃花不就胭脂失」。匈奴何止是「亡我祁連山，失我焉支山」呢？他們直接是為貪他人十里荷，最後把國都亡了。忽必烈在荷花湖畔桃花園作窩百餘年，享不了那個福（即無法融入漢人文化），最後連滾帶爬，依舊回到他們的「馬前雪」世界。

十七世紀，中國家園又闖進一頭兇猛的怪物，他們的額前剃著半拉子禿瓢，後腦瓜上拖著一條長長的辮子，其形態醜陋之極。這就是從遼帝國→金帝國演變而來的清帝國。為什麼要急切地做這樣的演變呢？皇太極發現，中原人敏感且憎恨「金汗國、女真、可汗」這類字眼。在中原人那裡，這些字眼，幾乎全是血淋淋的，謂曰：鐵蹄聲聲踏中原，骨肉分離頃刻間！基於這樣的認識與判斷，東北蠻族採取激烈變革：以清帝國取代金汗國；以滿族取代女真；以皇帝取代可汗。

了不起的是，經過脫殼蛻變，愛新覺羅一族就在「荷花湖畔桃花園」把窩作下，他們不像忽必烈一族對漢文化那樣油鹽不進，也不像祖先完顏亮那樣沒頭腦，一門心思只想「十里荷花」的江南，更不像「桃花不就胭脂失」的匈奴一族。那麼他們像誰呢？像五世紀末北魏孝文帝拓跋宏，拓跋氏的漢化運動，影響了愛新覺羅一族。拓跋宏的漢化舉措也是十分奇特的，他於四九三年遷都洛陽，次年就頒佈漢化法規，規定禁止穿胡服，禁止說鮮卑語，違者免官。他自己本姓拓跋，至此改姓為元，稱作元宏。其他鮮卑慕容尉遲等姓氏，也一律改為單音漢姓。元宏的思想意識，有點像二十世紀「全盤西化」的宣導者，前者認為漢人一切都是好的，後者認為西方的月亮都是圓的。

這種民族崇拜情節一旦確立，元宏便在漢民族文化崇拜的道路上，越走越遠，甚至不知所云。有一天，南齊帝國有使節來，元宏予以接見，他在自己的大臣面前，大贊代表漢人文化的南齊，說：「南朝多好臣。」其實誰都知道，南齊帝國——說窄一點吧，南齊皇室，是所有朝代中最齷齪的一個群體，殘暴而荒淫。該帝國雖只有短短的二十四年，皇帝卻搞出七任。怎麼搞出來的呢？一個字：「殺」！你殺我，我殺你，皇帝輪流坐，腦袋輪流掉。造成這種局面的原因，多為大臣所為。在此情形下，元宏說「南朝多好臣」，無非是想借此讓他的大臣都變得更乖一些。這真是愚蠢之極的一個比喻，結果惹惱了大臣李元凱，他一邊顫抖著，一邊高聲回應皇帝說：「南朝多好臣，一年一換帝。北朝無好臣，百年一換帝。」弄得元宏面紅耳赤。

愛新覺羅一族也許充分借鑒了匈奴、忽必烈、完顏亮、元宏的經驗，若想成為「荷花湖畔桃花園」的永久性居民，就得融入這個大環境，成為其中的一員，而不是一個外來的楔子。這個環境可以不是政治和軍事的，但須是地理和文化的，情願不情願，最終都必須通過這個心理瓶頸，否則還得被趕走。結果，這個民族經過二百九十六年的統治，不到它壽終正寢，早已是徹底淹沒在漢民族的文化裡。這也是一些後世漢人，沒人當他們是侵略者的緣故。而忽必烈一族在中國人心目中，永遠是一個侵略者的形象。

同是侵略者，忽必烈一族最終屁滾尿流，回到了他們自己的本部；愛新覺羅一族，則把他們的土地一塊端了過來，融入中原。不僅如此，滿族人入關後，還引經據典，堅持自己也是中國人——滿族裔的中國人，跟漢裔中國人，完全相同。忽必烈一族哪有這等智慧。

修訂瑣記

在中國，對於滿人的認識，各有不同。二〇〇八年十月五日，清史學者閻崇年先生在江蘇無錫簽名售書時，被一男青年掌摑。因由是，閻崇年觀點下的清帝國，被誤讀為美化昔日的侵略者，是漢奸行為。我反對認賊作父者，如「我們的祖先忽必烈」之流；也反對狹隘的民族主義者，如掌摑不同史學觀點的激進分子。

閻崇年被掌摑事件，多少也就能夠讓人理解，書畫大家啟功先生（雍正第九代孫）為什麼堅持對外否認自己為皇族血統。中國文化界有很多不知趣的人，執意把他寫為「愛新覺羅・啟功」。啟功不得不反復解釋說：不信你們去查查我的身分證、戶口本，以及所有正式的檔案材料，從來沒有「愛新覺羅・啟功」那樣一個人。這樣的解釋，仍無濟於事，啟功老人家動怒了：「我既然叫啟功，當然就是姓啟名功啦。」

瞧瞧中國文化界這點出息，頭上沒個皇帝騎著，就像丟了魂似的，非得掘地三尺，弄個皇帝後裔出來抽打賤軀，他的皮肉才不至於癢得難受。這不僅讓人想起駱家輝為駐華大使時的一件事，駱大使乘機坐經濟艙，被央視記者挖苦為美利堅合眾國很窮，窮到大使出門坐經濟艙。駱大使在微博上解釋說，美國官員出差全坐經濟艙，然央視記者仍半信半疑，繼續在微博上予以諷刺。

駱大使哪裡知道，別說央視記者這見識，就是全中國人，差不多都這見識，領導幹部不騎在他們頭上、領導幹部出行不坐頭等艙、沒有警車開道、沒有警衛喝道，他們都不舒服。千百年來，中國人早已習慣了被官員欺壓、淩辱，突然有一天這一現狀被改變，他們反倒不習慣了。駱大使坐經濟艙、自己提行李、讓子女上大陸的打工子弟學校等等，一律被挖苦、被諷刺、被上綱上線，也就情理之中了。

竹子・布匹・枸杞醬

西漢的張騫出使西域，不像現在的國際間交往，人家邀請你了，你才能去。那個時候，別說是普通人，就是中央政府裡的高官，一般也是只知漢朝而不知其他。再說，西域那是什麼地方，通常可概括為：

飛沙走石不見天，
荒郊野外無人煙。
一路餓鬼叫連連，
陰曹地府分屍乾。

前一三八年，張騫與他的隨行一百多人，在如此惡劣的地理環境下上路了，目的是到月氏王國，和他們結盟，形成對匈奴的東西夾攻。因為種種原因，目的沒有達到，還兩次被匈奴俘獲。就這樣，一去十二年，等他歷盡艱險回到國內時（前一二六），只剩下張騫和他的僕人甘父。

張騫雖出使未捷，卻意外發現，阿富汗東北部（大夏王國）有成都（蜀郡）出產的布匹，以及滎經（邛崃山）出產的竹子。問及來由，當地人告訴他：「這些商品都是從印度（身毒）買來的。」張騫借此得出一個結論：商品可由印度運至阿富汗，人馬亦然。張騫發現新大陸般興奮，回國把這一重要資訊通報給中央政府，皇帝劉徹遂決定開發西部，打通本朝與西域的通道：四川↓西藏↓印度。這樣，就繞開了兇惡難纏的匈奴人。

無獨有偶的是，前一三五年，帝國遠征軍在援助南越王國對抗閩越王國時，將領唐蒙在南越王國發現成都的枸杞醬，很是親切，遂問來處。當地人說，是從貴州紅水河運來的。唐蒙由此判定，成都至紅水河，定然通商。本朝軍隊通過枸杞醬之道，出兵南越王國，定能馬到成功。於是，向中央政府報告，請求出兵西南。這與劉徹大帝的想法不謀而合，西漢政府遂命唐蒙為先鋒。唐蒙從四川合江出發，先夜郎，再東進，至且蘭，果然找到通往紅水河之路。此即所謂「絲綢之路」的雛形。

在西南的擴張過程中，西漢軍隊遇到兩個有趣的國家，夜郎國與滇國。兩個國王，只知有己，而不知有他，更不知漢帝國為何物。因問：「漢朝與夜郎比，誰大？」（是所謂夜郎自大）「漢朝與滇國比，誰大？」待漢帝國遠征軍一到，只好乖乖就範。由此可見，資訊的重要性，你自己連誰大誰小都不知道，等你知道的時候，一切都晚了。

僅憑對資訊的有效把握，就可以說，張騫是一位天才外交家，唐蒙則是一位天才軍事家。這二人，走一路，便收集一路的情報，諸如地理概況、人文資料等等，無不在他們的視野內。傑出的人才，無不具備這樣的優良素質。傳達資訊與捕捉資訊是相輔相成的，二者的有機結合，會達到事半功倍的效果。二十一世紀初，美國主導的阿富汗和伊拉克戰爭，幾乎全是資訊優先原則，是以達成作戰目標。

修訂瑣記

本書初版時，有兩個在中國婦孺皆知的詞彙背景，我都沒有寫，即「三國」與「絲綢之路」。不寫「三國」的原因，我在《歷史深處話名著》一書中已有交代，此不繁贅。而不寫「絲綢之路」，則是因為我對此持以懷疑態度。是懷疑絲綢之路的存在嗎？是的。這裡，借修訂本書之際，簡要談一下一己私見。

不要說兩千多年前的西漢與西域，即便是今天，中國與西域（中亞）的經貿關係，也是至為薄弱的。處於中亞地域的中國地區，亦屬中國貧窮落後的地方。總之，中亞無盛區。一則地理問題，二則文化落後。因此，中亞成為被歷史遺忘的角落。今尚且如此，兩千多年前的中亞便可想而知。假如真有什麼絲綢之路（經濟帶），那中亞早不是今天的中亞了。從張騫出使西域我們看到，那不過是學蘇秦的「對抗與連橫」；從二〇〇一年美軍攻打阿富汗我們看到，那不過是戰略考量（在中亞打楔子）。古中國人關注中亞，是戰略計；今美國人關注中亞，同樣是戰略計。這說明，無論古今，中亞都不是世界的經濟眼。也註定，中亞永遠無法形成經濟帶。

拋開文化不說，首先地理位置就決定了他們的邊緣性。在這一背景下，習近平於二〇一三年十月，在一次外交會議上，提出「絲綢之路經濟帶與二十一世紀海上絲綢之路」戰略，簡稱「一帶一路」。我們也可以將這個戰略構想稱之為「新絲綢之路」。從某種意義上說，這代表著新一代中共領導人的夢想。至二〇一五年，「一帶一路」已是如火如荼起來。尤其媒體，掀起「一帶一路」狂潮，熱度不亞於一九五八～一九六〇年間的大躍進，更不亞於前些年的ＧＤＰ熱。看看下面這些失去理性的文字吧：

「一帶一路」涵蓋亞太、歐亞、中東、非洲、南太平洋地區等，包括六十五個國家，總人口超過四十億，占全世界人口的百分之六十三，經濟總量超過二十萬億美元，占全球經濟總量的百分之三十。[1]

再看看下面這兩個標題：

《穿亞歐非打造百年大業，「一帶一路」惠及四十四億人口毫不誇張》[2]

《「一帶一路」惠及全球，帶來三大經濟機遇》[3]

毛澤東時代的畝產萬斤，那是在國內吹牛皮；二十一世紀的中國牛皮，儼然已吹向全球。遂想起

1 《鳳凰網》，二〇一五年五月十日。
2 《海峽企業網》，二〇一五年四月二十三日。
3 《經濟日報》，二〇一五年五月八日。

北方那句俏皮話，說誰的腦子不正常，就說他的腦袋被驢踢了。我想，這話用在上述作者的頭上，再合適不過了。「一帶一路」只是個概念性的東西，便大言不慚的滿世界嚷嚷，一副拯救世界的嘴臉。中國本身尚且還有近兩億的人口未脫貧[1]，何談惠及別國人民呢？總不能再像毛澤東時代那樣，讓自己的老百姓餓肚子而去救助非洲人民吧？

每每看到荒唐的口號而無人質疑（相反是一浪高過一浪的喝彩聲），我就會感到心痛！畢竟毛澤東時代的大躍進，把老百姓害得太苦！畢竟眾口一詞叫好的事物，最終都變成一段抹不去的民族苦難！說到底，市場經濟不是整合的過程，而是差異共存最終求得共贏的過程。真的不希望大躍進式的「新絲綢之路」沖昏人的頭腦，幹出貽害當代與子孫的蠢事來。

資訊顯示，一些國家正想搭乘中國狂熱的便車，欲把中國當猴耍，藉以不勞而獲。「一帶一路」域外的首站便是中亞；首站中的首站，便是巴基斯坦。巴基斯坦受寵若驚，用戰機為到訪的中國領導人護航。用中國話講，真是把人捧到了天上去。為什麼？但看下面的資料就全明白了：二〇一五年，中巴雙方啟動了總計四百六十億美元投資中的二百八十億美元基礎設施專案，包括巴基斯坦鐵路改造、建設發電廠等。中國將中巴經濟走廊定位為中國「一帶一路」戰略的旗艦專案和樣板工程，其中

1 中國國務院總理李克強在二〇一五年「兩會」記者招待會上說：「按人均GDP，我們是在世界八十位以後。就在前不久的春節前，我去中國西部一個農村，連走兩戶人家。一家母子二人，住在四面透風的破瓦房裡，兒子四十多歲了，因為窮還沒有娶上媳婦。再到一家，好不容易出了一個大學生，但是他的妹妹為了讓哥哥更好地念書，春節還在外面打工沒有回家。我看了確實很心痛。這樣的例子還很多，如果按照世界銀行的標準，中國還有近兩億貧困人口，中國是實實在在的發展中國家。」（《人民網》，二〇一五年三月十五日）。

中國成立的四百億美元的絲路基金將率先投資巴基斯坦。

最後想說，「絲綢之路」一詞，最早出現在德國地理學家費迪南・馮・李希霍芬（Ferdinand von Richthofen，一八三三～一九〇五）男爵筆下。李希霍芬寫了本《中國・親身旅行和據此所作研究的成果》的書（一八七七年版），首卷出現「Silk Road」一詞，即「絲綢之路」。這是「絲綢之路」一詞，首次出現在世人面前。也就是說，一向善於總結的中國人，並不知道此前有這麼一條路讓他們總結出來光耀天下。也可見這條路之不實。這好比一個人一直平平淡淡地從事某一事業，突然有一天，來了一個能說會道的人，稱頌起此人事業的偉大；過了千百年，那個凡人的事一直在流傳；經添油加醋，以訛傳訛，那凡人真就偉大得世所少見了；那凡人的第幾十代玄孫也堅信，他們老老……祖是不朽的聖人。

這個荒唐的過程告訴我們，時間～空間會變魔法般地創造奇人奇事。因此，對於一些缺乏實際證據的提法和說法，務必保持一顆質疑的心，就如我質疑絲綢之路那樣。畢竟，Silk Road一詞，僅僅是李希霍芬筆下的一個概念性詞彙，不能當真的。當然，這並不能否認漢唐（所謂絲綢之路形成與繁盛階段）與域外通商的事實，但這也絕不如後世所想像或超級發揮的那樣，有一個什麼光彩照人的絲綢之路。那僅僅是零星半點的一點生意之道。這是惡劣的地理環境所決定了的，就如本節開頭的那首詩說的，飛沙走石不見天！說這樣的環境上有條絲綢之路，過於浪漫了。

沉滓・泛起・漢武帝

西漢王朝中有一個人是不能不提的，那就是司馬遷。你或許不熟悉與司馬遷同時代的帝國元首，但你卻一定聽說過司馬遷這個名字。既使再沒有多少歷史知識的人，一提到司馬遷，就知道是寫《史記》的那個人。你看，西漢王朝二百年，大大小小的皇帝有十五個。這皇帝也是無論大小，只要當朝就不可一世，其大名也必定是如雷貫耳。然一日落進歷史的長河中，回眸一瞥，當年那些九言一鼎、說一不二的帝國元首，絕大多數再不為人所耳熟能詳。以西漢為例，能有幸成為這二百年標誌性名字的，大約也只有劉邦與司馬遷。後人的視野一旦闖入西漢，這兩個人便成為那二百年的座標和參照係數，離開他們，人們多會有置身浩瀚沙漠的感覺，兩眼茫茫，不知方向。

比如我今天一說司馬遷，劉徹這個人也就跟著被牽出來了。沒有司馬遷這個座標，一般的讀者，誰會知道或想起他劉徹來呢。即便今天說了，過了也就過了，依舊不會有人對劉徹深記不忘。歷史上一切平庸的國家元首都如此，在位牛哄哄，死去無人提。倘若三生有幸，他同時代的座標人物被懷念被提及，沒準會捎帶他一筆，他也就可以借機沉滓泛起了。

現在提到了司馬遷，劉徹便沉滓泛起。前九九年，劉徹派李陵帶部隊去征伐匈奴，李將軍因寡不敵眾，淪為戰俘。先不說李陵投降一茬，僅僅他打敗仗一節，劉徹就將其一家滿門抄斬。李陵寒心，這才歸順匈奴。後來，司馬遷為李陵辯護了幾句，劉徹惱羞成怒，一刀便把司馬遷給閹了。你說這劉徹，好生流氓。

說到這裡，讓我們的目光離開西漢一會兒，去看看二十世紀、二十一世紀的美國人是如何對待戰俘的。一九四五年九月二日，在美國軍艦「密蘇里」號上舉行日本投降儀式，陸軍五星上將麥克阿瑟（Douglas・MacArthur）代表盟軍在投降書上簽字時，突然招呼一九四二年分別在菲律賓和新加坡向日軍投降的陸軍少將喬納森・溫斯特和英國陸軍中校亞瑟・帕西瓦爾，請他們過來站在自己的身後。麥克阿瑟將軍用五支筆簽署英、日兩種文本的投降書。第一支筆寫完「道格」即回身送給了溫斯特，第二支筆續寫了「拉斯」之後送給帕瓦西爾……麥克阿瑟用特殊的榮譽方式，向這兩位盡職的落難者表示尊敬和理解，向他們為保全同胞生命而做出的個人名望上的巨大犧牲和所受苦難表示感謝。[1]二〇〇三年四月二十日，在伊拉克戰爭中被俘的七名美軍回到美國時，在機場受到英雄般的歡迎。次日，布希（George Walker Bush）夫婦即接見了兩名戰俘代表，布希摟著兩名戰俘的肩膀，驕傲的神情溢於言表。布希夫人蘿拉（Laura），則不時向兩名戰俘投以母愛般的目光。

在對待失敗者或為失敗者辯護的問題上，中西方存在的差異是文化上的，我們宣傳的英雄，要麼戰死，要麼凱旋而歸。換換形式，就成了不宜宣傳和不宜被政要接見的對象；甚或，戰俘命運，澈底被改寫。我們今天之「不宜」，不能說沒有漢武帝劉徹對待李陵和司馬遷的影響；布希之擁抱戰俘，也不能說沒有麥克阿瑟的影響，這就是文化的傳承。

[1] 王開齡：《失敗者的榮譽》（《書屋》，二〇〇〇年第十期）。

修訂瑣記

修訂至此，很想切入一個不合時宜的話題，即《金門之戰回歸戰俘的命運》。這篇文章，邂逅於二〇一五年四月十七日的網上。決定引用此文時，便上網查找出處，結果撲朔迷離。相對確切的，或來自《傳奇人物網》；日期也與我邂逅這篇文章的時間相同。而作者，實在無法考證。因此，這裡僅作為「佚名」予以引用。這篇文章的開頭實在扎眼——「槍斃了幾批，活著的，唉……」：

金門戰役作為歷史已過去五十多年了，國民黨軍曾先後釋放過三批戰俘回大陸，那些人回來後遭遇如何？在我黨我軍看來，當然是叛徒、特務、內奸。但又是怎麼處理他們的呢？

在登島的萬名將士中，四千餘人戰死疆場，五千餘人被俘。被俘的五千餘人中，年輕力壯的士兵都補入國民黨軍隊，千餘名幹部和老弱者被送進內湖集中營甄別洗腦，基本搞清後，國民黨軍認為這些人都是負擔，不如放回大陸，作為解放軍的負擔。（就這樣）總共分三批釋放，一九五〇年三月小批釋放，級別較低；一九五〇年七月十八日，第二批共（釋放）五百二十九名。

……九百餘名歸俘回來後，先後在杭州、福州成立了歸俘集訓隊，不久將一百三十一名副連以上軍官送南京，由華東軍區政治部審查。第二批排以下幹部戰士在杭州接受審查，第三批排以下在福州接受審查。

中國和美英等西方國家價值觀念完全不同，在解放軍看來，戰俘就是叛徒，所以所有戰俘開始了三個階段的學習。第一階段是政治教育階段，包括時事教育，氣節教育等內容。氣節教育讓戰俘聽了臉紅心跳，聽報告、看電影，對照《鋼鐵戰士》、李大釗、瞿秋白等先烈的英勇事蹟，想想自己，絕大多數人都深感慚愧。第二階段是核心，也是集訓的主題，叫啟發反省階段，號召「忠實坦白、深刻檢討、互相幫助」，方法是個人反省與小組反省相結合；組織上全面瞭解，甄別材料，認真審查，作出結論。每個人都要詳細交代，過關。第三階段是根據交代和互相揭發的情況，開始處理定性。人的求生本性、利己的本性在這個階段中赤裸裸的暴露出來，不管在臺灣表現好的還是壞的都拼命揭發別人，使盡渾身解數，互相攻擊、揭發，誇大、渲染、捕風捉影，以求表現好、自保，免去死刑和牢獄之災。其中最為典型的就是原二四四團政治部主任孫樹亮，利用學習隊副隊長的身分，通過誣陷他人來洗脫自己，結果很多歸來人員都被判刑，這激起了歸來人員的公憤，紛紛檢舉孫樹亮在臺灣軟弱的行為，結果孫樹亮被判處五年徒刑。

（最後），開始採取行動，一九五一年七月二十一日，南京下關，華東軍區政治部第二幹部招待所。沒有一絲風，空氣如同凝固一般。大門口、走廊裡、會議室，到處佈滿雙崗。歸俘們屏氣斂聲，默默端坐，都知道軍法處來人，大規模逮捕開始了。過了一會，開始點名：徐惠良、于守全、張連升、湯秉輝、閻平階、黃景新、李同順……一排長長的名單。出示的拘捕證上，赫然蓋著鮮紅的大印：華東軍區軍法處。點到名的，戴上手銬，兩個全副武裝的戰士押解一個，帶到院裡上車。

一九五一年六月，二五三團三營營長李子元、二五一團副連管理員竇永禮，被押到南京水西門外江東門鎮後的刑場，執行槍決。刑場上警衛森嚴，兩口棺材一字排開，據說因念他們過去對革命有功，由組織出面付棺安葬。

有的網站編輯，還做了個「小編補充」，題曰《最後的結局》並注明引自《金門之戰》一文：

金門戰役，我軍被俘四千餘人，其中三千人於一九五二年被臺灣用漁船分批遣返大陸。這三千人一律被開除黨籍、軍籍，遣返老家種地。一部分人被定為叛徒，判刑。文化大革命中，三千人統統受到批判，縱是農民也不能倖免。用他們自己的話說就是：「苦戰三天，受苦三十年。」一九八三年後，為這批苦難將士恢復政策，也不過是補發一點錢物，恢復黨籍，按復員處理軍籍問題。其中不少人由於挨餓、生病、批鬥、年邁等原因，早已不在人世。活著的人都年過七旬，華髮飄零。一生也就這麼毀了。

由李陵而司馬遷，由司馬遷而金門戰俘，這一脈相承的文化傳統，令人不寒而慄。

一黨‧多黨‧贊成黨（上）

在西漢後期，不幸讓我們看到所謂的「外戚政治」一說——這真是一種獨特的歷史表述，我們也不知道為什麼中華一族的史學家們，在涉及到女人當家的問題時，總拿她們當外人。比如皇后死了丈夫，按照宗法承繼制度，皇后的親生兒子當繼位。假使這個孩子年齡很小，不懂得什麼帝國大事，自然元首大權就會旁落，不落到宰相手裡，就落到小皇帝的親娘手裡，抑或落到小皇帝的首席老師手裡，再或落到首席宦官手裡。總之，國家的實際權力要有個具體的著落點，「點」者，一人掌控也。此謂專制特點。這時的政權落到宰相或小皇帝的老師手裡，彷彿沒有多少史學家予以非議，而落到宦官手裡就被稱為宦官亂政，落到皇后手裡，還不如宦官亂政好聽呢，叫作「外戚政治」。嘿——那個難聽，皇帝的媽媽怎麼就外了呢？更深一層的原因是，皇帝的媽媽掌權後，大肆起用娘家人，「外戚」由此而來。

儘管如此，我也始終反對「外戚政治」一說，因為不管這權力怎麼落，只要是在中華這個框架下，誰當家都還是自家人當自己的家。西漢第一夫人呂雉掌權後用她娘家人，她娘家人是不是漢朝人？是。是就沒有外。唐帝國第一夫人武則天掌權後，改唐為周更是大肆起用她娘家人，她娘家人是不是武周人？是。是就沒有外。按照「外戚政治」的理論，如今的女人在家裡掌權的最多，這豈不都成「外戚管家」了嗎？可誰都不會那麼去聯想，因為誰都不會把自己的老婆給「外」出去。

那麼，我們又怎麼來解釋那個所謂的「外戚政治」呢？我認為，這還是個「黨派之爭」的問題。周朝及其之前，尚無高度統一的中央政府，也就談不上真正意義上的黨派之爭。就是說，黨派之爭必須在一個統一的政府框架下才會發生。沒有表現出來，並不等於說在統一的政府中就沒有黨派紛爭。黨派的潛在性，只是一種策略，統一政府中的人，你知我知，就那麼一層窗戶紙，不到萬不得已，不捅破罷了。捅破之際，也即意味著已是流血犧牲，政權更迭的時候。

因此說，專制體制下同樣存在著多黨格局。這個多黨格局通常表現為：臺上的和臺下的。臺上的，無論是皇帝黨（以下簡稱帝黨），還是太后黨（以下簡稱後黨），抑或攝政黨、宦官黨，只要其中之一掌握帝國大權，那麼其他黨派就自覺不自覺地退到參政黨的位置上去。這種黨派性撤退，通常伴以大規模的流血，這時的執政黨就會把其他黨派看作是反對黨，必以斬草除根為後快。在黨派大清洗中，總有那麼一些漏網之魚，他們看風使舵，卑躬屈膝，賣主求榮，最後生存了下來，進不進執政黨班子，都容易被看作是舊黨人物，而受到排擠。如果說這類人是一黨，則是流落在新政權裡的餘黨。很快，執政黨便各就各位，然伴隨而來的、自然抑或必然的在他們剛統一的政府中，分化並造成新一輪的多黨競爭格局。

臺下的勢力懾於剛剛過去的清黨風暴，他們就只好拿出積極的姿態，對臺上的俯首貼耳。如「武黨」領袖武則天，她在野的時候，「武黨」就接受執政的「李家黨」的領導；明「宦官黨」領袖魏忠賢在野的時候，就接受執政的「朱家黨」的領導。武則天稱帝后，「李家黨」由執政黨淪落為參政黨；魏忠賢當家作主後，「朱家黨」同樣淪落為參政黨。

當然，執政黨也知道無法澈底剷除其他黨派，因為這些黨派都是執政黨的手足，你看看這些黨派，什麼帝黨、後黨、宰相黨、攝政黨、兒子黨（幾乎是皇帝有多少個兒子，就有多少個兒子黨，手下都養著一幫謀士，蓄勢待發）、宦官黨，他們或為一家，或在同一個大環境裡辦公，誰都離不了誰。覺得非離不可了，那一定又是新一輪的政權更迭。因而，我們實在不該把西漢的呂雉、東漢的王莽、唐帝國的武則天、清帝國的慈禧等看作是外戚政治，也不應該把秦帝國的趙高、明帝國的王振劉瑾魏忠賢等看作是宦官亂政，因為他們具有專制體制下多黨格局的一切表徵，應把他們看作是其中的一黨才合乎政治史之情理。

嬴政創立專制集權制度，本意就是要一黨專制。可他也知道，是人就有私心，自己的老婆孩子同樣會有自己的心腹，有自己的耳目，有自己的智囊。有就有吧，只要你們這些小黨派自我閹割一切政治主張，做思想上的太監，俯首貼耳接受執政黨的領導，亦即乖乖做贊成黨，而不是反對黨，那麼就睜一隻眼閉一隻眼，默認你們的存在。不允許人家的存在又能怎樣呢？腦袋長在別人脖子上，別人怎麼想，你皇帝縱有九頭六臂，也奈何不得。這不是皇帝主動要埋下什麼隱患，是制度性缺陷，專制制度一出娘胎，隱性的黨派就派生了，它們無不虎視眈眈地盯著執政黨的位置，一有風吹草動，且天時地利人和符合他這一黨的根本利益時，就會不惜一切地由贊成黨～乖乖黨～被領導黨，一舉轉化為反對黨，成功了就是人上人，失敗了做刀下鬼也心甘。畢竟，極權寶座太誘人了，任誰坐上去，必成全中國一神；此神巡視華夏，所到之處，百姓必夾道歡迎，山呼「萬歲萬歲萬萬歲」。

這也說明，隱性的贊成黨比公開的反對黨還可怕，你不知道贊成黨什麼時候從你背後來一刀，而那一刀必定是執政黨防不勝防的，因而也就是致命的。歷史實踐證明，越是獨裁專制，表面的贊成黨也就越多，那麼隱性的反對黨也就越多。伊拉克前總統薩達姆自以為在伊拉克搞了十五年的絕對獨裁專制，他屁股底下的江山就可以固若金湯了，不料美軍一打來，一下子全散架了，那些看上去最忠於他的復興黨成員，最後卻出賣了他。這一資訊，是二〇〇三年七月底流亡到約旦的薩達姆的一個女兒向記者透露的。更有那些把薩達姆奉為神明的老百姓，在確知薩達姆政權一去不復返後，公開對電視臺記者說，薩達姆是個惡魔，他真該死！而這個詛咒薩達姆的人，正是過去天天讚美薩達姆、呼喊薩達姆萬歲的人。

一黨・多黨・贊成黨（下）

在中國兩千多年的帝制史上，忽而贊成黨，忽而執政黨；成者王，敗則寇，成與敗之間就這麼拉鋸、拉鋸，你是今天的贊成黨，可能也許就是明天的執政黨；你是今天的執政黨，可能也許就是明天的斷頭黨。歷史上，這樣的例子很多，比如西漢政府時期，皇帝跟所謂外戚共同執政的情況就不少。開始時帝黨當然佔優勢，但若干年後，帝黨生活腐化和壽命短促，外戚黨遂佔優勢。等到外戚黨的勢力成為絕對力量時，帝黨就只有交出權力。

西漢帝國開國皇帝劉邦，他的老婆呂雉雖然只是個村婦，但卻野心勃勃。當劉邦在外作戰時，她在後方留守，不惜發動最大的冤獄，以固政權。劉邦死後，她以皇太后之尊，垂簾於西漢第二任、第三任、第四任皇帝，她獨攬大權，把劉邦那個非劉姓不能封王的白馬之盟廢除，而把她的兄弟侄兒，大批封王。

西漢第一夫人攬權，這是帝制以來，最大的一次黨派之爭，較之前的嬴胡亥黨、李斯黨、趙高黨之間的爭鬥，規模大多了。一會兒你是執政黨，堅決要肅清其他黨；一會兒他又成了執政黨，也要堅決肅清其他黨。肅得清嗎？誰都肅不清，因為這是那個時代所無法解開的結——宗法之結。在傳統中國，宗法之間是一種「砸斷骨頭連著筋」的關係，複雜異常，延續的時間也最長，自周至清，三千餘年，宗法香火連綿不斷。先前的王室也罷，後來的皇室也罷，全部以宗法制度為基調。這裡面就存在一個問題，宗法制度起源於周王朝，也適用於周王朝。在分封即封建制度下，宗法承繼是可行的，王儲之外，皆為封國君。雖然這樣不能根絕王室陰謀、流血和戰爭，但至少已使王室的陰謀、流血和戰爭機率大大降低。

到嬴政這裡，政治制度發生根本性改變，中央政府由周王朝的分封制而為大一統的集權制。這是一個劃時代的突破和最駭人聽聞的政治結構，沒有封國，沒有爵位。這種全新的集權專制制度，與封建制度比，看似剝奪了皇帝子孫們的諸多私有財產，比如應得的封國君權、地盤管轄權、擁有奴隸和具體財產權等等。實際上，嬴政更為貪婪，他建立的專制制度，是把帝國裝入個人腰包；他死後，再從他這個腰包裡把帝國這個私物掏出來，裝到他子子孫孫的腰包裡。後世高喊的那些諸如「某某萬歲萬歲萬萬歲」，即意味著任何一族一黨一姓，都想把國家當作私貨裝進他們一家的腰包裡，世世代代永不變。可以想見，那些高喊嬴家黨（秦）、劉家黨（漢）、楊家黨（隋）、李家黨（唐）、趙家黨（宋）、朱家黨（明）、愛家黨（清）、袁家黨（民初）、蔣家黨（民國）、毛家黨（新共和）萬歲萬歲萬萬歲的諸多黨派，是多麼的無恥與卑劣。然而，最終也必將不會有一個專制黨派能夠萬歲。

想來，其主要原因，仍不外我前文提到的那個宗法制度，這是封建制度的產物，用在專制社會，就如同把猴子的心臟嫁接到老鼠身上，排異不說，老鼠也承受不了那個負荷。相對而言，封建制度在權力上具有一定的開放性，而專制制度在權力上則表現為內斂性。把擴張性的物體植入收縮性的物體內，其反應可想而知。這就是為什麼，帝制以來，宮廷流血事件遠勝封建王朝的原因所在。由於周王朝的分封制度，權力分化，黨爭相對減少，但有黨爭，一般而言也相對表面化。各封國間，有地盤大小之分，有窮富之分，但政治權力是一樣的，而且誰也不隸屬於誰。它們只隸屬於中央政府，但作為一國（雖然是個封國），又有一些國的性質和權力，比如封國可以有自己的司法系統，還可有自己的軍隊等等。到了專制時代，權力集中到中央政府那裡，下至縣級領導幹部都要由皇帝來任免。皇帝的權勢無可比的時候，所有黨爭暫時被壓制住而成為表面上的贊成黨，贊成執政黨的一切主張，包括荒謬絕倫的錯誤主張。當執政黨的權力出現勢微跡象時，所有的贊成黨各自暗中摩拳擦掌，迎接新的一個大時代的到來。這些人不是別人，正是皇帝的老婆孩子以及所有他最親最愛的人，就是俗話說的七大姑八大姨。

宗法勢力流淌著同一股血脈，表明他們是一大家，大家中又有若干分支。對於專制集團裡的人來說，他們沒有周朝王儲們及七大姑八大姨們那樣的私產，轉而就把國家當作自己的囊中物來揮霍。本來嘛，嬴政建立的集權專制，就把國家裝進了自己的兜裡，他的終極目的也是要把國家從自己的兜裡轉嫁到子子孫孫們的兜裡。於是，子子孫孫就瞅準這顆巨大的寶石——中國，誰都想把它中飽私囊，誰都想成為這顆寶石的主宰；於是，宮廷流血事件便層出不窮地向我們走來。

有一幅漫畫是再現彩票場景的，數百萬人（畫面中的人頭比芝麻粒還小），皆仰面看空中那即將落下來的一滴水（即百萬大獎），看能落到誰的頭上。說明人們趨利的程度，才幾百萬元，概率之低近於無，但又切切實實看到了利的存在，所以都想得到它。皇權之爭，與彩票的情形差不多，無論誰得到它，誰就意味著一步登天。就皇權而言（實際的執政權，它可能是帝黨，也可能是宰相黨、後黨、宦官黨），就有數那麼幾個黨在爭，而且他們都接近這顆寶石的核心，充滿了機遇與便利。所以，爭鬥的時候，誰的兩手都不軟。嬴胡亥、李世民等皇帝，尤其南北朝時期的眾多皇帝，無不是踏著骨肉同胞的血肉之軀，取得這顆「寶石」的。一個人當了皇帝，或者實際掌握了執政黨的權力，一個國家也就是他的了，他及其卵翼下的黨棍惡徒，想怎麼揮霍就怎麼揮霍，百姓無權干預。百姓倘有怨言，執政者就會橫眉立目：「這江山是老子打下來的，要怎麼就怎麼，用得著你這賤民多管閒事！」輕了罵上這麼一句，重了就以顛覆政權罪名，關進大牢，乃至加害性命。自古以來，流氓當了道，全都這樣。

皇室・皇權・血連連

這個題目很稠，腥味很大。余之見，這都是周朝的宗法制，與秦漢以來的專制嫁接不當所致。不僅西漢宮廷充滿血腥味，歷代專制政權皆然。下面就從西漢入手，談談專制政權因權力轉接這個死結所引發的一系列血腥衝突。

漢武帝劉徹臨死之前，立九歲的劉弗陵為太子。因擔心劉弗陵的母親鉤弋夫人把持朝政，在立太子前，先把她殺掉了。那種母子生離死別的場景，想來都淒慘之極。別小看這一歷史情節，其實它所道出的卻是一個很大的命題：劉徹死前想解開他們那個時代所無法解開的結，即剷除權力轉接所帶來的「皇室皇權血連連」的血腥格局。

事實上，劉徹的愚蠢行為，根本不能解開此結，專制政權所面臨的不是特定的某一人某一姓的外戚問題，而是普遍的黨爭問題。殺了小皇帝的母親，小皇帝總還有奶奶呀、七大姑八大姨呀，殺了一黨，還有無數的黨。皇宮裡的黨派，真可以說是「野火燒不盡，春風吹又生」。如果小皇帝不能承擔起帝國大任，最終的實權，總要著陸；軟著陸，少流點血；硬著陸，就多流點血。畢竟，專制政權就是流血的地方。

到了劉秀的東漢帝國，宦官黨日漸成熟的同時，又冒出一個士大夫黨，形成帝黨、後黨、士大夫黨、宦官黨並存的格局。這些黨派相互依存，又相互排斥，但表面上，都極力恭從於執政黨。東漢帝國的皇帝幾乎個個都是短命鬼，因此他們在位時，其年齡都很小，這就給各黨派造成一個爭權奪利的平臺。年輕的皇太后有時為了更好地控制政權，有自己的親生兒子不立為皇帝，倒轉來去立一個遠支上的子弟做皇帝。原因很簡單，自己的孩子在年齡上大了些（十多歲就可稱大了），而另立的那個皇帝還是個嬰兒，這多好掌控啊！東漢的閻皇太后、清帝國的慈禧太后等等，都幹過相同的事，管他是什麼人的孩子，總之是，立小不立大，立弱不立強。專制政權一代不如一代的歷史規律，源出於此。

在皇室鬥爭中，帝黨常常依靠宦官黨，後黨也常常依靠宦官黨。這使得宦官有了比士大夫更多爭權的機會。士大夫很不以為然，他們鄙視宦官這種最低賤最醜陋的職業，同時也對宦官多少有些敬而遠之。因為宦官多被帝黨和後黨所重用，所以他們也不怎麼看重士大夫。這樣一來，宦官黨與士大夫黨，自然的就暗中較勁兒，甚至多半時候還勢不兩立。當這兩股勢力把皇室當作戰場，進行內部人鬥法的時候，讓人們切實地看到了宦官與士大夫之間，那血腥和慘烈的一面。他們不僅相互攻殺，還濫殺無辜。歷史表明，士大夫比宦官要殘忍得多，他們不僅殺宦官，還殺宦官的賓客和母親。士大夫幫助帝黨大興株連，他們自己動起手來的時候，更是不遺餘力地使用株滅九族的做法。

朱元璋為了清黨（即為他的子孫後代清出一個平坦的權力大道來），他搞過兩次大的冤獄，一是胡惟庸冤獄，一是藍玉冤獄。胡惟庸是朱元璋的宰相，極有才幹。一三八〇年，有人告發胡惟庸，說他勾結日本人準備謀反。朱元璋就把胡惟庸處死了，滅其三族。一三九〇年，誰料，朱元璋又殺了個回馬槍，將與胡惟庸關係密切的人，殺了個乾乾淨淨。你猜都猜不出被殺的人數，足有兩萬餘人。一三九三年，有人告發大將藍玉謀反，朱元璋將其處死、滅族。同時，誅滅與藍玉關係密切者一萬五千人。

前後總共十三年，朱元璋便大肆屠殺近四萬人，而這些人，均是與他一起鬧革命的同志，以及被株連的無辜者。即便是朱元璋最貼近的人，如太子的教師宋濂、智囊劉基、內閣學士汪廣洋、大將傅友德、大將朱亮祖、大臣李仕魯等等，也被以各種理由處死。與朱元璋患難與共，且保住性命的，只有二人，即常遇春與湯和。朱元璋還未倒出手來在政府內搞大清洗，常遇春先就病死了。事實上，只有湯和一人倖免。

朱棣在清黨上的做法，一點都不比他老子朱元璋遜色，他深化了他老子發明的「瓜蔓抄」，並使之成為最血腥的制度。朱棣利用這種歹毒手段，將下列高官滅族：

祭祀部長黃子橙（太常卿）全族盡數屠殺；
前任國防部長（兵部尚書）齊泰兄弟全部殺光；
財政部副部長（戶部侍郎）卓敬滅三族；
現任國防部長鐵鉉親屬被殺一百八十餘人；
監察部副部長（左副教御史）練子寧家族被殺一百五十一人；
最高法院秘書長（大理丞）鄒瑾家族四百四十八人被處決；
最高法院副院長（大理少卿）胡閏家族二百一十七人被處決。

最最不可思議的屠殺，體現在景清與方孝孺兩人身上，景清為總監察官（御史大夫），被磔死[1]，其親屬不僅被牽連，就是他的故鄉，一連數個村莊，都被牽扯其中，村民全數處決，房舍一空。方孝儒就更不用說了，因拒絕與朱棣合作，被滅十族（連方孝孺的朋友與學生也在屠殺之列），共計八百七十三人被處死。

清黨清到這種程度，想來也就無可比了。然而現代社會中的史達林（Stalin）——這個新專制主義的祖師爺清黨時所殺的人，其總數讓朱元璋和朱棣想都想不來，那是數千萬蘇聯人！

皇室皇權血連連，專制專斷血連連。字面上看，彷彿不挨老百姓什麼事。但當你置身其中就會發現，黨爭權爭的最大受害者，往往正是那些無法主宰自己命運的老百姓。

1 磔死，中國古代的一種刑罰，將犯人肢體分解，懸首張屍，示於鬧市。此刑先秦已有，隋唐以後，磔不見於正律，但統治者仍然法外施行。如《明史・刑法志》雲：「磔流賊趙遂等於市，剝為魁者六人皮。」

根腐・枝禿・烏鴉歌

東西兩漢基本上是各立國二百年，但當我們分別來介紹的時候卻發現，劉邦創立的西漢，可謂名流雲集，如蕭何、韓信、張良、呂雉、劉恒、劉啟、劉徹、司馬遷、衛青、霍去病、蘇武、李陵、霍光、王莽等等。

東漢雖有一百九十六年，但那是平庸的一百九十六年。東漢皇帝有十四任，除了首任皇帝劉秀外，幾乎皆短命。同時十四任皇帝，除前三任劉秀、劉莊、劉炟外，其他十一個皇帝，要麼太后、舅舅之類的來主持國務，要麼由宦官來主持國務。這十一個皇帝，登基的時候，最大的十四歲，最小的正在吃奶。組織人事方面如此不幸，也難怪東漢成為一個無標誌的帝國，即缺乏大人物大事件，又缺乏大文化大名流。可以說，漢帝國四百年，一半是在創業、發展、中興中度過的，一半是在享樂、腐敗、再腐敗中度過的。這個怪圈符合一切專制主義政體。

東漢乏善可陳，倒是兩漢交替之際，王莽打進的那個前後二十一年的楔子，頗獲談資。西元九年，王莽發動不流血的政變，然後當了十五年的皇帝。王莽一上任就搞改革，他比嬴政的改革還前衛，一步就跨進了社會主義（初級階段），他也真夠大躍進的。

王莽社會主義的主要特點是：土地國有化、貨幣統一化、經濟計畫化。王莽社會主義初級階段改革之所以失敗，是因為他的政策，兩面不討好。一面是統治階級失去既得利益，反對；一面是貧民一無所得，反對。因而，王莽的改革不僅沒有成功，最後反而連他自己也栽到民變的旋渦中，人們恨他，把他殺死後，還割下他的舌頭，分而食之，以解心頭之恨。

王莽算是西漢的一個小尾巴，同時也是西漢往東漢過渡的一個橋樑。從嬴政到王莽，兩百多年間，中國經歷了兩次根本性制度變革，歷史地看，無論成功與否，都是大手筆。但從個人角度去看，我對這兩次激進式變革，都不看好，甚至厭惡。

東西兩漢斷層二十一年，劉秀拔地而起，算是對漢室的復興。你劉秀既然打著復興漢室的旗號，那麼，原漢室的一切制度，包括腐爛的生活方式，必然地一同「復興」回來。中國歷史一向是環繞盤旋：王朝新興↓繁榮安定↓腐敗沒落↓權變混戰↓鹿死強手↓王朝新興……往復循環。按照這個規律，劉秀所復而興之的漢室，就不是一個新政權，更不是一個新體制，頂多是西漢老政權的「下半身」，即末期腐敗政權。難怪東漢乏善可陳，原來它一開始就步入了「末期」。真真可悲可歎也！

朱門酒肉臭，
路有凍死骨。
根腐臭俱發，
禿枝烏鴉歌。

任何專制政權，輪回到後期，全這光景。我們說，陳勝吳廣敲響了秦帝國的喪鐘，王莽敲響了西漢帝國的喪鐘，那麼是誰敲響了東漢的喪鐘呢？細說便沒有一個具體定論，就像陳勝吳廣對於秦帝國，他們對中央政府並不構成直接威脅，我們之所以把他們列為敲響秦帝國喪鐘的人，不是因為他們在武力上起到了什麼作用，而是看重他們的叛逆性格。作為陳勝吳廣那樣的底層小人物，他們起事前後不會有任何遠大理想，只是覺得胸中塞了一股鳥氣，撒出去也就痛快了。就像魯迅在他的散文中常常使用的那個句式，「吃飯便吃飯」、「撐船便撐船」，率性而然。也像隋煬帝楊廣，他當晚夢見瓊花，次日醒來就讓畫師把他的夢畫下來，然後就開始到全國去尋訪他夢中的花。這更是率性，要星星不摘月亮。陳勝、吳廣、黃巢、李自成、張獻忠、洪秀全等等，全是率性之人，夢到多少幹多少，幹不下去了，頂多從夢中醒來，是鳥入林，是雞歸窩，是神進廟，是鬼進墳。

依著同樣的邏輯，亡東漢這筆功勞，要記到黃巾這支民變隊伍頭上去。這是中國最大的農民暴動之一，直接導致這類暴動的，各朝情況都差不多，就是：「農民真苦，農村真窮。」純粹的農民暴動，幾乎都是短命的。黃巾也不例外，他們只維持了十一個月，就被剿滅了。但東漢也由此走到它的歷史盡頭。歷次農民暴動，並不能給農民自身帶來任何好處。倒是那些有頭又有腦的軍事或準軍事組織，搭乘「暴民」這趟便車，經過廝殺、爭奪，最後產生一王。在專制語境裡，王既是英雄，英雄既為人人所仰。被殺被滅了的，就是狗熊，還要踏上一萬隻腳，永世不得翻身。這就是我們的古老政治生態，專制而兇殘。

分裂・混戰・大洗牌

從這一節開始，我們的敘述進入漢尾。

帝制以來的中國史，沒有哪個朝代能像漢帝國那樣，綿延四百餘年；也沒有哪個朝代的尾巴像它那樣，拖拖拉拉三百六十九年！這就是我要說的漢尾，史稱魏晉南北朝[1]。說得籠統一點，這三百六十九年，基本也就是南中國和北中國的格局。在這幾百年間，中國大地上，確曾出現過若干個國家，數得出來的，大約有二十二個之多，當然包括和東漢首尾相接的曹魏、蜀漢、東吳三個帝國（若非羅貫中的《三國志通俗演義》，僅存六十一年的三國時代，也不會顯得那麼重要和家喻戶曉。可見文化的力量）。中國在晉帝國有過短暫的統一後，虎狼之家的司馬家族發生八王之亂，這一下就把中國導入一個大分裂的時代，出現了所謂的五胡十九國（應該是十八國，另一國是偈促長江以南的晉帝國）。

從漢尾各個時期的版圖看，南中國雖然一直半死不活，但卻一直比較的乾淨，不像北中國的版圖那樣，紛繁雜亂。南中國的演變依次為：晉帝國→南宋帝國[2]→南齊帝國→南梁帝國→陳帝國。國名

---

1 五世紀二十年代，晉帝國宰相劉裕，通過暴力革命，推翻司馬皇室，建立南宋帝國，史稱南朝；五世紀三十年代，北中國被北魏統一，史稱北朝。加上之前的曹魏帝國與晉帝國，這一時期被籠統稱之為：魏晉南北朝。

2 五世紀的南宋，非十二世紀的那個南宋，二者不可同日而語。《皇族・血統・政治鏈（下）》一節，將會述及五世

雖然很多，但彼此之間基本都是承繼關係。北中國就不同了，一會兒五胡八國，一會兒五胡十一國，那些帝國，密密麻麻，重重疊疊，忽興忽滅。我相信，普通讀者對這段歷史，要麼雲遮霧罩，要麼乾脆離得遠遠的。其實，我也不贊成讀者去探究這段紛繁的歷史，總覺得這是中國最無聊的一個時期。這也是我把三百六十九年劃為漢尾，取代「魏晉南北朝」這一歷史概念的用意。我總是力圖把這幾百年說的簡單，讓讀者不再畏懼那些無關緊要的大分裂時代的國名。說起這段歷史，我們只需知道南中國和北中國就行了。這個時期的中國（各國），皇室成員及政要，統統變成相互慘殺的職業殺手；則百姓背井離鄉、妻離子散，過著非人的生活。同時，這還是一個大洗牌的時代，直至分裂到不能再分裂，混戰到不能再混戰，最後就要看誰幸運並堅持了下來，那麼這個國及其政要，就會成為中國新的主宰。

紀的南宋帝國。

皇族・血統・政治鏈（上）

本節小題，是我的一個淺識。這是怎樣的一個政治鏈條呢？說白了就是：（一）打江山的時候殘暴；（二）打下江山後專制；（三）坐穩江山後橫徵暴斂加腐敗！

既然是漢尾，這個話題還得從東漢末期說起。這期間的東漢宮廷，和歷代末期宮廷一樣，變成一個巨大的屠宰場，宦官與士大夫彼此攻殺。我們只需記住，不管宮廷裡的人誰殺誰，都是為了權。就這麼殺著殺著，一群嗜殺成性的傢伙，就把東漢帶向它的墳墓。在錯綜複雜的政治格局中，東漢最後一任皇帝劉辯，於一八九年被宦官挾持到黃河南岸小平津一帶。東漢政府在涼州有一支部隊，董卓為將，是他率部從宦官手中救出劉辯。董卓反手一倒，他又成了挾持皇帝的人，他帶著皇帝和他的部隊返回洛陽時，做為衛戍區頭頭的袁紹和曹操，嚇得望風而逃。接著，董卓另立劉辯九歲的弟弟劉協為帝，次年（一九〇），董卓便殺掉劉辯及其母親（何太后）。隨後，燒掉洛陽，帶上劉協皇帝，遷都長安。一九二年，王允以家中歌姬貂蟬為媒介，借呂布之手，刺死董卓，滅其三族。再後，劉協就在幾個軍閥手中倒來倒去，最後落到曹操手中，這才做穩「影帝」（影子皇帝）。下面，我們只沿著曹魏帝國這條線往下敘述。

二二〇年，曹操逝世，他的兒子曹丕把劉協趕下寶座，建立曹魏帝國。當曹家大權落到司馬家族後，「好戲」來了。這是一個虎狼家族，他們在權力之爭上，彼此毫不手軟。你宰我的時候，像宰豬一樣；我宰你的時候，也像宰豬一樣。一句話，在司馬家族之間，看不到一絲親情。

接下來，我們把司馬家族的「自殘運動」，做一個基本的梳理。二六五年，曹魏帝國征服蜀漢，宰相司馬昭逝世，他的兒子司馬炎立即令曹奐皇帝禪位。司馬炎坐上皇帝寶座，稱他的政權為晉帝國，首都依前政府，仍在洛陽。二九一年，司馬家族爆發八王之亂，前後歷時二十一年。

晉帝國的第二任皇帝叫司馬衷，史書上說他是個白癡。不幸的是，司馬衷身後有一位醜陋且心狠手辣的太太，也就是賈南風皇后。由於司馬衷的智商先天不足，皇帝的每道指令，都由賈南風代為完成。賈南風參政，為大臣楊駿（司馬衷的外祖父）所不容，但也無可奈何。二九一年，賈南風夥同小叔子司馬瑋（司馬衷之弟），一舉將楊駿拿下，楊駿及其三族，數千人躺在血泊之中。楊駿被殺，其位由司馬衷的祖叔司馬亮親王接替。三個月後，賈南風再次夥同小叔子把司馬亮幹掉。司馬亮與楊駿同一罪名：謀反。這是暴政集團清除異己最為直接的藉口，也是殺無赦的要件。之後，賈南風又將小叔子司馬瑋幹掉。也並非殺人滅口，不過清除對手而已。

賈南風並未停手，因為她的終極目標是太子。賈南風最大的遺憾是，她未能給皇帝生個兒子。因此，那太子也就不是出自她的血脈，必欲除之而後快。三〇〇年，賈南風仍以謀反罪，殺了太子。司馬衷身為皇帝，卻無力保護自己的兒子，可以想見他的痛苦。倒是其祖叔司馬倫親王，成功發動宮廷政變，宰了賈南風，宰了賈氏一族。三〇一年，司馬倫廢司馬衷，登基為皇帝。隨後，八個親王，輪番登場，最後的結局是，把統一沒多久的帝國，重新帶入分裂狀態，而且是中國史上前所未有的大分裂時代。北中國版圖上飽受災難的五胡民族，乘機掙脫枷鎖，紛紛成立各自的帝國。所謂帝國也真是簡單，有幫人馬，自封為國也就是了。看似眼花繚亂，其實，真正在歷史上數得著的帝國，或者有點名氣的，也就有數那麼幾個、有數那麼幾路人馬。三〇四年，中國版圖以長江為界，一分為二，晉帝國控制著南中國，胡人控制著北中國，並率先成立了漢趙帝國和成漢帝國。在這裡，我們話分兩頭，先說主導北中國的一些人和事。

八王之亂和連年乾旱，可謂天災人禍，齊刷刷落到晉帝國大地上。政府財政吃緊，各駐地部隊糧餉無繼。時任山西並州州長（刺史）的司馬騰親王，為籌糧餉，竟以胡人為搖錢樹，大肆搜捕，販賣至山東。二十一歲的羯人石勒，便是這無數奴隸中的一個。石勒被賣到山東後不久，即由買主家逃走。正好趕上有揭竿而起的，便投奔而去。石勒這個名字，還是起義領導人汲桑給取的。因緣際會，石勒後來竟被漢趙帝國封為將軍。我們知道，這個漢趙帝國是剛剛從晉帝國脫離出來的，它的根基並不厚實，所以，盡可能的去網路境內的武裝力量，使他們去對抗晉政府。不然，像石勒這樣的苦命人，無論如何都走不進歷史的視野。

石勒所依附的漢趙帝國，前兩任皇帝揮霍無度，到了第三任皇帝劉聰那裡，其揮霍程度，更是有過之則無不及。劉聰所喜歡的五個女人，並列皇后（這在中華帝制史上，還算獨一份），姬妾萬餘人。因為劉聰過於好色，數月不理朝政，純屬常事。但劉聰不會因此而荒廢另一項大政，那就是清理異己。劉聰僅在劉乂親王莫須有的謀反案中，便除掉成千上萬的幹部。漢趙帝國首都平陽（陝西臨汾），可謂血流成河。三一八年，劉聰終於一命嗚呼，其子劉粲即位。劉粲登基後，不理朝政，而是與五位如花似玉的皇太后（年齡皆不滿二十歲）日夜淫樂。宰相靳准（劉粲的岳父）看不下去，殺了劉粲及其劉姓皇族成員。螳螂捕蟬，黃雀在後，石勒（鎮守邢臺）與親王劉曜（鎮守長安），以平叛為名，攻下首都平陽，將靳姓家族，盡數屠滅。平陽血跡未幹，又添新腥。幾番相互攻殺，使得平陽殘破不堪，變成人人畏懼的鬼城。劉曜心寒，遂把首都遷往長安，石勒則返回自己的駐地邢臺。

三一九年，石勒宣布脫離漢趙帝國，立後趙帝國，建都河北邢臺。三二八年，勢不兩立的漢趙帝國和後趙帝國決戰，石勒滅了漢趙帝國。三三三年，石勒逝世，其子石弘繼位。三三七年，石勒的侄子石虎殺了石弘，取而代之，遷都河北臨漳（鄴城）。石虎好色，腳跟未穩，即廣征美女三萬人，充於後宮。石虎的後宮堪稱歷史之最，分別建於臨漳、長安與洛陽。

不能想像，石虎這樣的人，有時竟然也會滿嘴仁義道德：「人所以為人，就是懂得禮義廉恥、手足情深。可是，司馬家的人，同根相煎，眼都不眨。像咱老石家，定然不會發生這麼喪盡天良的事。」好聽的話是撂下了，可事輪到他石虎頭上，與他痛斥的司馬家族，不相上下。三四八年，石虎的兩個兒子反目，皇太子石宣派人幹掉親王石韜後，劍鋒直指老爸石虎的寶座。石虎得到情報後，做出快速反應，拿下石宣，給予最殘酷的懲罰。下面這組鏡頭讓人有不適之感，謹慎閱讀：

石虎令人在皇宮開闊地，臨時搭建起一座戲臺，登上去的不是演員，而是石虎與文武百官，以及後宮妻妾代表。石虎坐在龍椅上，其他人皆站立他的兩側。這場殺戮大戲的領銜主演們，卻在台下。全副武裝的軍人，裡三層外三層的圍成一圈，個個殺氣騰騰。石虎怒道：「把那畜生拉上來！」隨即，太子石宣被綁縛到台下。幾個劊子手，如狼似虎撲上去，撕扯石宣的頭髮。不一會兒，頭髮被拔光，石宣的頭皮血肉模糊。臺上的後宮女眷，個個把眼捂住，不敢正視臺下。她們哪裡知道，這僅僅是酷刑的序曲。接下來，劊子手們便生拉硬扯，將石宣的舌頭拔了出來。石宣哀嚎震天，絲毫不能打動他那鐵石心腸的老爸，一任酷刑繼續。

劊子手們如拖死狗一般，將昏厥的石宣拖到柴堆旁，剁去手足剜去眼，一把火，將石宣活活燒死。石宣的妻妾子女，無一倖免，皆死於眾目睽睽之下。淒慘無助的哀號聲，響徹宮廷內外。在被屠殺的眾多家人中，石虎最放不下、也最讓他起憐憫之心的，是石宣五歲的兒子。隔代親，體現在石虎與這個孫子身上。行刑那天，他就懷抱這個五歲小兒，目睹了兒子一家的滅亡。當劊子手來到石虎面前，要求處決他懷中的孩子時，他深深陷入矛盾之中：把太子一家斬草除根，是他的命令，而自己又實在捨不得將懷裡的孫子，交給劊子手。劊子手來拉扯他懷裡的孩子，他除了老淚縱橫之外，並無口諭禁止劊子手的進一步殺戮行為。

五歲的孩子眼睜睜看著自己的父親、母親、姐妹、家人，一個一個被殺掉，知道自己也難免一死，就死死抓住爺爺石虎的衣服大哭，一把鼻子一把淚地哀求道：「爺爺，不要殺我！」劊子手勸了一句：「皇上，當絕禍根。」遂猛得一拉，把孩子從石虎懷裡扯出。細心的人發現，那孩子的手裡，死死抓著爺爺的一角衣襟。孩子到手，劊子手往空中一拋，七八支鋒利的矛齊刷刷接住，那孩子幼小的軀體，立時變成篩子孔。不到半天工夫，太子石宣一家，皆命喪黃泉。則東宮宦官和行政官員，一一五馬分屍，那也叫一個慘絕人寰。

三四九年，石虎結束腐爛與罪惡的一生。隨後，石氏皇室，展開一輪又一輪的殺戮：石世即位一個月，被石遵所殺；石遵即位不到二百天，被石鑒所殺；石鑒即位一百天，被大將冉閔所殺（後趙帝國終結）。冉閔乃漢人，懸賞殺胡人。此令一出，羯族即遭滅頂之災。但同時，北中國愈加分裂和混亂，先後又崛起幾個新興的國家，其中前秦帝國比較強大，其皇帝也最為暴虐，他就是二十一歲的青年皇帝苻生。

苻生也許是殘疾人（一隻眼失明）的緣故，心理特陰暗，行為特歹毒，身邊的大臣，但有隻言片語不順其心，便大開殺戒。他喜歡爛醉如泥的生活，陪他喝酒的人，也必須酩酊大醉，否則就會遭到他的射殺。更要命的是，他的任何問題，怎麼回答都是個死。有一回，苻生問一個大臣：「你以為朕是怎樣的一個皇帝呀？」那大臣惶恐道：「陛下當然是英明、偉大的領袖了。」苻生大怒：「你諂媚我呀！」於是，以諂媚罪，將這個大臣處死。接著問另一個大臣，那人謹慎地道：「陛下英明偉大，惟刑罰稍重。」苻生怒道：「你誹謗我呀！」於是，以誹謗罪，將那個大臣處死。再問一個大臣，那大臣支支吾吾，始終不發一言。苻生勃然大怒：「你欺負我呀！」於是，以欺君之罪，處死那個大臣。

你不能想像的是，苻生身為一個皇帝，竟然隨身攜帶兩件冷兵器：鐵錘與鐮刀。他帶這個幹什麼？處決人的時候，他就用這兩件家什，參與其中。於苻生而言，那也許是他最為享受的一件事。舅父勸苻生少開殺戒，他那個不高興：「殺人是我的權力，不殺人怎麼體現得出我是皇帝？」遂用鐵錘，擊碎舅父的頭顱。苻生因身體缺陷，忌「少」諱「缺」。有一次，他諮詢人參的用量，御醫道：

「每次的量，少一點即可。」苻生聽了，很是生氣：「你這不是明擺著譏笑朕少了一隻眼嘛？衛兵，去把這個醫生的雙眼挖了，朕要讓他少兩點！」於是，御醫雙眼被挖，後而斬首。

苻生一朝大權在握，除了為惡，別無所好。比如說，他竟然親率文武大臣，現場觀看性交表演，參演者為宮女與普通幹部。被選中表演的人，稍有違逆，即行殺頭。這還不夠，苻生且命宮女與羊性交。哪個大臣膽敢蒙上眼睛，就被視為偽君子，殺無赦。除此之外，苻生還喜歡剝人面皮、剝牛馬驢羊之皮，看人與動物剝皮後的反應，以此取樂。

三五七年，苻生被他的堂弟苻堅幹掉，結束其惡魔般的一生。

三八三年，淝水之戰，令前秦帝國元氣大傷。三八五年，苻堅一死，前秦帝國澈底瓦解，北中國版圖上的八個國家一片混戰。混戰之中，北魏帝國在塞北悄悄崛起，最終讓這個不起眼的鮮卑小國把北中國統一，立國時間長達一百七十一年。

我們說，中原文化是一大染缸，真是一點錯都沒有。北中國版圖上的胡人建立五花八門的政權後，都無一例外地繼承和吸納了漢人文化與政府機制。有些純粹是一個偶然事件，有時也被胡人拿來當作制度使。比如西漢的劉徹，他為了不讓太后干預朝政，在立劉弗陵為太子的時候，先行將劉弗陵的母親鉤弋給殺了。結果，野蠻的北魏帝國竟然照搬為制度，立太子日，也就是屠宰日——屠宰太子的生身母親。這真是慘不忍睹的一幕，兒子登天時（立為皇儲），母親入地日。如此野蠻習俗，到五一五年才廢止，前後長達一百餘年。

五一五年，廢除「兒子登天時，母親入地日」制度的北魏第八任皇帝元恪一死（其六歲的兒子元詡繼位），胡太后即開始垂簾聽政。五二八年，胡太后感覺十九歲的兒子即將羽毛豐滿，便夥同她的兩個情夫將自己的獨生兒子元詡毒死。之後，胡太后大開殺戒，把皇室貴族及政府官員（包括宰相元雍在內）兩千餘人，誘至河陰淘渚（今黃河小浪底），以騎兵之力，將他們活活踏死。

你或許認為，元恪皇帝在死前不該廢除「兒子登天時，母親入地日」的野蠻制度。非也。皇室血統（即專制血統）無論何種情況下，他們都是要殺戮的，不是用這種方法，就是用那種方法。就這麼殺著殺著，被北魏統一的北中國再次分裂，形成西魏與東魏之格局。因為殺戮分了家；分了家照樣殺戮，總之是不停地殺，這既是一條政治鏈，也是一條血鏈。皇族也罷，政府官員也罷，這一個窩裡的畜生，彼此之間，轉換角色，總不免當當屠夫，又給人當當豬。

漢尾到了北齊（由東魏演化而來），也就接近尾聲了。但北齊的殺戮運動卻絲毫沒有尾聲的意思。北齊第一任皇帝高洋，與苻生一樣，純屬殺人魔王一類的東西，他也喜歡沉浸在爛醉如泥之中，而且也是每醉必殺人。苻生隨身帶著鐵錘與鐮刀，高洋則隨身帶著鐵鍋與鋸條，他這兩件家什，同樣是用來殺人取樂的。高洋就用鋸條，鋸了薛貴嬪的姐姐，原因是這個女人懇求高洋，給她的父親一個官做。這事連帶上薛貴嬪，高洋一怒之下，將寵愛的薛貴嬪殺死，鋸下人頭，拋到國宴上，令四座大驚失色。還沒完，高洋皇帝又把薛貴嬪的屍體肢解，用她的腿骨做一個琵琶。不可思議的是，高洋親自為薛貴嬪發喪。他一個皇帝，竟然蓬頭垢面的跟在出殯隊伍裡，且哭且行，且行且唱。荒唐的是，那首佳人曲，竟然是西漢音樂家李延年的，詩曰：

北方有佳人，絕世而獨立。
一顧傾人城，再顧傾人國。
寧不知傾城與傾國？
佳人難再得。

爛醉如泥，已然為高洋皇帝的生活方式，因此，殺人取樂，也成為其生活方式的伴生品。因為殺紅了眼，待殺的人，直接就是供不應求。怎麼辦？那就殺身邊的人。有一天，高洋忽然想起，他小的時候，宰相高隆之曾對他不禮，遂將其斬首。進而又把高隆之的二十多個兒子，全部殺掉。宰相李暹病故，高洋問李暹的妻子：「想不想你丈夫？」回答說：「想。」高洋說：「想丈夫，何不前往。」抽出佩刀，就把李暹妻子的頭砍下。

對待親人，高洋也毫不手軟，打罵親娘是他，箭射岳母是他，屠殺弟弟高浚與高渙還是他。話說這天，高洋命衛士把高浚與高渙囚至地窖鐵籠之中，高洋去探視時，竟然放聲高歌。這叫什麼事呀！不只如此，他還下旨：「你倆與朕合唱。」高浚與高渙不敢怠慢，連哭帶唱。高洋感動得聲淚俱下，忽然又把臉一拉：「你們當死！」不由分說，提矛即刺。兩個弟弟，鬼哭狼嚎，淒慘求饒。高洋道：「你們求什麼？你們何罪之有？」兩個弟弟捂著血肉之軀，想了想：「是呀，我們何罪之有？」因為實在想不出罪名，躺在血泊之中發呆。高洋那個氣：「你們竟敢以沉默相抗，宰了他們！」衛士們手持鐵矛，群起而攻之，不大會兒，高浚與高渙即屍爛如泥。誰說沉默是金？在高洋這裡，沉默是禍。

高洋的獸行，遠不止如此。我們今天回顧高氏皇室的醜行，只能大其要。再說下去，恐怕連苦膽都要吐出來了。

五五九年，高洋總算死了，他十五歲的兒子高殷繼位。高洋的弟弟高演把高殷殺掉，自己繼位。幾經輪轉屠戮，皇帝寶座輪到高緯屁股底下時，北周（五七六年）則開始大舉向北齊進攻了。五五七年春天，北周拿下北齊（高氏皇族盡絕），北中國再歸統一。至此，大分裂時代結束。

皇族・血統・政治鏈（下）

本節我們來說說漢尾的南中國。這一時期的南中國雖沒有北中國那樣的割據與混亂，但司馬家族內部，仍然是一派屠殺景象，為了皇權，他們六親不認，任性相殘。司馬家族雖然說還有很多生動的屠殺例子，但我們再進一步敘述，就顯得無聊 因為整個專制社會裡的齷齪與血腥，完全可以以點帶面，知其一，也就知其二。所以，這裡把司馬家族放下，將有限的筆墨讓給晉帝國的繼承者南宋帝國，讓給執掌這個帝國六十年的劉姓爺們。

性格上，劉氏家族跟他的前朝司馬家族，絲毫不差，父子兄弟（再加上政府高官）把宮廷當作屠宰場，彼此下毒手，為的就是屁股底下的那塊江山。前面的都不用說了，以第六任皇帝劉子業為例，四六四年，他父親去世後，他來繼承皇位。這一年，劉子業十五歲。當皇上就當皇上唄，不知怎麼，他卻猜忌起他的叔爺爺劉義恭來，親率軍隊，把劉義恭及其四個兒子一併屠戮。之後，便用大竹籠，囚禁了他所有的叔父，並封劉彧為豬王、劉休仁為殺王、劉休祐為賊王。劉子業尤恨叔父劉彧，每每讓他一絲不掛，學豬叫，學豬吃。

荒淫、亂倫，劉子業無所不用其極。他殺了姑夫，卻留著姑姑新蔡公主給他為妾。他還命左右親臣，輪奸王妃與公主。其嬸母江妃不從，劉子業將她的三個兒子處斬，以示懲戒。且命宮女裸奔，稍有不從，即行斬首。

劉子業十七歲這年，被他身邊的宦官一刀給宰了，結束了他做為暴徒的短暫一生。劉子業死後，豬王劉彧繼位。這本來是一頭性情溫和的豬，但當他稱帝后，立刻變得嗜血起來：與他竹籠為囚的兄弟，殺光；兄長劉駿的二十八個兒子，殺光。有時常常不解，接二連三的問這是為什麼，但也始終找不出合適的答案。位置使人變壞，也不至於到了如此喪失理性的地步。

四七二年，豬王劉彧死了，他十歲的兒子劉昱繼位。十五歲的時候，這個少年皇帝獸性大發，他一天不殺人就不快樂。有一次，劉昱率衛士去杜幼文等高官家，玩殺人遊戲，殺到高興處，連人家的嬰兒都剖肚開腸。劉昱不得善終，他的繼任者亦然。四七九年，南宋政權落到禁軍總監蕭道成手裡，他把劉氏皇室成員，殺了個乾乾淨淨，就像劉裕屠宰司馬家族一樣，不留禍患。

蕭道成建立的南齊帝國，存世僅二十四年，比南宋的劉氏政權還短命。蕭氏也完全跟司馬氏、劉氏一樣，獸性高漲，彼此畜牲一樣地相互屠宰，它的第五任皇帝蕭鸞，在四九八年，竟然一次性殺掉蕭家十個親王。事後，才命司法系統定十五個親王死罪。我原以為，事後立法只出現在新專制主義國家，不料，在漢尾時期就有了。如用後定法律懲處前事的話，那麼現在我們可以說任何人都在犯法，今天張三李四說句什麼話，明天立法部門就可以開一個會，說昨天張三李四所說的話是非法的，就可以制定一個法律予以懲辦。我想這樣是不行的。就是說法律的追究是不可以倒著走的。但事實上，新專制主義國家，常常幹這種歹事。

我們一提起中國歷史上的暴君（其實是當權的暴徒），就常聯想到桀與紂。他們遠在周王朝之前，而那個時代，又正是中國的傳說與半信使時代，可以說，在史料的確鑿性上，存有很大的疑問

——雖然我們很願意相信那些暴徒式君主就是史實。但很大程度上，這有賴於我們對遠古史的自我審視，想當然地認為，越古就越有可能存在政權的殘暴。其實不然，一九四七年夠現代了吧？可這年七月一日淩晨，在中共中央機關撤離延安時，王實味竟然因為「神經不健康，身體也不好」，而被中共晉綏公安總局在行軍途中一刀砍死，後置於一眼枯井中。[1] 一九七〇年代夠現代了吧？張志新、李九蓮們的死，令人戰慄。二十世紀八九十年代夠現代了吧？薩達姆每吃一頓飯，都要由幾名監獄的罪犯事先品嘗飯菜，看是否被投毒。沒有問題後，這些「品嘗師」便被當場處決，以助薩達姆的酒肉之興。二〇〇三年更接近我們的視野了吧，大學生孫志剛在深圳的大街上走著走著，竟被收容了，不到四天時間，他就在收容所裡被活活打死……。

說這些的目的是什麼呢？意思是說，社會進入現代，並不等於暴徒及其手段就自動現代和文明了。

1 《湘聲報・觀察週刊》，二〇〇二年四月十八日。

沖淡・風骨・風馬牛

中國的學人一提起漢尾即魏晉南北朝時代，就不免說到它的清談、沖淡、風骨等等。這一度引起我的極大興趣，不知這漢尾怎麼個清談、沖淡、風骨法。於是，我翻看史書，卻發現晉帝國的士大夫之沖淡與風骨，完全是風馬牛不相及。

何謂清談、沖淡、風骨？簡單說就是，當權者太流氓，動輒殺人，尤其殺那些被認為具有顛覆政權能力的人——這些人，多為文官或有名的知識份子。這些人怕流氓政權砍他們的頭，就選擇避世，話題也是故弄玄虛的所謂「玄學」。他們的嘴裡，東扯西扯，不著邊際。別人不懂，他們自己也不知道在說些什麼，完全囈語一般。流氓政權認為這些人都是精神病，不會顛覆政權，放過不理。這只是避世的方法之一，還有一法兒，就是裝瘋賣傻，往往藉著酒勁兒，赤身裸體，滿大街亂跑。流氓政權認為這些人都是瘋子，也放過不理。於是乎，這些人都用最為下賤的方式，保住一顆顆自作聰明的頭顱。後世總結這些人，把他們的言與行，歸納為清談、沖淡、風骨，實在是荒謬絕倫。為了加強印象，下面試舉幾例。

阮咸騎驢追婢：曾與豬共飲的阮咸（阮籍的侄兒），在他母親的葬禮上，騎驢追婢，用今天的話說，那真是搶鏡十足。想像一下吧，一個披麻戴孝的人，騎著一頭驢，給他母親發喪。那氣氛令人悲痛，身為孝子，哭為本業，阮咸卻反其道而行之，騎著驢去騷擾家裡的女婢。女婢惱了：「公子，休得無禮！」阮咸摸了把女婢的臉蛋，嬉皮笑臉，一副無賴相。女婢越發惱了：「公子，再鬧就誠心羞辱先人了。」說完，跑開。阮咸見狀，一拍驢屁股：「嘚，駕！」追趕女婢而去。發喪隊伍，亂作一團，紛紛追去，看個熱鬧。悲劇就此成為喜劇。那劇作高手莎士比亞想像得來嗎？阮咸如此，充滿私心。他無非借此告訴世人：你們大家可都看見了，咱小阮精神失常，以後所說的話，都不能當真。尤其政府裡盯梢抹黑為能事的狗特務，你們更得留意，咱阮咸可是精神不正常的人，你們不能逮著咱一句什麼話就亂扣政治大帽子，就把咱當做維穩的對象，更不能因此砍下咱這顆賤得一文不值的頭顱。

劉伶裸體喝酒：竹林七賢[1]之中，劉伶最為醜陋。俗話說，醜人多作怪，劉伶特典型。他於家中縱酒，常常一絲不掛，喝得是天昏地暗。朋友見了，譏笑他不顧廉恥，他的反擊至為噁心，說：「咱劉伶是以天地為房屋，以房屋為衣褲。唉，不對呀朋友們，你們怎的跑到咱劉伶的褲襠裡來磨牙了？」刻薄至極。但就是這樣，劉伶的行為，仍被後世無恥文人跑到央視平臺上，莫名其妙的為其點贊，說劉伶的宇宙觀、世界觀、人生觀，無不憑藉杯中酒來展示和抒發，還說其醜行是什麼「深具人類學價值和哲學深度」；更胡言「這一刻的劉伶，不僅是位特立獨行的行為藝術家，更是以高經天緯地、獨與天地精神往來的大哲人」！更進一步胡言，說「劉伶通過酒，完成了自我人格的充分實現」。我之所以不在此點出此話的出處，就在於不願意為胡說八道的所謂學者張目。

1 嵇康所處的山陽田莊，竹林茂密。由於向秀、山濤、阮籍離這裡不太遠，故常來山陽聚談。王戎、阮咸、劉伶亦常來。這樣，後人就把這幾個人聯繫在一起，稱為「竹林七賢」。說嵇康是核心人物，那是因為，七人聚談的地方在嵇康家，他自然成為中心。

上述事例，就是所謂的沖淡嗎？非也，直接就是扯淡。至於風骨，就更談不上了。再看下面幾段歷史。二四七年，十六歲的曹芳為帝。曹芳這小子貪玩，日夜與人宴飲作樂，大權旁落曹爽手中。司馬懿為避曹爽鋒芒，稱疾隱忍。洛陽文人，一片恐慌。竹林七賢之一的山濤聽說後，連夜帶上老婆，回到懷縣老家，隱居去了。與山濤關係密切的阮籍，亦隱居田園。隨之，嵇康見勢不妙，跑到山陽竹林，享受閒適。

無監督、無異議的晉帝國官員，墜入全面公開化的貪汙與奢靡之中。一個政府一個政黨實施暴政，或專制的時間太長，最終都將無一例外地墮落為人民的公敵。而這些公敵，卻又往往以清廉的面貌出現，裝腔作勢，高談治國之策。晉帝國宰相何曾就是這樣的人，常常大唱政治高調，憂國憂民，然而他的一日三餐，卻要一萬錢。這使我想起中國二十世紀末葉以來的那些高級貪官，他們在臺上大做反腐報告，一走下講臺，就迅雷不及掩耳地腐爛去了。這類貨色，多到數之不盡，也就懶得為他們志傳去了。

當然，說到這裡，並非就可以結束了。關於魏晉、沖淡、風骨之類的話題，我們還可以用詩來解讀。比如最著名的、也是中國人所熟悉的陶淵明（三六五～四二七，東晉詩人），據認為他是寫作隱世詩歌的高手，其最有名的一首是《飲酒》（其五）：

結廬在人境，而無車馬喧。
問君何能爾，心遠地自偏。
采菊東籬下，悠然見南山。

山氣日夕佳，飛鳥相與還。
此中有真意，欲辨已忘言。

如果孤立或現代地看待這首詩，那麼政治上就可以說，這是一首歌功頌德詩。但是，當我們把目光鎖定在詩人所處的環境時，你就會發現（或者也可以這麼理解），這實際是對恐怖政治的一首控告詩。因此，我們有理由來做這樣的推理：凡是一切專制主義政權（無論是老牌的還是新牌的），其治理下的各種文本（包括公文、新聞和文藝），一定是歌頌氾濫、肉麻無邊。其政權越專制，就越容易被歌頌。文本上說這種政權越好，反過來，這個政權就越壞。專制主義者認為到處都是人民對它的讚揚聲，這其實是人民對它迂迴的控告。比如陶淵明說，「山氣日夕佳」，但他又說「此中有真意」。什麼樣的「真意」呢？我的解讀是，「山」當指「江山」，延伸為國家和政權；「氣」當指「氣數」。連貫解讀下來就是：司馬暴黨（晉帝國）統治下的政權，看似天天美妙（「日夕佳」），實際上是氣數已盡。這便是陶淵明的「此中有真意」。然而這「真意」（真話）來到嘴邊的時候，「欲辨已忘言」，就是不敢說的意思。

我們不知道陶淵明這首詩的具體寫作時間，但卻知道晉帝國是一個短命鬼，由於這個政權的暴政、齷齪與血腥，它不得不順延歷史規律，早早走向崩潰。一個政權要想讓人民痛恨並在這痛恨中快速滅亡，最好的方法就是實行一族一姓一黨式的獨裁專制。魏晉南北朝時期，整個中國，無論是南中國，還是北中國，全是一族一姓一黨式獨裁專制的典範。再好的族再好的姓再好的黨，只要一想著世世代代子子孫孫永坐江山，他們在心理上和行動上，就立刻淪落為猛獸，用盡一切專制手段，設法保住它屁股下的江山不被異族、異黨、異姓染指。這樣，獨裁、殺戮、滅絕言論自由就不可避免了；而距離這個政權的垮臺，也不會遠了。

見面．當問．吃了嗎

在中國大陸的一九六〇～一九九〇年代，大約三四十年的時間裡，熟人見面打招呼，一律問「吃了嗎」？這三個字，內含豐富之極，前二十年貧窮落後，沒飯吃，問這麼一句，象徵著關愛。對方若說「沒吃」，問的人就會接個下句：「沒吃回自家吃去吧。」因為他家也沒什麼吃的。後一二十年，大家可以溫飽了，但總改不了習慣用語，在衛生間與熟人相遇，依舊是一句「吃了嗎」的問候語。直到二十一世紀，大陸人方才丟棄「吃了嗎」的問候語，代之以「您好」、「hi」。

這是說現在的人。在魏晉時期，名士圈裡的人，見面問候語是：「石發了嗎？」，意思就是，你服五石散[1]了嗎？問話的人，一定是自己石發了，才傲然相問。被問的人心想：「誠心噁心人是不？哦，你石發了，顯擺來了。這有什麼？咱還不是石發了。」於是，也擺出一副石發的樣子，揭開衣襟扇風：「你說這一大早的，恁是熱的不行，不是石發怎的。」這叫一個鬥氣。此情此景，猶如二十一世紀中國演藝圈裡的人，私底下若說自己還沒沾染過毒品，都不好意思說自己是圈裡的人。房祖名與

1　五石散，源於何晏。其姑奶奶，即漢靈帝劉宏的皇后，其祖父即東漢末年的大將軍何進。何晏父亡，曹操納其母為妾，收七歲的何晏為養子。曹丕與何晏不睦，曹丕稱帝后，何晏受到排擠。苦悶之中，何晏服五石散（漢帝國名醫張仲景將鐘乳、石硫磺、紫石英、白石英、赤石脂組成，故名）解鬱。五石散一時風成，與清談、飲酒，而為名士標誌。東晉王羲之曰「服五石散，身輕如飛」，不知可否。

柯震東等，皆因這個，曾一度身陷囹圄。我非那圈裡的人，不知道他們私底下如何打招呼，猜度一下吧，無非：

「整過嗎？」

「沒整過？」

「這如何在圈裡混！」

「整一下。」

這些人一見面，大約就是一陣壞笑：「整了嗎？」燈紅酒綠之下，看那幫飄飄然的君子相就知道，應該都整過了。

通過這個鏡頭，來合理想像魏晉之風，要容易多了。北魏孝文帝時，王公大臣，多喜服五石散，彼此見面，交流服藥心得，說著說著，一個說：「哎喲哎喲，不行不行，身上熱了。」說著就解衣袒胸。這都帶傳染的，一個個哎喲起來，你袒胸他裸背，你脫衣他脫褲，一個個石發起來，以至於「石發」成為當時的流行詞。一個小市民湊熱鬧，趕時尚，在大街上可勁兒的招呼：「石發了，我石發了！」圍觀的人就問他：「大哥，你怎的石發了？」回答說：「咱家買的米里有石頭，吃到肚裡，石發了。」哦，這麼個石發。聽的人，一哄而散。名士圈裡的人相互打趣，就拿這個笑話，尋開心對方：「大哥，你怎的石發了？」對方也會自嘲：「家裡的米有石頭。」彼此以此顯示自己的優越性。

後世學人，將魏晉時期的服藥之風，牽強附會與陳寅恪的「獨立之精神、自由之思想」，說什麼魏晉是中國政治上最混亂、社會上最痛苦的時代，卻是精神史極自由、極解放、最富有智慧、最濃於熱情的一個時代。因此，也是彰顯魏晉知識份子獨立精神、自由思想的一個時代。說實在的，魏晉時期的人，哪懂得什麼獨立與自由意識。如此胡扯，過分之極。馮友蘭更是將「魏晉風度」張大為「魏晉風流」（《論風流》一九四四年版），認為「是名士，必風流」，並總結真名士所具備的四個精神條件：玄心、洞見、妙賞、深情。李澤厚認為，「人的覺醒」，才使「人的主體」提上日程，從而形成漢魏六朝這幾百年的人性大解放和藝術大繁榮（《美的歷程》一九八一年版）。上述所論，謬之千里。

由於馮友蘭與李澤厚的影響，二十世紀九十年代，中國大陸刮起「魏晉風度」研究熱，將魏晉風度總結為：美容之風、品鑒之風、服藥之風、飲酒之風、清談之風、任誕之風、隱逸之風、藝術之風、嘲戲之風、清議之風、雅量之風、豪奢之風。有人自以為是，把魏晉風度胡扯為「一種時代精神和人格理想，一種超越性的人生價值和審美性的人格氣度」。上述諸風，實為一個時代的墮落之風！把魏晉風度當作知識份子風骨與精神的重建，真是吃錯藥！

隋朝篇

蝗蟲・南巡・逍遙遊

從漢尾的流變中，我們看到，北周楊堅率部滅北齊，回頭再滅北周稱帝，後南進滅陳，直至統一中國，國號隋。隋帝國從興到滅（五八一～六一七），含楊堅廢北周皇帝，自立為帝這九年，滿打滿算，立國也才三十六年。我總以為很多史學家不太重視隋帝國，可能源於：（一）它太短命；（二）它太腐爛；（三）它的對外政策太愚蠢等等。但從我的角度看，隋帝國的歷史地位，一點都不亞於給中國人帶來第二個大黃金時代的唐帝國。因為沒有隋這一過渡性帝國，中國人不可能迎來下一個大黃金時代。

我始終認為，隋帝國的過渡性，比任何時代的過渡，要顯得份量重些。畢竟三百六十九年的大分裂、大混戰，結束在隋帝國旗下，這貢獻就是非凡的。美國學者邁克・哈特（Mike Hart）所著《歷史上最有影響力的一百人》，中國有六人，楊堅便名列其中。而具有非凡功績的帝國，為什麼短短三十六年就嗚呼了呢？這裡面也存在歷史的順延性。翻開一部漢尾史（魏晉南北朝），裡面充滿了骨肉相慘的鏡頭，兄弟之間、父子之間、君臣之間，動輒就滿門抄斬、屠戮三族。那滿門，其中就包括屠夫在內，他殺的是自己的骨肉，殺的是一脈相承的親人。除了像殺豬一樣地宰掉自己的骨肉外，宮廷權貴最大的「國事」，就是在後宮和女人們齷齪。皇帝有納自己的姐妹姑姑姨娘為妻妾的，還有讓自己的近臣當眾姦淫宮妃公主宮女的……這齷齪與下流，皆為漢尾宮廷生活之常景。

漢尾各朝宮廷三百多年的下流生活，對隋帝國這個承繼者來說，不可能沒有影響。好在有楊堅這麼一個勤政、節儉的開國皇帝，這同時又得到獨孤皇后的強力支持（史稱「二聖共治」），使國力逐漸恢復。

「二聖共治」十多年，政績非凡，全隋可謂是糧滿倉、帛滿庫。如國家級大糧倉黎陽倉、河陽倉、常平倉、廣通倉、永豐倉、西京太倉（分別位於今天的河南省與陝西省），其規模，即使今天的人，也無法想像。多大呢？每個倉，僅周長就有十公里，倉窖多達三四千個，一窖藏糧八千石，約合今天的五六十萬斤。這是說國家級大糧倉，散落民間的小糧倉，同樣全部裝滿；京師與並州（今山西太原），各庫存布帛數十萬匹。豐收季節，大隋全國各地的舟車，日夜趕路，儲運貨物，一派繁盛景象。楊堅夫婦為獎勵勤勞的人民，先後三次（五九〇～五九七年間）頒令，減免賦稅。長安國庫，每年賞賜支出的絹帛，達數百萬段匹。即使如此，庫內貨物，仍堆積如山，乃至許多財物，暫厝於廊廡之下。

隋帝國的經濟情形，使後世史學家往往大感意外。但這一切，歸功於隋初的輕徭薄賦、休養民力、增殖戶口、發展生產等一系列得力國策。相同的情形，在之後的所謂大唐盛世，並沒有充分體現。這是十分耐人尋味的一件事。

楊堅創造的這段輝煌史，離不開一個人的鼎力支持，那就是宰相高熲。勁敵突厥，高熲親率軍隊平之；統一全國，高熲親定平陳計畫；首都建設，高熲親自規劃。在高熲輔政的二十年中，其歷史性貢獻，倒非上述事項，而是他幫助隋帝國完成了由軍事而經濟的轉型，如改革財政機構，制訂賦稅標準，編制戶口登記，推進貨幣流通。這一系列措施，使得納稅人口，從隋初的四百萬戶，增至八百九十萬戶（唐初也僅有二百萬戶）。難怪唐帝國《通典》，把高穎與管仲、商鞅並列，稱之為三大傑出政治經濟學家。

隋朝初興，但不幸也隨之而來，深受漢尾宮廷下流風氣薰陶的楊廣一俟粉末登場，一切便又回到從前，回到那個齷齪、下流的宮廷場景中去。我認為，整個隋帝國，或者縮短為楊廣執政（六〇四～六一七）這十三年，他只做了兩件事，第一是窮兵黷武地三征高句麗王國，理由僅僅是，六一一年在他視察北京（涿郡）時，高句麗王高元未到北京朝見他。楊廣感到很沒面子，遂下令討伐高句麗。這三次東征，民不聊生，最終把帝國導入混戰的境地。

在十八年的混戰中，兵變民變以及宮廷政變，共一百三十六起。有五十餘位領袖人物，每人都集結兵力十五萬以上，割據一方，或稱帝王，或稱可汗，互相混戰。這十八年分裂與混戰，與三百六十九年的大分裂大混戰比，是最短暫的痛苦，然而這最短的痛苦卻也使全國三分之二的人民死於非命。

楊廣做的第二件事就是南巡。歷代專制政權人物大概都覺得北邊沒有什麼好巡的，如詩所言，「馬後桃花馬前雪，教人怎能不回頭」。用在這裡可解釋為：北邊除了沙漠和大雪，還能有什麼呢？南邊有世外桃源，更有江南美女，專制元首自然也就都喜歡往南溜達了。而且，在漢語詞彙中，有「南巡」卻無「北巡」。這也說明，南巡在中國文化中所佔有的地位。

說到專制元首的南巡，第一位要數楊廣。楊廣一生的南巡，幾乎全部為江蘇揚州（時稱江都）。

楊廣為王時，曾在此主政八年。因此，他對揚州懷有特別的感情。為了南巡，楊廣徵調民夫一百萬人開通河南到江蘇的運河，十多萬人開通淮安到揚州的運河。楊廣沿運河，建離宮四十多所。所謂離宮，就是臨時皇宮（內設美女數百、太監數百，以及眾多行政管理和廚師雜役等，所費不菲）。為了路過一下，楊廣便勞民傷財、興師動眾地修建氣勢磅礴的離宮，也實在是史所未見的極權腐爛。

楊廣南巡，建制如下：

交通工具：四層龍舟；皇后翔螭舟；數千艦隻載後宮女眷、文武百官、僧尼蕃客、生活用品。

衛戍部隊：步兵五十萬；軍艦數千艘（禁衛軍乘坐）；戰馬十萬匹（負責兩岸護衛）。

隨駕人員：政府官員千餘人；美女千餘人；沿途各省市縣的大小官員不計其數。

苦役人員：縴夫八萬餘人。

飲食供應：由運河二百五十公里以內的地方政府負責（最終全由百姓買單）。

粗略估計，這南巡隊伍，每天僅吃飯就餐人員，約為百萬多人。百萬人一路橫掃過去，僅吃喝一項，不知要吃死多少當地百姓。鬧蝗災，那蝗蟲是遮天蔽日；南巡鬧人災，比鬧蝗災不知嚴重多少倍。而這樣的南巡，楊廣一生，就玩了三回。就是他死，也死在了第三次南巡中（六一八年），可謂是「鞠躬盡瘁」了。一五一九年，大明皇帝朱厚照也學樣南巡。文官們知道這是斷子絕孫的勾當，便集體跪勸諫阻。朱厚照震怒，廷杖跪勸不去的一百四十六名官員，有十一人為此送命，致全部大學士[1]引咎辭職（明帝國以後，就很不見這樣的文官了）。朱厚照不改初衷，南巡依舊，所到之處，姦淫燒殺，無惡不作。到了清帝國，康熙南巡，乾隆也南巡。這爺孫倆，南巡上癮，各玩了六回，為此不知害死多少黎民百姓。有句混帳之極的話，叫做「龍行一步，百草沾恩」。看看上面的史實，哪是什麼沾恩？直接就是：龍行一步，百姓死定！

中國人為什麼老是面對這麼一些暴徒式的國家領導人呢？原因就在於我們有一個自上而下的專制傳統，我把它分為三個階段（詳見總論《我看傳統政治在中國的演進》）：秦漢隋唐為初級專制主義階段；宋元明清為中級專制主義階段；民國以降為高級專制主義階段。以至到了二十世紀末，還有的農民抱著鄉領導的腿哭訴說，希望自己早點死，因為他們的負擔太重了，以致無法再活下去。[2]

對南巡的控訴，最早的有唐帝國詩人李商隱。他在《隋宮》（二）中有這麼一句：「玉璽不緣歸日角，錦帆應是到天涯」。意思是，假如楊廣不死，他的龍舟將會遊遍天涯海角。如此說來，中國人也許真該謝謝宇文化及，是他絞死楊廣，「錦帆過處，香聞十里」的腐爛景觀，在隋帝國才成為歷史。

文革剛結束時，我印象最深的一個相聲段子是諷刺毛夫人江青的，說她去大寨視察，屁股後面

1 明帝國不設宰相，大學士們便集體行使宰相職權。大學士組成的內閣，相當於大學士委員會，首席大學士是這個委員會的領導人，史稱首輔。

2 陸學藝：《農民真苦，農村真窮》（《讀書》，二〇〇一年第一期）。

跟了八十多個隨行人員。江青的隨行人員，簡直不能與楊廣比，也不能與二十一世紀的官員比。大的就不用說了，小的如縣委書記、縣長一級的官員，假使他們去某一鄉視察，那麼縣委五套班子的一些成員就要跟隨、大小秘書們要跟隨、所視察的對口單位——局級部門頭頭要跟隨、局領導的秘書要跟隨、縣公安部門要安排警力鳴鑼開道、被視察的鄉所有官員更是傾巢出動陪同、鄉派出所如臨大敵地予以保駕護航、縣屬各媒體派出強大的報導隊伍隨同。

如此算下來，縣委一二把手出外視察的陪同，大家掐指一算，也就知道個大概了。江青的級別，僅次於國家領導人，出門才有八十多人陪同，而二十一世紀中國的一個小小七品芝麻官，其陪同人員就幹到百餘人乃至數百人，嚴格說，早已是青出於藍而勝於藍若干倍了。你看河南省盧氏縣縣委書記（一把手）杜保乾（人送外號「杜二蛋」）——

> 他每次出行都像皇帝出宮一樣，前有警車開道，後有公安護衛，側有電視臺攝像機跟隨。只要杜二蛋有指示，跟隨的新聞記者馬上製作「重要新聞」，中斷電視臺正在播出的其他節目而代之，並且反復播放。盧氏縣有民謠：「打開電視不用看，裡面全是杜二蛋」。[1]

後來又有了升級版：「打開電視不用看，裡面全是王八蛋。」意思是說，電視畫面裡，幾乎全是

1 新望：《電視指引我們前進》（《雜文選刊》，二〇〇三年第九期）。

領導幹部們的鏡頭，他們開口就被電視臺奉承為重要講話、重要論述、重要思想。這何止是盧氏一縣的電視新聞寫照呢？杜二蛋之所為，不過是上行下效的一個翻版罷了。

前朝・歷史・新朝寫

寫本書時，我思考最多的一個問題是，中國的歷史，究竟有多少是可靠的。前朝歷史新朝寫，是中國歷史的總脈絡。新朝通過推翻前朝，得以立世。新朝為什麼要推翻前朝呢？這個命題正是官方歷史的要害之處，不抹黑前朝，不足以說明新朝的正義性、正當性。隋軍滅陳，在江南散發三十萬份傳單，歷數陳帝國皇帝陳叔寶二十條罪狀；唐軍滅隋，新政府書寫前政府歷史，基本按照怎麼狠怎麼寫這麼個原則。狠在哪裡？就是盡力把楊廣寫得沒個人樣。這樣，唐帝國替代隋帝國，既合理又合法。《隋書》編纂者魏徵和《北史》作者李延壽等文人，在這方面可算是煞費苦心、曲筆刪改，將天下之惡與全國之怨，皆歸楊廣。從所謂正史裡，我幾乎沒見過楊廣好的一面。以今天的眼光看，事實並非如此。下面，從幾個方面入手，來展示一下楊廣的正臉。

愛情專一：史書所見，無不指責楊廣濫情，甚至直接罵他色鬼。遍覽史書，各處記載，雖零零星星，仍不難看出，楊廣與蕭皇后，乃無可辯駁的終身伴侶與知心愛人。楊廣始終尊重並眷戀著蕭皇后，至死也沒有冷落她。與其兄楊勇的妻妾成群相比，楊廣僅蕭皇后、蕭嬪一妻一妾，四個孩子中，有二子一女為蕭皇后所生。這一事實，證明楊廣的私生活遠不算風流放縱，在中國帝王史中，也實屬少見。

未欺後主：五八八年，十九歲的晉王楊廣，率三十萬大軍滅陳（久經沙場的大將高穎、楊素壓陣）。五八九年元旦，拿下陳帝國首都南京（時稱建康）。六三六年寫成的《隋書》，指責楊廣戰後第一件事，就是想霸佔後主陳叔寶的妃子也就是江南第一美女張麗華。《隋書》乃魏徵曲筆之作，抹黑楊廣，無所不用其極。自然，楊廣欲霸張麗華，極可存疑。

揚州興起：滅陳戰役結束，隋政府令楊廣，毀掉南京，亡國皇帝陳叔寶，以及皇親國戚、高官及眷屬，連同繳獲的金銀珠寶，押解北上關中（後世金帝國滅宋亦如是）。因南京被毀，以近的揚州，取代南京，成為江南重鎮，楊廣為都督（掌軍政大權）。楊廣改揚州為江都，在任八年。揚州自此興起，而為南方經濟、文化中心。楊廣的這一的貢獻，《隋書》一筆抹掉。

未欺父妾：史書眾口一詞，指責楊廣弒父又欺父妾。六〇四年夏天，楊堅病倒仁壽宮，陳夫人與太子楊廣侍候在側。史書言之鑿鑿地說，楊廣調戲父妾陳夫人。陳夫人於楊堅病榻前，哭訴太子無禮。楊堅斥責楊廣是畜生，並即刻詔令楊勇複太子位。楊廣與楊素迅速行動，發動宮廷政變，弒父自立。這些情節，顯然與楊廣的愛情專一，形成對立。不為關注的史料有這樣的記載，「楊堅彌留之際，囑咐楊廣釋放預言術士盧太翼，並抱著楊廣的脖子，親昵地讓皇家建築師何稠安排他的後事，還流著淚與百僚握手辭別。陰曆七月十三日，六十四歲的楊堅病死於仁壽宮大寶殿」。[1]

少得可憐多資料顯示，楊堅臨死前半年，即一住進仁壽宮第二天，就決定一切國事交太子楊廣處理，包括皇帝一旦晏駕後到安置措施都由有關部門直接報告太子。修史者編造太子楊廣在父死當夜，迫不及待地睡了陳夫人，似乎不管國喪在身和諸事緊急，可謂超級離奇與離譜了。

修訂瑣記

前太子楊勇被廢，充滿戲劇性。楊堅與獨孤皇后育有五子，除楊廣外，均驕橫淫逸，不成器。太子楊勇驕奢淫侈不說，還在父皇那裡安插了很多眼線，皇帝的一切，都有人飛報於他。皇帝與太子猜忌太狠，以至於楊堅怕太子謀害他，每有出入京師的活動，必如臨大敵，重兵護衛。甚至夜間不敢脫衣睡覺。楊堅發狠，廢了楊勇。

六〇〇年十月，在武德殿，楊堅一身戎裝，全副武裝的士兵排滿殿前，庭院裡擺滿楊勇平日雕飾奢靡的各種奇玩珍寶作為罪證展覽。殿前東面是文武官員，殿西則站立著皇室家屬。楊勇慌裡慌張的被帶了上來，隨即宣布廢黜太子的詔令，列有怨恨父母、搶班奪權、任用奸人、非法占地、聽信巫言、備武謀反等罪名。痛哭流涕的楊勇聽完宣判，叩頭謝恩。然後又戰戰兢兢的被士兵押至內史省，從此失去人身自由。這一幕，使我想起文革的鬥地主，情景謂之差不多吧。

1 葛承雍著：《女性與盛唐氣象》，安徽人民出版社，二〇一三年版，第三十四頁。

皇帝・心中・一桿秤

楊廣即位不幾年，便把統一沒多久的帝國帶入新的混戰與分裂。政府這一塊，以鎮守太原的李淵父子為代表，他們在混戰中，最終取得政權，建立唐帝國[1]。民間這一塊，以河南瓦崗寨的李密、翟讓、單雄信、秦叔寶、程咬金、王伯當等為代表，他們成為亂世的英雄，更因一部《隋唐演義》而聞名天下。

隋帝國進入分裂與混戰狀態後，楊廣無法收拾，他也就死心塌地的享受腐敗去了，這也叫及時行樂，爛得一時算一時。我把這種心態歸結為專制政權的末期腐敗，即遏制不了腐敗，乾脆就全面腐敗。楊廣自知來日不多，便在南巡地揚州，天天醉爛如泥。有一天，楊廣在醉夢中醒來，對鏡長歎：「唉，這麼帥的一顆人頭，不知誰來取它？」蕭皇后驚問：「何出此言？」楊廣道：「貴賤苦樂，沒有一定，殺頭不過風吹帽。」有如此氣魄的人，本該成為人人敬仰的英雄。然而，楊廣卻爬到狗熊堆裡去。

楊廣最後一幕表演令人回味無窮。六一八年，當宇文化及將軍率兵入宮，擒取楊廣時，楊廣問道：「我犯了什麼罪？以至於讓你們如此大動干戈？」宇文化及的黨徒馬文舉說：「你窮兵黷武，奢

1 李淵，河北趙縣（舊稱趙郡）人，趙縣時為拓跋氏北魏統治。其祖先不顯，均為鮮卑血統。李淵的結髮妻子竇氏，亦鮮卑人。更有一說，李淵為鮮卑與突厥混血兒。總之，歷史上的唐政府，顯屬少數民族統治的政權。

侈荒淫；遠君子，親小人；忠言不聽[1]，還說沒什麼罪，這還不夠嗎？」

楊廣說：「我實在對不起百姓，至於你們，跟著我享盡榮華富貴，我沒有對不起你們。」以楊廣的行為而論，他的確是荒淫無度；以他上述直言快語而論，他是坦坦蕩蕩光明磊落的君子。楊廣所言極是，他對不起百姓是真，而對幹部們好也是真。我們說，這是中央集權專制的又一特點——中央政府一把手按照自己的好惡選拔下屬，把那些他認為百分之二百忠於他的人選拔到重要領導崗位，給予厚待，以便讓他們為極權賣命。

皇帝心中一杆秤，他稱的是官心，而不是民心。所謂「得民心者得天下」，那是散發著腐臭味的文人杜撰的，是更高一個等次上的拍馬溜須。專制集團一向認為，只要維護好了全國幹部隊伍的利益（比如讓他們跟著皇帝享盡榮華富貴，比如一次又一次提高他們的工資待遇），也就全國一條心了。比如南宋時，趙構為了苟延偏安歲月，竟曲意討好百官，提高他們的生活待遇。以出行為例，趙構以江南多雨路滑為名，允許百官乘轎，從此才在中國出現無官不轎的「政治局面」。到了二十一世紀，中國官場，連小小鄉鎮長，都被默許配備車子與司機。更甚者，中國的貧困縣領導、貧困鄉鎮領導，也爭相配備了豪華車（中文搜尋引擎下，輸入「貧困縣鄉鎮領導配備豪華車」關鍵字，得相關資訊兩百多萬條），算是開創了新的享樂政治之局面。

1 楊廣最後一次南巡，先後有三個大臣上書勸阻，都遭楊廣斬首。任宗在朝堂被仗殺；王愛仁被斬頭；崔民象最慘，先被楊廣割碎兩頰，後斬首。

十九世紀的西方傳教士林樂知當年就有過這種認識，「欲改變中國，須先改變中國的士人」。轉換成專制集團的思維就是，欲鞏固政權，須先鞏固幹部隊伍。這是一點都不錯的，知識份子能影響一國的文化和精神，而幹部隊伍能影響專制集團的政治地位。所以，專制集團不斷地用提拔任用為誘餌，把各級官員緊密地籠絡在自己周圍，以達到鞏固政權的目的。事實上，組織方面確也起到了這樣的作用。

在媒體中有這樣一種說法，稱各級幹部為群眾的領頭羊。但我要說，此非百姓意，而是由寶塔形的組織結構所決定的。專制政體裡的各級官員，皆由上級任命，群眾只是單純的被統治者，羊（百姓）與領頭羊（官吏）的地位是法定的，只要皇帝給你頭上任命一個官員，無論他是好人，還是惡棍，百姓都無權干預，只有乖乖被領導的份。而這個官員，只要替皇帝統治與彈壓好了轄區，他也就盡職盡責了。從皇帝的角度說，他所任命的官員，只要對皇權奴顏婢膝，又不致於使他的轄區發生動亂（這樣才能保證稅收，以便皇帝對外可以供養軍隊禦敵、對內可以供養司法鎮壓民怨），就算沒辜負皇帝對他們的厚待了。

有些明智的皇帝也常常把「民心」二字掛在嘴邊，但這卻是皇帝角度上的民心，而非百姓角度上的民心。專制集團的所謂「民心」，從來都是由各級官員越俎代庖的，此即強姦民意。說穿了，由官員越俎代庖的「民心」，實際是「官心」。但皇帝不管這些，他更不管百姓怎麼去想，他只需要官員口中的「民心」和「民意」，比如官員們說老百姓擁護某某皇帝，皇帝就認為他自己是「得民心者得天下」，於是拿了民心民意這塊招牌，公開招搖撞騙。其實，老百姓才不擁護極權寶座上的那些惡棍哩，真正擁護極權的，是從極權那裡得到好處的各級官員。所謂民心，實為官心；所謂「得民心者得天下」，實為「得官心者得天下」。假借民心民意，不過是想借此使自己的非法統治合法化罷了。

最後，不得不說的一個歷史細節是，楊廣早知不得善終，每每出行，都帶一甕毒酒，他對寵妃們說，如有亂事，你們先喝，隨後我喝。然等到需要毒酒時，左右卻早已逃之夭夭。不可一世的皇帝，臨終想服毒自殺，都成了一種奢望。一向在楊廣面前裝孫子的高級奴才宇文化及，此時已成竹在胸，當然不願意領楊廣的「我沒有對不起你們」的這個情了，遂命手下將楊廣絞死。

令楊廣死不瞑目的是，他被處死之前，宇文化及首先將其十二歲的愛子楊杲，活活地宰殺於他的面前。楊廣是在這巨大的精神痛苦中，離開人世的，其「得官心者得天下」的理論，最終未能拯救他的帝國及他和家人的性命。殺了楊廣父子，宇文化及效仿漢尾各朝殺戮手法，將楊廣的子孫宗室外戚，統統當街全數宰殺。那場景，鬼哭狼嚎，血流成河，慘不忍睹。隋尾隨之以李淵家族的崛起而結束，中國重歸統一，邁向一個嶄新的專制主義時代。

唐朝篇

扶屍・千年・終未醒

長久儲存於心的一個寫作計畫，因為缺乏相應的歷史資料，而不得不忍痛放棄。這計畫就是《大唐盛世的坍塌》。因為實在想寫這本書，便留心盛唐史料。在我心裡，在正史裡，在宣傳裡，但凡涉及大唐帝國，惟見盛世，不見其他。唐帝國給我的印象，可謂是極盛。當我準備立意寫此一書，當我走進歷史尋覓實據時卻發現，盛唐盛事，寫篇文章的材料都捉襟見肘。這令我大感意外。對比下來，就實據而言，盛唐不比楊堅時期的隋帝國更盛；與盛宋比，更是大相徑庭。既然如此，為什麼盛唐給人以如此深的印象呢？想了想，不外乎下列情形。

萬國來朝：盛唐，大約是指全唐的前一百三十七年。在這一百多年的時間裡，又分貞觀盛世與開元盛世。李世民時期的貞觀盛世突出表現為：精簡政府機構；節省國家開支；減輕人民負擔；言論相對自由。李隆基時期的開元盛世突出表現為：裁減冗員；改革軍隊；延攬精英；採納忠言；整頓經濟（此項至七二四年，唐帝國國庫增加緡錢數百萬）。這些措施，的確給唐帝國帶來繁盛。於是乎，出現萬國來朝的景象。西域各國（指甘肅玉門以西至伊朗高原等國）、日本、印度、高句麗、安南等國使節及商人，繞道北上：廣州↓洪州↓揚州↓洛陽↓長安。一百多個官方或非官方外國代表團，上萬名各國留學生，常年居住於長安。尤其外國商人，舉家生活在長安，他們在此買田置產，成家立業，乃至與中國女子通婚。尉遲敬德、裴玢、白明達等，甚至成為唐政府有所作為的外國人。而在眾多的留學生中，日本留學生居多。日本這些留學生，促成日本的全盤漢化。

唐詩渲染：隋帝國創立的科舉制，歪打正著地讓詩歌著實火了一把，延及宋詞崛起，是以在後世中國人心目中，有了「唐詩宋詞」這麼個連帶語。唐詩何以因科舉制而火？因為在唐帝國的科舉考試中，詩歌成為重要的應試題，這便激起文人的熱切追求，一代又一代的士人，沉迷於韻律吟誦與推句敲字之中。文化這股軟力量，是政治、軍事、經濟所無法比擬的。換言之，政治、軍事、經濟可以死，而文化卻不會死。因此，唐詩幻化為盛唐的標誌。代價是，詩繁而科學衰。《自然科學大事年表》（上海人民出版社一九七五年版）顯示，中國截至明末以前的一百八十五項科學發明創造中，兩漢三十五項，魏晉南北朝二十二項，唐帝國十七項，宋帝國三十項，明帝國二十項。

以訛傳訛：中國人喜歡寄託過去，而不是寄託未來。如果非要從過去尋找一個朝代為寄託對象，唐帝國是最佳標本。兩宋經濟很強大，可惜軍事太弱，老被外強欺辱，自然不能為寄託對象；秦隋兩朝雖然結束大混戰、大分裂，又命太短，也不能作為寄託對象。總之吧，找來找去，還是唐帝國最合適。於是搬至輿論的最高廟堂，祭奠千年。一個壞人，說上千年，不壞也壞了；一個好人，說上千年，不好也好了。唐帝國就屬於不好也好的朝代。歷史上有人物變為箭靶的，說誰壞，把天下壞事，都射向這個人；說誰好，把天下好事，都射向這個人。美好歷史的寄託者們，把好事之箭，統統射向唐帝國。唐帝國不盛都得盛，不盛那才叫怪！

自卑心理：自美國獨霸世界以來，中國人就很不服氣，凡事總喜歡拿自己與美國比。比來比去，最後發現，總是處於下風。好在，還有獨家秘笈予以對付，那就是魯迅筆下的阿Q與人口角時常說的那句話：「我們先前——比你闊得多啦！你算是什麼東西！」說的時候，也必須仿阿Q瞪眼狀，那才叫一個出氣。阿Q先前怎麼個闊法，沒人考證，但民族主義者考證出唐帝國之闊來了，說唐帝國是那個時代的世界惟一超級大國。因此，也很有必要在提到現在的美國時，趾高氣揚地來一句：「中國在歷史上也曾做過世界老大，並且還不止一百年。」這是中國外交部發言人，在二〇一五年最雷人的一句話。我專事歷史研究，無論如何也想不起中國在歷史上，何時做過老大，是藩屬國如坎巨提王國[1]的進貢一兩金回贈無算的綢緞、銀幣和茶葉嗎？是高句麗進貢一車烏拉草回贈金條十三條、紗羅十六匹（還有無數珍寶）嗎？叫我說，那不是老大，是冤大！

說到冤大，容我多說幾句。中原帝國（即以中原為中心誕生的各帝國）的進貢制度很特別：來少贈多。各藩屬國只要臣服，所貢禮品，不過象徵而已。甚至，那些一文不值的所謂貢品，也不必勞神送入京城，而是交給邊關工作人員即可（說實在的，藩屬國所貢之物，連中原帝國的邊關人員也不稀罕）。那些朝貢者接下來所做的，就是在中原帝國的賓館裡，接受貴賓待遇，大吃大喝，耐心等待中原皇帝的慷慨回贈。以朱元璋為例，他在位期間，高句麗朝貢六十次，琉球國朝貢五十四次，令明帝國財政不堪重負，叫苦不迭。因此，明帝國發出指令，要求各藩屬國停止進貢。各藩屬國不肯錯過發財的機會，繼續向冤大頭的宗主國進貢，以次換好，以少換多。這就是中原帝國當世界老大的感覺。

話又說回來，假如唐帝國真的當過世界老大，那麼請問中國外交部發言人，以為那時的世界有多

1 坎巨提這個小小王國，位於今天的喀什米爾吉爾吉特市東北，它每次向中國進貢，都相當於一次一本萬利的交易。

大呢？是唐帝國及周邊那些部落型小國嗎？如此世界觀，是不配做中國外交部發言人的，那個傢伙惟有去夜郎國做發言人最合適。但也不管怎麼說，外交部發言人那句頂風臭十里的話，還是為一些民族主義小丑打了一針雞血[1]，雖然沒有把現在的美國切實比下去，也算打了個平手。此即魯迅先生所總結的精神勝利法。在這精神勝利法的背後，是自卑心理在作祟。所以，極力的美化、吹噓盛唐，甚至無中生有拔高盛唐，不過掩蓋自卑心理罷了。

承載夢想：二十世紀下半葉以來，尤其二十一世紀，中國的媒體上充斥著「實現中華民族偉大復興」的字眼，每每看了聽了，我就犯糊塗：何謂中華民族的偉大復興？鑒於這個話題在《霸王・別姬・劉邦起》一節已有論述，相同的觀點不再重複。需要補充的是，所謂中華民族的偉大復興，不過是一個載體，讓它來承載一代人或幾代人的夢想。由此想起馬丁・路德・金（Martin Luther King, Jr.）的《我有一個夢想》，內容很具體。再回頭看中國版的「我有一個夢想」——中華民族的偉大復興，遺憾地發現，一句話而已。馬丁路德金的夢想具體，是以有後來的美國歷史上的第一位黑人總統奧巴馬（Obama）。中國呢？一句虛無縹緲空洞無物的話，又如何去承載夢想呢？

好了，就讓我們做個小結吧。中國人現在的最大政治夢想，就是實現所謂的「中華民族的偉大復興」，而且把今天的一切成就（如全球GDP排行第二），都歸功於這個目標的其中一步。倒回去說，不免讓人沮喪。倒回到哪裡去呢？那就是讓許多中國人津津樂道的盛唐。即便那就是盛唐吧，怎

1 打雞血，流行於一九八〇年代的保健方法。傳言，注射了雞血的人，面色發紅，精神亢奮。後來，「打雞血」延伸為譏意，說誰誰本來如打蔫的茄子，突然就精神亢奮起來。

麼樣呢？坍塌了！至今坍塌一千多年了！為什麼我們要孜孜以求地去復興一個倒塌了的目標呢？為什麼在追求幸福的路上，不是向前看，而是向後看呢？唐帝國果就那麼令人魂牽夢繞嗎？作為時代，唐帝國已朽；作為政體，唐政府已死，何以魂牽夢繞於一具朽木、一具政治遺體？今天有太多太多的現代課題等待中國人去克服、去實現，何以扶屍千年而不醒呢！

修訂瑣記

關於唐宋的比較，我在《大宋帝國亡國錄》一書中，有過如下論述：資料中最具說服力的，當然是經濟方面了。一則鑄幣對比資料，很能說明問題。北宋的「千古君臣之遇」（即趙頊與王安石）時代，中國年鑄幣五百零六萬貫，而唐帝國極盛時期的李隆基一朝，年鑄幣僅為三十二萬貫。由此可以得出一個結論，帝制中國的頂峰在宋不在唐。

《我有一個夢想》摘要：我夢想有一天，這個國家會站立起來，真正實現其信條的真諦：「我們認為真理是不言而喻的，人人生而平等。」我夢想有一天，昔日奴隸的兒子將能夠和昔日奴隸主的兒子坐在一起，共敘兄弟情誼。我夢想有一天，我的四個孩子將在一個不是以他們的膚色，而是以他們的品格優劣來評價他們的國度裡生活。我夢想有 天，黑人和白人，猶太教徒和非猶太教徒，耶穌教徒和天主教徒，都將手攜手，合唱一首古老的黑人靈歌：「自由啦！自由啦！感謝全能上帝，我們終於自由啦！」

一代・暴首・李世民

說唐，繞不開李世民這個人。李世民兄弟四人，彼此都是無一例外的當世英雄。問題是，一到了誰來接任皇帝的事上，就必然發生宮廷流血事件。這個時候，就看誰比誰更狠了。無疑，李世民是手足相殘的狠角色，是以有充滿血腥味的「六・四」事件，即玄武門大屠殺。

「六・四」事件的發生，具有歷史的必然性。這源自魏晉南北朝時期的一個舊傳統，即皇太子與親王們皆擁兵權，甚至被允許擁有數量可觀的私人武裝。這是皇帝搞的一個平衡術，以為兄弟子侄手裡有了兵權，彼此節制，誰都無法獨大，也就相安無事了。結果，適得其反。唐帝國皇室延續前朝舊例，為「六・四」事件提供了方便。

六二六年六月四日，唐帝國建立的第九年，李世民伏兵玄武門，把入朝的哥哥李建成和弟弟李元吉宰殺，就像當年司馬家族內部的自相殘殺一樣，殺得那麼輕鬆、那麼平靜、那麼若無其事。而且，哥哥李建成是李世民親手射死的，四弟李元吉則由他的部下殺死。三弟李元霸若非早死，必定慘死於李世民手下（李建成、李世民、李元霸、李元吉為正室太穆皇后所生）。這還不完，李世民斬草除根，把李建成和李元吉兩人的十個兒子亦全部處死。李元吉的王妃楊氏，乃首屈一指的美人，李世民好色，把這位弟媳婦收入自己的後宮隊伍。這時的李世民也才二十八歲，心氣上應該是一個心底純潔的大男孩。然而，權力之爭，卻過早地讓他從人變成了畜牲。這樣說，未免對動物不公。虎毒還不食子哩，可那李世民，竟然對手足大開殺戒，這是畜生幹得來的嗎？

李世民成為當朝惟一的繼承人後，就把部隊開到了他老父親：當朝皇帝李淵的面前，說是護駕，實際是示威，暗示他父親：「老爺子，你看著辦吧，我護駕來了，你若不退位，我就把你的駕給護死。」李淵這才知道兩個兒子已被宰殺，看看大勢已去，給自己找了個臺階，傳位給李世民。

李世民政變成功，並開盛唐之世，這頗令人費解。一個如此殘暴的人，是如何開創中國第一個黃金時代的呢？想了想，大致有三：一是唐初因為戰爭的關係，人口大量減少，荒蕪而肥沃的田地，舉目皆是，謀生較易；二是百姓厭惡戰爭，期盼穩定；三是李世民本人的智慧與開明。

前兩條無疑是合理的，值得探討的是第三條：「開明」對經濟發展的作用力，真就那麼大嗎？比如一提到盛唐，就必然地說起李世民的那些「民主佳話」，尤其他的納諫如流。

李世民稱帝不久，對大臣們說：「隋朝的時候，宮中美女珍玩無數，楊廣還嫌不夠，東征西討，窮兵黷武，百姓苦不堪言，結果把王朝給傾覆了。這些呀，我都是親眼見的。所以，本朝要接受這個教訓，且以身作則，工作孜孜不倦，使外無戰事，內無災禍。」還說：「君主要知道自己有什麼過失，就得有敢於直言進諫的忠臣。楊廣就缺乏這樣的忠臣，把好端端的一個王朝弄沒了。這都是滅絕言論的惡果。朕不做滅絕言論自由的暴君，所以，你等大臣要對朕極言規諫，君臣共保社稷江山無恙。」

切記，李世民的上述出發點就在於，保他老李家江山不倒。即便如此，後來他也完全違背了自己的這一諾言。六四〇年，李世民提出要看國史。你知道他什麼意思嗎？就是害怕經他一手製造的

「六四」事件，被載入史冊。國史慣例，皇帝無權調閱，因為那樣史官就不敢如實記載皇帝的一言一行了。

當時主持國史編寫的，是任宰相時間最長的房玄齡。此人，被稱為唐政府的「不倒翁」。李世民對其評價是：「房玄齡和我相處二十多年，每見我訓斥其他人，他都趕快把頭低下。」明哲保身如此，難怪他不倒翁；而他刪改唐史的醜行，也就在情理之中了。

李世民要審閱國史，房玄齡趕緊呈上經過刪減的《高祖實錄》與《今上實錄》，可是李世民仍不滿意，指示重新修改。尤其極度敏感的「六・四」事件，他親自定調子，如此這般云云。李世民的愚蠢，真是到了令人震驚的地步，不是有那麼一句話嘛，叫做若想人不知，除非己莫為。參與「六・四」事件的人那麼多，你官方版本盡可篡改，民間版本卻是寫在百姓心中，你抹得掉嗎？你這皇帝，再是至尊，也總有一命嗚呼的時候；你這王朝，再是偉大，也總逃不過敗亡的規律。皇帝命絕、王朝傾覆，歷史掀開新的一頁，新王朝給舊王朝修史的時候，舊王朝的歷史真相，必將一一浮出水面。前朝皇帝們費盡心機篡改的歷史，在新的王朝，不費吹灰之力，便恢復其本來面目。

下面，就李世民的那些所謂「民主佳話」，再舉一二，以助談資。

其一：李世民曾下令，男孩只要體格健壯，即使不滿徵兵年齡，也應站出來，為國效力。宰相魏徵不予認同，拒絕在徵兵令上簽字。唐律，皇帝詔令，宰相副署，方可有效。李世民強辯道：「刁民為逃兵役，往往會少報年齡。」魏徵據理力爭道：「陛下常言以德服人，以誠待人，當下卻主觀臆斷，推想人民不誠。陛下不誠在先，又如何要求人民誠信於君、誠信於國呢？」李世民覺得有理，雖心存不快，但還是收回成命。

其二：親王李恪打獵時傷人，被御史柳范彈劾。李世民護短，說這都是李恪身邊的工作人員失職所致。柳范頂撞道：「屁股不正，怎能怪凳子歪。」李世民無言以對，怒氣衝天。即便如此，李世民也沒有私怨柳范。畢竟，人家柳范是為他老李家好。

其三：六三二年的一天，李世民怒氣衝衝地回到後宮，發誓殺了魏徵。長孫皇后[1]問明事由，遂給李世民行參拜大禮，說：「恭賀陛下得有直臣魏徵。而魏徵的存在，恰恰證明陛下的英明。」不久，李世民拔擢魏徵為宰相。李世民在人事上的英明，完全取決於他個人的德性，他好了，一切全好了；他若不好，別說一個魏徵，一百個、一千個也早殺光了。能殺手足的暴徒，為什麼偏偏對大臣網開一面呢？原因就在於，手足搶他的江山，而大臣保他的江山。換句話說，李世民的英明，是奠定在江山牢不牢上的，而不是基於為民著想。以現代民主意識而論，這樣的國度再富強，仍屬於末流國家。人民看不透這一點，還擁護之，那就是自賤。

其四：六三〇年，李世民下令重建洛陽宮裡的乾元殿，以備遊玩。基層幹部張玄素上書諫阻，說：「陛下初克洛陽，把前朝宮殿一把火燒了。如今，不到十年，陛下卻複製前朝的奢靡生活方式，這與楊廣與紂王有什麼區別？」李世民很是生氣，實在想以誹謗國家領導人

1 長孫氏源出鮮卑拓跋氏，與李世民家族一樣，亦為關中大族。李世民十六歲娶長孫氏為夫人，長孫皇后的哥哥就是曾經權傾朝野的長孫無忌。

罪，法辦了這個小幹部。可過後冷靜下來一想，下面的幹部冒死進諫，還不是為了咱老李家江山永不變色。遂下令，停建洛陽宮殿，並賞賜張玄素綢緞二百匹。同時，號召全國的廣大幹部，向張玄素學習，學習他敢於講真話的精神。李世民也因此留下納諫如流的美名，可是過後，李世民依舊大肆建設宮殿。

李世民酷愛樓堂館所（擺譜顯威也），猶如今天的各級政府，把樓堂館所蓋得天大地大，除了洗錢貪汙以外，也為了顯示政府的威武與霸氣，以便震懾百姓。基於李世民的擺譜顯威思想，一座座離宮別館相繼竣工：六三一年，整修洛陽宮；六三二年，擴建九成宮；六三四年，新建大明宮；六三七年，建飛山宮；六四〇年，建襄城宮；六四六年，建翠微宮；六四七年，建玉華宮。河南汝州（今臨汝）的襄城宮建設，缺乏奢靡風格，惹惱李世民，遂令推倒重來。建築師閻立德，幾乎因此腦袋搬家。建於宜君（今陝西銅川西北）的德玉華宮，耗資億萬，奢靡非同一般，李世民大為開心。李世民執政後期，派使者赴域外求購珍玩奇寶，派宦官四外尋求美女，就是為了填充這些離宮，供他淫樂與揮霍。

為建設上述宮殿，耗費大量人力物力，尤其人工，士兵與農民工齊上陣。兵役與傜役期滿，仍不准回家，因為李世民大帝的宮殿，總是蓋不完修不好。人們不堪勞累而自殘，以逃避建築苦役。李世民得到報告，兇相畢露，下令：凡自殘者，一律視為帝國罪犯而受到重罰。李世民公然聲稱（大意）：「百姓無所事事，就會驕逸，不服管教；而只有通過強制勞動，他們才會成為順民。」[1] 李世

1 《貞觀政要》卷十《慎終》。

民儼然把全國人民當成勞改犯了！

綜上可見，在李世民那裡，納諫如流是一回事，享受奢靡又是一回事。這李世民真可謂：既立牌坊，又做婊子。

不過，我們無論怎麼非議盛唐，畢竟，李世民時代的政府官員，還敢當面指責元首的過失，而清帝國盛世呢？就再也見不到這樣的人文景觀了，有的是澈底而殘暴地剷除一切不同的聲音。這是盛世嗎？no，這是萬馬齊喑的惡世──經濟迅猛發展，民族精神極度猥瑣。

一個時代，如果沒有一個人敢於指責元首的過失，那麼基本可以斷定，這個元首就是個惡棍。只有惡棍元首，才沒人敢向他以及他控制下的中央政府說真話。進一步說，一個沒有缺點和過失的元首，他就不是嚴格意義上的人。他是什麼呢？他不是自造的神，就是魔鬼。

女皇・女患・武則天

李世民死後，悄然之中，向我們走來一位絕代佳麗，那就是武則天。她原本是李世民的姬妾，為什麼要等到自己的丈夫死後，才走進人們的視野呢？這就是機緣問題了。後宮女人，成千上萬，哪能就輕易出人頭地呢？唐初，皇宮姬妾有十九級之多（每級多人），而武則天僅排位第十六級，才人而已。

六四九年，李世民去世時，武則天已二十六歲。按舊朝慣例，皇帝死了，他的宮妃們都是要陪葬的。到了唐帝國，早已不復如此殘暴的陋習，改為已故皇帝的姬妾削髮為尼。就這樣，李世民死後，其姬妾宮妃，均被送往長安感業寺，以終天年。武則天在列。

六五四年的一天，李世民的繼任者李治，跟王皇后到感業寺禮佛，邂逅早年就令他垂涎三尺的武則天。武則天也彷彿抓到救命稻草似的，使盡渾身解術，把那成串的淚珠，灑給李治看。王皇后見了，不僅不吃醋，反而要當牽線人，成全李治與武則天的好事。何以至此？卻原來，王皇后是要利用武則天，去打壓她的情敵蕭淑妃。

感業寺一行，皇帝、皇后、武則天，形成三人共贏的局面。李治對王皇后，陡增好感。王皇后的算盤非常如意，她想：「我給皇帝弄來一個他垂涎已久的美人，在皇帝那裡，我贏得一分；由此打壓了蕭淑妃，那麼我在蕭淑妃那裡，也贏得一分；把武則天接回皇宮，安排在皇帝身邊。武妹妹必定對我感恩戴德，那麼她也就是我的人。因此，在武則天那裡，我又贏得一分。」這勝券在握的三分，把王皇后樂得連北都找不著了。然三十一歲的武則天進宮僅幾個月，便把二十七歲的青年皇帝李治給搞定了。轉年，也就是六五五年，武則天親手掐死新生的女兒，栽贓王皇后與蕭淑妃。冤獄判決的結果是：王皇后、蕭淑妃各打一百棍，然後砍斷她們的手足，再投至酒缸，令她們在無限的痛苦中，結束生命。則那武則天，一舉奪得皇后寶冠。武則天掃平內宮，遂向龍椅奔襲。好個生猛的女人！

武則天與其生猛，為達目的，不擇手段，黃仁宇先生也才在他的書中，把「女患」與「外戚政治」的字眼，加諸於她。言之大意就是，唐帝國的天下，只能老李家的人來統治，換成皇帝的老婆、皇帝的舅子來掌權、分權、主權，彷彿那就不是中國人了，因而也就「外」起來。尤其「女患」二字，相當不雅，帶著一種對女性的偏見和歧視。

中國自帝制以來，歷朝歷代，有幾多皇帝不是暴徒？暴徒皇帝，哪個不殺人如麻？有興趣的讀者，不妨回頭去翻翻「漢尾」各節，在那近四百年的時間裡，充滿了皇族之間的相互屠殺。他們動輒把同胞骨肉，當街像殺豬那樣，老老小小的屠宰個一乾二淨。彼此屠殺完了，又開始國與國之間的屠殺。這些難道不是患嗎？這些患，百分之九十九全是男人們幹的，以黃仁宇的觀點，這些該叫「男患」才是，為什麼不提出來，到武則天這裡就突兀的造出一個「女患」來呢？

我並非為武則天辯護，意在說，專制集團亦即暴政集團，在殘暴的手段上，那是無論男女的。只要他／她掌了權，他／她必定由人變成畜牲。是專制、是暴政這一制度把人變成那樣的，是專制、是暴政這一制度，讓權力變成殺人機器的。因此，不能把專制暴政集團裡的某個男人或某個女人單獨拿出來，評其長短。這樣，後世讀者真的以為，是女人誤國了，而男人卻不必承擔這樣的歷史罪責。

閒話少敘，咱們接著說武則天奔襲龍椅的事。李治身體不怎麼好，許多國事，便交由武則天代理。這段時期的唐帝國，為夫婦共治。待李治一死，武則天便把幾個皇位繼承人，玩弄於股掌之間。六九〇年，武則天不再玩弄兒皇帝們，自己登上皇帝大位，稱自己的帝國為周王朝。這一年，她已是六十七歲。李家親王不能接受，便舉旗造反，結果被武則天一一誅殺。

為取信於天下，武則天讓她的學術團隊[1]搬出《周禮》，證明武家，源出於周文王。《周禮》是一部具有假歷史性的經典之作，誰都可以依靠它說自己的政權是正宗。這仿如二十世紀的馬克思理論，不論地域、不論種族、不論膚色、不論時間，只要是馬家信徒，用而皆準。執政期間屠殺四千多萬蘇聯人民的史達林，他可以說自己是真正的馬克思主義者；在兩年（一九七六～一九七九）多的時間裡，屠殺二百萬同志的紅色高棉政權（以波爾布特為首），他也可以自稱為忠實的馬克思主義者；製造十年浩劫（文革）的毛澤東及其同事，也可以自稱為忠實的馬克思主義者；朝鮮年輕無為的獨裁者金正恩，動輒宰殺身邊的高官（據美聯社消息：二〇一一至二〇一五年，金正恩已處決七十餘名朝鮮官員；韓媒稱，高官張成澤被犬決、玄永哲被炮決），他也可以自稱為忠實的馬克思主義者。我以為，善惡雙方都能從中找到依據的理論，如《周禮》等，那一定不是什麼好東西。惡人、尤其是暴政

1 六六六年，武則天籠絡文章高手，組建學者團隊，時稱「北門學士」。這些學者，為武則天權力的來源，提供了巨大幫助。武則天穩住政權後，又令學者們編撰君臣大義的《臣規》、制定臣民行為規範的《百僚新誡》、恢復儒家禮儀說教的《樂書》、科技方面的《兆人本業》、符合禮教的《列女傳》（此乃表彰武則天本人事蹟的專著）。「北門學士」實為武則天的秘書班子，她的很多重大政策，全出自這幫學者。至少有二十年時間，武則天都很器重這些學者，他們中的大多數人，被擢升為三、四品高官，有幾人還榮升宰相。

集團，常常會利用這種所謂的高瞻遠矚理論，打壓一切異己，以實現他們篡權奪位、永遠統馭人民的目的。

中國暴政集團的第一位女元首武則天，成功地運用了《周禮》理論，並以其特務政治、告密政治，大規模地屠殺異己，圓了她的女皇夢，在位十五年，到七〇五年才死去，享年八十一歲。這位風光的女皇在世時，和歷朝男皇一樣，縱情聲色，肆意而淫。武皇的男寵，比較有名的是薛懷義，開始他還忍受得了被一個六七十歲的老太婆姦淫，後來就堅決不幹了，因而被武則天怒殺。武皇的新寵是張宗昌張易之兄弟，這兩個酷男孩，性生活上，給予了他們的老太婆以很好的關照，不然張家兄弟也不可能在武則天執政期，幾乎達到權傾天下的地步。不僅如此，武則天還四處招攬美少年於宮中，供她姦淫，就像歷代男皇姦淫宮女一樣。

武皇淫興高漲，大臣便爭相獻媚。荒唐的是，就在中央辦公廳的早會上，女皇竟常常公然對她的部長們大搞性騷擾，諸如她會說某位部長嘴裡有味啦，某位部長身子骨疲軟啦等等，很搞笑，也很色情。部長們知道女皇愛此一口，老身不行就推薦自己的兒子。柳模在辦公會上說：「陛下，不是我誇口，犬子柳良賓，雖不能和陳平潘安[1]相比，但在當今，怎麼說也稱得上是咱這首都最酷的男孩，不行哪天我送進宮，給您老看看？」武則天一樂，就笑納了。更有高官史侯祥，直截了當地自我推薦：「我的陽道壯偉，強於薛懷義，可獻於皇上。」武則天亦眉開眼笑，樂此不疲。

1 陳平、潘安：西漢帝國與晉帝國的兩大美男子。

你看看，武則天都七老八十了，還如此沉迷於男色，除了說明她精力旺盛外，更說明權色一體的腐敗政治，為一切專制政體的主旋律。

盛世・必有・腐敗伴

披閱資料發現，李隆基的盛世，較於李世民的盛世，更為合理。這主要是針對資料而言的。李林甫為相，協助李隆基開創盛世，功不可沒。李林甫主理朝政時，編纂過一部《唐六典》，指導帝國的行政工作。人們發現，就是這部《唐六典》，將帝國駛入全景式繁盛，也就是所謂的開元盛世。此典包括：地方治安與防備外患；放寬男丁納稅與服勞役年齡；改善運輸體；改革金融的流動性等等。唐帝國財政專家杜佑所著《通典》一書，談及開元盛世時期的財政收支，給出如下資料：

國庫每年收入五千七百餘萬元，支出五千四百餘萬元，剩餘三百萬萬供皇室享用。全國戶口由開元七二六年的七百多萬戶（四千餘萬人）增至七五四年的九百多萬戶（五千餘萬人）。七四九年，國家儲糧達一億萬之多。至天寶年間，人均糧食更是達到七百市斤。

杜甫詩贊：

憶昔開元全盛日，

小邑猶藏萬家室。

稻米流脂粟米白，
公私倉廩俱豐實。

溫飽人驕奢。盛唐後宮，逢節必組織拔河遊戲，動輒數千宮女參與；馬球遊戲，貴婦皆著印花絲織品參與；而小資女性，更是袒露性感的前胸，眼眶著色（如今之女性眼影），穿行於市。李隆基也因此，陶醉於「天下大治億兆謳歌，中興盛世萬邦拱服」之中；也因此，舉行勞民傷財的泰山封禪活動。七二五年初冬，李隆基率文武百官、皇親貴戚、各地朝集使、禮儀學士、突厥與契丹等酋長、日本與新羅等國侍臣，浩浩蕩蕩，離開洛陽城。經過近一個月的行程，大隊人馬抵達泰山腳下。十一月十日，李隆基登頂，向皇天上帝祈福；群臣則在山下，祭拜五帝眾神。祭祀畢，李隆基封藏玉牒，點燃壇火，頓時，萬歲的傳呼聲響徹泰山上下。

隨之而來的，就是腐敗。這是一切專制政體的特點，興盛必有腐敗伴。下面，就讓我們看看李隆基的腐敗片段吧。為了迎合李隆基，臣下想方設法，增加財政收入，納於皇城庫內，以供李隆基揮霍。楊崇禮作太府卿時，每年額外省出數百萬貫錢，以討李隆基侈心；其子楊慎矜任太府出納時，令全國各州折算估錢，轉購成各種土特產徵調入京，以滿足李隆基需求；江淮水陸轉運使韋堅，把義倉糧食轉換成「輕貨」，每年淨掙百萬錢，以呈李隆基歡心；身兼御史中丞和戶部首腦的王鉷，追征三十年租庸，採用各種苛捐雜稅使「歲貢額外錢百億萬，貯於內庫，以供宮中賜宴」。[1]上述禍國殃

1 《舊唐書・王鉷傳》。

民者，皆受到李隆基的信寵而被擢升。

李隆基卵翼下的楊氏兄弟姐妹，每家的府邸堪比宮殿，每建一堂，費用超過千萬貫，那真是銅瓦覆頂，香料塗壁。就是楊氏兄弟姐妹家的僕從奴婢，都是珍珠翡翠裝飾。皇親國戚的奢靡之風，帶動政府高官，他們競相奢侈浪費，有的廚房、廁所、馬廄，皆用金銀裝潢。以寶鈿為井幹，以七寶做簷帳，也純屬貪官汙吏們的家常。你家養女侍上百，我家乘車攜妓於鬧市（正如今之中國貪官汙吏，包養二奶公開化）。更不可思議的是，皇親貴戚與文武百官，競相美食賄賂李隆基，「水陸珍饈數千盤，一盤費中人家十家之產」。[1]李隆基的回饋，更是令人瞠目結舌，他一次就把全國一年的貢物，全部賞賜給李林甫。貢物之多，僅運輸的車，就有幾百輛。揮金如土的李隆基，已不復中興之際的那個他。

李隆基並非他那個時代第一個享受奢侈的皇室成員，他的堂姐也就是李顯皇帝的女兒安樂公主，其生活豪奢腐化，任性揮霍，到了無所不用其極的地步，如她的行頭，竟花去一億緡錢，由尚方監特地製成「百鳥裙」、「百獸韉」（墊馬鞍用的，即鞍韉）；裙韉上的花卉鳥獸只有米粒大，並能隨著方位光線不同變換出迴異的色調。與其說這是中國服飾史上的奇跡，倒不如說這是中國腐敗史上的濃重一筆。

1 《資治通鑑》卷二一六，「天寶九年二月條」。

暴力・革命・皇帝夢

唐帝國長達一百三十年的黃金時代，就結束在李隆基手裡。但我們不能就此說，這是李隆基之過，因為歷史的規律是，一切專制政體，一代不如一代，誰都不能倖免。

武則天維穩，實施恐怖政治，殺了她的兩個親生兒子李弘和李賢，鞭死了她的嫡孫兒，殺了數百口李氏皇族，殺了無數中央政府高官，殺了一切阻擋或可能阻擋她當皇上的人，政局穩定了。武則天跟他的前任丈夫李世民一樣兇殘無理，六親不認。雖如此，也不足以抹殺他們與唐的功勞；而他們與唐的功勞，同樣也不能抵消他們的罪惡。

事實上，李家皇室經過一個時期的宮廷流血後，極權由武則天而李顯、而李重茂、而李旦、而李隆基。李治睡他父親李世民的女人武則天，給中國睡出一個殘暴的女皇來；六十歲的李隆基「倒行逆施」，把他二十六歲的兒媳婦楊玉環弄到自己的被窩裡來，給中國睡出一絕代美人。可不嗎？再美的美女，倘不被盛世皇帝霸佔，她也絕代不了，更青史垂冊不了。反過來說，沒有絕代佳人的風流與淫蕩，李隆基那樣的帝王，未必讓人記得住。歷史長河，註定淘盡一切平庸之輩。恰恰唐詩蓋世無雙，恰恰李隆基時代又有個大詩人李白，否則，李隆基與楊貴妃的風流韻事，也就不至於成為後世帝王垂涎並效仿的愛情故事。

唐帝國的衰亡也正由此揭開序幕。此時，唐政府的大權已旁落到楊貴妃堂兄楊國忠的手裡。楊國忠不僅出任宰相，還兼職四十餘個。真也史所罕見。這樣，楊國忠便在用權上肆無忌憚起來。尤其在對待部屬上，這傢伙沒有不訛詐的，比如他就曾向范陽節度使[1]安祿山索賄，結果被一口拒絕。楊國忠於是懷恨在心，使出中國傳統政治的殺手鐧，將安祿山誣以謀反的罪名，向李隆基告密。安祿山就這麼被逼反了，「安史兵變」導致藩鎮割據，藩鎮割據導致西域及吐蕃（即西藏）脫離中國版圖……唐帝國從此再也沒消停過，就這麼一路直下，狂奔而去。亂世之中，全國的幹部，全都投入到貪汙與傾軋的大潮中，他們惟一的期望就是，為自己、為子孫，貪汙下足夠花的錢，以此迎接下一個可以預期的新王朝的到來。

專制暴政集團的貪汙，翻遍歷史，真可謂五花八門。遠的就不說了，單說唐尾[2]。絕頂聰明的政府官員找到一個致富門路，那就是大規模的逮捕蠶農。蠶農人人自危，陪著小心地問官員：「我犯了什麼罪？」官員不作正面回答：「犯了什麼罪？在大牢裡好好想想吧，不可能無緣無故地抓你們進來。」蠶農想破頭皮，也想不出所犯何罪，也懶得計較，更沒有精力去耗。於是，各找門路。那門路，就是去行賄官員，以求解脫。

官員給治下的百姓下好套，什麼也不用幹，就在家裡或辦公室，坐收錢財。送頭一回，官員裝腔

1 范陽，即北京；節度使，即司令官。

2 唐尾，即小分裂時代的「五代十一國」。但我這裡提前至「安史兵變」。

作勢，哼哈敷衍：「這事怕不那麼好辦呀。不過，你們也別急，容我想想辦法。」送第二回，官員依舊裝腔作勢，哼哈敷衍：「這事吧，有門。不過呢？我也有我的難處。再等等。」蠶農明白了：「那狗官嫌送的錢不夠呀。」咬咬牙，跺跺腳，傾其所有，第三回來到官員家裡行賄。官員仔細觀察蠶農的表情，估摸著，蠶農已被榨乾，便斬釘截鐵道：「當官不為民做主，不如回家賣紅薯。這事就包在我身上，你們回家聽信吧。」行賄的人前腳進屋，在押的親人後腳進院。官員強取豪奪，蠶農被盤剝得一無所有。官逼民反，也只好揭竿而起。八七五年，黃巢在山東菏澤，組織了一支農民隊伍，舉起抗暴大旗。

八七九年，黃巢進入廣州，至此已集結五十萬人的隊伍。這時的黃巢，寄希望於招安，而為廣州節度使。中央政府不幹，黃巢只得北撤，於八八〇年攻下西安，建立大齊帝國。

黃巢這個反腐敗反暴政英雄，坐上皇帝大位後，迅速步入腐敗與暴政的軌道。腐敗與暴政，這是黃巢曾經強烈反對的，如今他與昔日反對的惡政，坐在同一條板凳上。這就像重慶市的前兩任公安局局長文強與王立軍，他們都曾經靠打黑聞名天下，後來又因為涉黑，一個被槍斃，一個鋃鐺入獄。黃巢手下的領導幹部們亦紛紛墜入溫柔鄉，貪汙腐化、紙醉金迷、戕害百姓，可謂無惡不作。禍起蕭牆，朱溫等將領，剛叛變了一回唐政府，擁黃巢為帝才兩年，又叛新主，結果唐政府與大齊帝國的叛將兩面夾擊，八八三年初，黃巢撤離西安東去。八八四年夏天，黃巢逃到虎狼谷（山東萊蕪），沒有退路了，只好自殺身亡。雖說黃巢沒能滅唐，但這之後的唐帝國，迅速走向崩潰。九〇六年，朱全忠（黃巢部將，後降唐）篡唐，結束為時二百八十八年的李氏王朝。這之後，西安澈底遠離中國的政治中心。

回顧黃巢，頗具警示意義。在中國歷史上，不乏黃巢式的人物，後世就有李自成和洪秀全兩位「速爛領袖」（快速腐爛的農民起義領袖）。一六四四年，李自成的部隊攻下北京後，便瘋狂的聚斂錢財，即所謂追贓風暴。李自成貧苦集團，一邊斂錢，一邊腐化，那真叫一個忘乎所以。吳三桂得到李自成即位的消息，決定投降，同享富貴。吳三桂為一紅顏，轉瞬怒髮衝冠，投敵（清）賣國。吳三桂引狼入室（引清兵入關），去擊殺另一波狼（李自成狼群），李自成部隊節節敗退。在撤退的路上，李自成被九宮山（湖北通山東南）村民誤殺，結束了他的皇帝夢。

比起黃巢和李自成，洪秀全的皇帝夢算是最長的。這主要是他趕上了好時候，清政府在強勁的西風東進過程中，被吹得搖搖欲墜。一八五〇年，距一八四〇年的鴉片戰爭正好過去十年。這也許就是歷史的巧合，就在這一年，洪秀全在廣西桂平縣金田村揭竿而起，竟然以摧枯拉朽之勢，在短短的三四年時間內，太平軍席捲半個中國。洪秀全定都南京後，很快便和他的高官們躲進溫柔鄉，迅速地腐爛去了。史載，洪秀全進天宮十年，只出過一次宮門，到東王府請李秀清，事後還後悔不已。此外，再也沒有出過皇宮的門，而是整天沉湎於女色，不問軍政大事。洪秀全才四十多歲的人，走路都要宮女攙著了。可以想見他腐爛的程度。腐爛之中，內訌四起，這使得開國領袖們，大部分死於自相殘殺。

有種說法，叫作繼承和發揚過去的革命傳統。這就不免含混，過去的革命傳統是流血→流血之後是取得政權→取得政權之後是腐敗→腐敗之後是政權垮臺……黃巢這樣，李自成、洪秀全也都這樣；

皇室權爭更如此。哪一種「過去的革命傳統」是值得我們繼承和發揚的呢？我看，繼承和發揚任何一種革命，尤其是暴力革命，都將是災難性的。而從「流血革命」這條脊背上走來的政權，無一例外地，也都將走向它的歷史盡頭，這是它們的「革命→奪權→腐敗→垮臺」規律所早已決定了的。

仰天・大笑・出門去

利用本章最後一節，我們來談一談李白。畢竟，盛唐之盛，就仰仗著這幫詩人的襯托哩。但我又不得不說，本節關於李白的描述，可能無法滿足讀者的期待。問題是，這是歷史；而歷史又是不可以感情用事的。閒言少敘，下面就讓我們走進李白的精神世界，去看看盛世之下的他，是個怎樣的狀態。

史書所載，李白在李隆基時代，可謂風頭出盡。以至於在後世讀者那裡，幾乎人人知道李白，卻很少有人知道李隆基。李白給人的印象，莫過於杜甫[1]詩言：

李白鬥酒詩百篇，
長安市上酒家眠，
天子呼來不上船，
自稱臣是酒中仙。

1 杜甫之品行，與李白相近，為了仕途，他曾卑躬屈節過楊國忠、哥舒翰、張垍、韋見素等權貴。

此詩讚譽李白，蔑視皇權與達官顯貴。實際的情形是，李白這個人，攀龍附鳳，巴結官員，可謂用盡心機。自打年輕時，李白就遍訪四川地方政要，收效甚微。李白並不甘心，每有京官來蜀，他都不失時機地靠攏過去，卑躬屈膝，獻媚求榮。遺憾的是，收效亦微。二十多歲的李白，遊走各地，希望天開一線，讓他發達，依舊未果。他覺得，首都才是他發達的機會，於是來到長安，摸更大的廟門，連宰相張說的兒子、駙馬都尉張垍他都謁見了，仍是難攀明主，只好悻悻出京，是以有了他那首著名的《行路難》：

閒來垂釣碧溪上，忽複乘舟夢日邊。
行路難！行路難！多歧路，今安在？
長風破浪會有時，直掛雲帆濟滄海。

這幾句的大意是：遙想當年，姜太公溪邊垂釣，得遇重才的文王；伊尹乘舟夢日，受聘在商湯身邊。而自己，卻是懷才不遇。

多年的奔波，見效於七四二年初夏，李白被徵召入京。這時的他，不再是《行路難》時的落魄，他洋洋得意：

仰天大笑出門去，
我輩豈是蓬蒿人。

李白受寵殿前一年多，可謂醜態百出，花活無限，如七寶床賜食、高力士脫靴、楊貴妃磨硯、飲酒眠鬧市、狂筆草蠻書等，極盡跳樑。李白出入宮掖、獻賦作詞、侍候皇帝、討好貴妃、交結王公、諂媚高官、詩詞折腰，活脫脫一副小人模樣。

李白德行，令人生厭，於是很快失寵，被李隆基逐出長安。但在李白看來，這都是小人讒言的結果。這時的他，強作傲骨，常常表現出浮雲富貴、糞土王候的清高，但又留戀宮廷侍從的生活。因此，時年四十四歲的李白，是哭著離開長安的。

唐詩雖盛，盛在「二句三年得，一吟雙目流」的推敲上，盛在華麗的遣詞造句上，盛在搖頭晃腦的吟哦中。除外，別無價值。盛唐之盛亦如詩。

宋朝篇

權術・犬術・偷安術

九二六年，遼帝國統一塞北；九七九年，宋帝國統一中原。唐尾（五代十一國）就此劃上句號，同時也為整個唐帝國劃上句號。

以現在的眼光來看，這一時期的中國，仍呈「南北」格局，只不過，沒有漢尾之「南北」的大分裂、大混戰局面罷了。這恰恰表現出「南宋北金」的特點來，北邊是軍事強國，南邊是科技強國。這裡說宋帝國是科技強國，不會有人提出異議，如火藥、紙幣、羅盤、瓷器、紡織、刺繡等技術，或首創於宋，或完善於宋。遺憾的是，當時這些世界一流的技術與創新精神，並沒有為中國人貫穿始終。尤為奇怪的是，科技強國，倒在軍事上懦弱無為；相反的是科技落後的金帝國，僅僅依靠馬背技術，便淩駕於宋帝國之上。總結下來，當然歸結為宋帝國的立國精神：對外苟且偷安，對內獨裁專制。下面，我們把討論的重點，放在後者，亦即宋帝國的「安邦方針」。

宋政府有一種強烈的政治訴求，即「穩定壓倒一切」。要說明這個問題，我們必須從趙匡胤發動的不流血政變談起。九五九年，後周（小分裂時代的一個帝國）皇帝郭榮去世，由他七歲的兒子郭宗訓繼位。九六〇年春節期間，中央警衛部隊司令（殿前都點檢）趙匡胤及其附庸發動兵變，奪了後周孤兒寡母的江山。政變後的第二年，趙匡胤杯酒釋兵權，繳了高級將領們的械。是這些將領，將一襲黃袍，披到趙匡胤身上；是這些鐵哥兒們，將一頂皇冠，戴在趙匡胤頭上。如今，革命成功，該享受奪權後的果實了，趙匡胤卻卸磨殺驢，讓鐵哥兒們靠邊站。大家想不通，可問題是，新主趙匡胤在酒宴上突然提出這一議題，殺氣騰騰的氛圍，讓人被動請辭——將軍們紛紛辭去軍職，目的就是保住項上人頭。趙匡胤也不薄待大家，搞了個類似於中央顧問委員會這麼個機構，辭職將軍們頭上，人人頂著一個老大的虛銜，名下一堆實惠，如豪宅肥田，如跟班奴僕，如歌童舞女，任其縱欲揮霍。將軍們心理趨於平衡，趙匡胤政權安然度過危險期。

接下來，就是守成問題。歷史上，只要是靠革命或政變奪來的權力，其政權主體便處處格外敏感，於是在軍權上、意識形態上，始終把弦繃得緊緊的，稍有風吹草動，便以為誰要顛覆它的鳥位。趙匡胤便是一位如驚弓之鳥般的皇帝，因為他的權力便來自篡奪。這一度又使他換位思維，想像部下有無叛節心理。

宋帝國的開國皇帝趙匡胤，乃後周皇帝郭榮的親信，被認為是絕對不會叛變的將領，然而他還是叛變了。趙匡胤自己的故事使他警覺到部下的所謂忠心，並不可靠。換句話說，一切專制暴政集團裡的走卒們，其內心都絕不是他們表面上那樣的卑躬屈膝、奴氣十足。陳橋兵變，看上去是件很容易的事，一襲黃龍袍，部下往趙匡胤身上一披，他一回到開封，就皇帝了。這種免費的午餐，總讓趙匡胤坐立不安，也總讓他神經過敏。這樣的日子久了，「陳橋」便成了趙匡胤的一塊心病，他老想著部下們，會隨時隨地地去體驗陳橋。就是把老一輩革命家的兵權統統下掉了，趙匡胤依然不能安枕。於是開始考慮，從政府組織這個源頭上，切斷一切篡權的機會與念頭。

趙氏一族是怎樣做的呢？說來很有趣，也很無聊，就是把權術犬術化，即帝國的官員人人有犬的位置，卻無犬的職能。理性的說法是，要想根絕叛變，不能單純的寄託在部下的忠心上，惟一的辦法是不要為別人積累叛變的資本。所以，趙匡胤定下原則：不讓大臣的權力過重，更不會讓大臣擁權過久。

在這一精神指導下，宋政府借鑒唐政府「一個政府，兩套班子」的組織制度。用現代人易懂的比喻，好比一個省分黨委和行政兩塊一樣，各司其職，又你中有我，我中有你。唐政府的具體做法是：兩個行政部門，官稱與職務，幾乎完全相同，惟一的區別就是在官銜前加左右字眼，如中書省有個右散騎常侍，門下省就有個左散騎常侍……以此類推，一左一右。別人看著無聊，但在唐政府那裡，卻是治國良策。

宋政府深化了唐政府的這一政治技巧，大體的做法是：政府各部門首腦，人人有職無權。具體去說，就會讓人雲遮霧罩，摸不著頭緒。也只好丟棄，不去細說那些無聊的政治小把戲。總之是說，宋政府的組織制度，其根本目的就是讓各個官員都有一個又一個的職務，但又都具體管不了什麼事。地方政府，亦完全複製這一模式。在秦、漢、隋、唐各政府，皇帝獨裁，各級官員還有職權範圍內的事可做，到宋帝國，這些職權幾乎被剝奪殆盡。全宋官員，也只好渾天度日。文職無組織，軍職無紀律，官場組織結構，全面癱瘓。

全國都這樣了，趙家皇帝仍不放心，還要挑起群眾鬥群眾，亦即讓知識份子相互揭發、告密。從此，知識份子尤其高級知識份子群體，陷入糾纏與紛爭之中，內鬥不息。趙家皇帝認為，知識份子一旦團結，就會對皇權構成威脅。換言之，人民群眾團結了，就會對當權者構成威脅。挑起群眾鬥群眾這一損招兒，毛澤東執掌中國時，也曾用過，極其有效。

趙氏一族所打造的這個大環境，可謂政治穩定，社會平靜。這非常益於皇室、政界、學界那些滿腦肥腸的蠢物，也或多或少益於平安既福的百姓。而最大的受害者，卻是一個民族的發展。一個只有皇帝擁有實權，而其他人全都渾渾噩噩的國度，與死國何異？

修訂瑣記

中共的省市區縣鄉鎮行政機構，無一例外，全部是「一個政府，兩套班子」式組織結構——省委與省政府各部門，幾乎是對稱設置，只是名稱有所區別。以此類推，市（州）區（縣）鄉（鎮）三級皆然。據保守估計，中國各級黨政機關的公務員總數約為一千零五十三萬人，而行政機關公務員約為五百萬人。這就是說，黨系公務員約占一半，即五百萬人。每個公務員以年均薪資四萬元計，五百萬黨系公務員，總年薪就是一個天文數字。

我要問的是，一套行政班子幹得了的事，為什麼要用啟用兩套班子？納稅人憑什麼要多餘供養一套行政班子？中國人大法律委員會副主任委員劉錫榮發出同樣的心聲，他在二〇一二年三月的兩會上說：「四年前中國公務員是六百萬人，現在已經增加到一千萬人。老百姓再勤勞，也養不起這麼多官啊！」

一千萬公務員，實在是一個保守得不能再保守的數字了。中國國務院發布的《二〇〇九年中國人權事業的進展》白皮書顯示：「截至二〇〇九年，中國共有二百九十多萬少數民族幹部，約占幹部總數的百分之七點四。中國公務員隊伍中，少數民族約占百分之九點六。」細心者由此得出中國公務員的總數：二百九十萬除以百分之七點四，等於三千九百一十八萬。

中國具體有多少公務員，這實際是一筆糊塗賬，就如大宋帝國不知道自己有多少幹部是一樣的。比方說現在的中國，一個公務員由多少老百姓供養，我只能給出幾個參考資料：一比十四；一比二十六；一比三十三。總之，中國百姓供養公務員的負擔，為歷史新高。《中國第三次人口普查資料分析》（中國財政經濟出版社一九八七年版）一書顯示，中國歷代官民比例大致為：漢朝一比八千；唐朝一比三千；元朝一比兩千六；明朝一比兩千三；清朝一比九百；中國一比四十（一九九八年統計）。

千古・倫常・大棒錘

一〇六三年，宋帝國第四任皇帝趙受益死了。趙受益沒有兒子，就收養他堂兄趙允讓的兒子趙宗實為子。趙宗實繼位後，稱謂問題，牽動朝野。宰相韓琦、副宰相歐陽修主張，趙宗實應該叫他生父趙允讓為爹爹；司馬光等主張，趙宗實應該叫他生父趙允讓為伯父，叫先皇趙受益為爹爹。

宗法社會向有大宗小宗論。大宗是指皇帝這趟血脈上的人，小宗是指皇帝的同宗兄弟這趟血脈上的人。當大宗無後時，按照宗法制度，就要從小宗那邊過繼一個孩子為皇儲，以便接班。這個過程，叫做小宗入繼大宗。理論上，小宗入大宗者，即過繼而來的孩子，就必須以法定（宗法這個「法」）的父親為父親，而生父則退居二線成了伯父。就是說，被過繼者接誰的班，誰就是他的父親。趙宗實小宗入大宗，按照儒家觀點，當然要叫趙受益為爹爹了。韓琦與歐陽修是這一觀點的反對者，兩派於是展開激烈鬥爭，直鬧得朝野內外，雞犬不寧。

司馬光一派的蔡伉，在覲見趙宗即時，匍匐在地，痛哭流涕：「陛下，稱呼問題，關乎國之興亡，不可聽信小人讒言呀。」趙宗實見蔡伉一把鼻子一把淚，不免為之動容：「愛卿快快請起，為國之大計，稱呼問題，是必謹慎從事。」說完，也撒下幾行熱淚來。見皇帝動心，司馬光一派甚至提出，把韓琦與歐陽修處死，以謝天下。關鍵時刻，趙宗實站在了自己一邊：「我爹就是我爹，勿再生非。」司馬光一派惱怒，以請辭相要脅。

無獨有偶，在相隔四個半世紀的明帝國，發生了同樣的一件事。一五二一年，朱厚照皇帝死而無後，其堂弟朱厚熜繼位。依人倫常理判斷，像四百多年前發生在宋帝國趙宗實身上的事，本不該再在明帝國朱厚熜身上發生。然而，該發生的還是發生了，畢竟是儒家文化的浸淫，那力量足以使傳統中國出現許多蠢人蠢事。

儒學家認為，朱厚熜雖無法給朱厚照當兒子，卻必須給朱厚照的父親朱祐樘當兒子，是以大宗不絕。就是說，朱厚熜應稱伯父朱祐樘為父親，而改稱自己的父親為叔父。儒家講什麼人倫常綱，而小宗入大宗的做法，豈不是有亂倫之嫌嗎？年輕氣盛的朱厚熜不為束縛，關鍵時刻，像趙宗實一樣，站在自己一邊。政府內部，贊成與反對的兩派，為此經歷了一場又一場的血腥風雨。一五二四年，朱厚熜即位的第四年，正式下令：伯父仍稱伯父，父親仍稱父親。反對派震驚，數百高員齊聚宮門外，匐伏請願。那情景，可謂哭聲震天，地動山搖。朱厚熜下令清場，先後逮捕二百餘人，死於廷杖者十六人。

千古倫常（儒家那套理論），不過是政治場合逢場作戲、懲治對手的大棒棰，往好了說是儒學，實說就是一根精神哭喪棒。

陰之・謀之・無恥之

一一四〇年代，宋金交戰，金人一氣抓走宋帝國的兩位皇帝，即趙佶與趙桓（時稱「二聖」）。金帝國欺人太甚，岳飛奉命北伐。可這仗打著打著，就把趙構的心病給打出來了。有一天，前線傳來消息，說岳飛動員部隊，要「直搗黃龍，迎回二聖」。黃龍即今之吉林農安，當時的「二聖」就羈押於此。趙構聞訊，急得差點沒跳起來。心想，你岳飛直搗黃龍還可以，如要迎回二聖，那我這個皇帝往哪兒擱呀？

趙構的這些想法，卑劣得難以啟齒。這時，秦檜出現了。說到這裡，我們不得不說，秦檜這個人在歷史上成為眾矢之的，是頗有些冤枉的。比如在杭州西湖的岳飛墓前，就跪著鐵鑄的秦檜夫婦像，遊客還每每故意汙溺錘擊。歷史上一直有種說法，認為是秦檜害死了岳飛。既使如此，秦檜夫人又何罪之有呢？然也一併給她跪在岳飛墓前，接受株連之苦。心胸開闊、視野廣達的民族，萬萬做不來這等事。況且，秦檜害死岳飛一說，尚存許多爭議。以我之見，秦檜不過是皇權下的一個走卒，其所為當然要去迎合皇室，否則他就撈不到個人實惠。如此說來，揣摩國家元首的心理，實在是秦檜之流職責範圍內的事。這一職責雖無明文規定，但作為專制政體下元首身邊的高官，就必須具備這一流氓素質。

可以肯定地說，揣摩元首的心理，說元首想說而不能說的話，辦元首想辦而不能辦的事，這在陪王伴駕工作中，是難度最大的一個，同時也是預期回報最大的一個。你想啊，一個人的心理活動基本是陰性的——陰而不發，所想也就仍然停留在心理階段；陰而謀之，就上升為外在活動。專制元首的卑鄙就在於，他陰而想發，卻不發；等人上鉤，幫他發。元首等的這個人是誰呢？贏胡亥等趙高，朱厚照等劉瑾，朱由校等魏忠賢，乾隆等和珅，希特勒等博爾曼等等。諸如此類，古今中外，數之不盡。就趙構而言，他等秦檜。趙構陰之，秦檜謀之；上陰下謀，一唱一和，陰謀就這樣出籠了。

在此背景下，秦檜向趙構獻策。換句話說，也就是讓趙構肚子裡的下流想法，通過秦檜的狗嘴說出來。表面上看，趙皇帝是廣納臣言，挺民主的，實際上，為臣所言，完全符合元首心裡的話，當皇上的能不民主集中地一概納之嗎？所以，當秦檜提出撤軍，與金人和談的時候，趙構差點樂死，心想：「秦檜揣摩聖意，分毫不差，真乃國之棟梁呀！」於是，任命秦檜為政府總理，授予他外交媾和權，這才發生一天十二道金牌追回岳飛，並將其送上斷頭臺的事。其間的是是非非盤根錯節，複雜異常，但就「趙構陰之，秦檜謀之」來說，是大致不錯的。在任何專權時代，極權及其附庸們的陰而謀之，永遠都是高層政治的主旋律。如希特勒的納粹黨辦公廳主任博爾曼就是近代版的秦檜，當然，後者在心理學方面的造詣，遠比秦檜精深多了。

一九三八年，博爾曼負責督造希特勒貝格霍夫別墅。有一天，希特勒到施工現場視察，當他環視遠處的風景時，發現在他的視野內有一戶破舊的民居，這與壯麗的阿爾卑斯山很不相稱，於是聳了聳肩，臉上露出一絲不易察覺的遺憾，隨後便下山去了。博爾曼揣摩元首的心理，已經到了出神入化的地步，在別人看來，希特勒的視察結果，除了滿意，還是滿意。而博爾曼卻從希特勒的臉上和各種細微的動作上，讀出了別人永遠看不到的東西。這一點，秦檜比得了嗎？那麼，博爾曼是怎麼做的呢？

他揣摩到希特勒的心思後，便閃電般地帶上挖土機和施工人員，來到房主——那對老夫妻家裡，當面送上一張數目大得驚人的支票後，勸告兩位老人立即搬遷。巨額支票打動了這對老夫妻，二十四小時後，當希特勒再次前往別墅視察時，山坡下那破舊的民居不見了，取而代之的是自然風光。

博爾曼之所以能在弱肉強食的納粹叢林中立足，並被拔擢為希特勒的大內總管，靠的就是把希特勒沒說出來的話變為現實。極權及其附庸的一唱一和，表現在這裡就是：希特勒陰之，博爾曼謀之。納粹統治時期的許多陰謀，以及德國民眾對希特勒的狂熱崇拜，無不是極權陰之，附庸謀之的結果。

在瓊瑤的小說《情深深，雨濛濛》中，有一位一九三〇年代的軍閥陸振華，他每每看上一位民女，就對他的副官說：「李副官，你去弄弄清楚，看看這個傅文佩（八姨太）怎麼個寫法呀。」「李副官，你去弄弄清楚，看看這個王雪琴（九姨太）……」李副官不等陸司令把話說完，就打斷說：「司令，我全明白了，一切事就交給我去辦吧。」於是，這李副官就幫著陸司令強搶回一個又一個的民女，給他當姨太太。

這說明，「上陰下謀」是通行於古今中外的。但在「陰」與「謀」兩類人物之間，你不好說誰比誰更卑鄙無恥，因為他們缺一不可，因為他們是專制主義社會的「連體毒瘤」。以一貫之，上行下效，也就形成一個龐大的「上陰下謀」的流氓權力體系（現代意義上的「流氓政權」概念，大概由此而來）。所以我們看到，民主國家，其政體是上下一致地民主；專制國家，其政體則是上下一致地流氓。

蔫嘰．帝國．風雲散

宋帝國沒有嚴格意義上的那種轟轟烈烈式的改朝換代，也不像它前面的秦、漢、隋、唐幾個初級專制朝代那樣，各有一個轟轟烈烈的尾巴。之所以如此，是因為遼、金與西夏帝國，始終與宋帝國並存。

唯唯諾諾、苟且偷安的宋帝國，偏偏在它的晚年，又遇到一個強大得不能再強大的對手蒙古帝國。別說宋帝國不是蒙古人的對手，就是一向欺壓在宋帝國頭上的金帝國，也遠遠不是蒙古人的對手。原因是，漢化了的金帝國，在制度上，完全繼承了中國歷代政府的那些致命缺點，專制加腐敗。而且，越到政權的後期，這兩大致命弱點就越突出。一個政權到了這個火候，王朝大廈的坍塌，擋都擋不住。在金帝國的坍塌過程中，在宋帝國的唯唯諾諾、苟且偷生中，在西夏帝國的頑強抵抗中，蒙古帝國以它雷霆萬鈞之勢，分三次把中國版圖上的三個帝國吞併掉，依次是金帝國（立國一百二十年）、西夏帝國（立國一百九十六年）、宋帝國（立國三百二十年）。

應該說，宋帝國是在無聲無息中滅亡的，它活著的時候蔫拉巴嘰，死的時候，照樣是蔫拉巴嘰。叫我說，中國人的精神史上，特沒勁的就是這個宋帝國了，儘管它有那麼多的科技文明，儘管有楊繼業、岳飛這樣的愛國者，儘管有文天祥這樣的寧死不降者，但那遠遠不能代表宋時中國人的精神。

一國之精神，離開政府行為不能確立，離開民眾的參與也不能確立。現代西方國家無不注重公民的參與性。國是所有公民的國，你總不能讓你的人民在防禦外敵時發揚愛國精神，而到了決定國家未來（包括決定誰為國家領導人）的時候，又說你的人民素質不高。而這恰恰是東方專制主義國家的拿手文章，他們在政治上，要麼把民眾排斥在政治進程之外，要麼把民眾押解到他的政治戰車上，就像宋帝國把人民押解到它苟且偷安的破車上那樣，你去也得去，不去也得去。寫到這裡，想起黃永玉先生的一幅畫：一個滿臉橫肉的老男人拿著一把匕首，拖著一個人邊走邊說：「我帶你們去一個天堂，不去的殺頭。」

這是一切專制主義者的嘴臉，他們越俎代庖，代表老百姓，選擇走怎樣的路；一旦選定，不容置疑，且宣示那是世界上最好的路；但有異議，就被指斥為不同政見者，就被視為妄圖顛覆他們那個政權的不穩定因素，因此必加以殺罰。手無寸鐵的百姓，在專制主義者的威逼下，上了賊船。久而久之，人民也變得匪裡匪氣，賊話連篇。如此毫無精神的國家，何愁不亡。

元朝篇

杭州・揚州・雙城記

寫這一節的時候，感情上我只願寫漢文化背景下的元帝國。而有資格做這一代表的，無疑是杭州與揚州。

一二七五年，威尼斯王國的商人馬可波羅來到蒙古人統治下的中國，在其聞名世界的《馬可波羅遊記》中，有一段記述了他眼中的杭州（該城自一三、十四世紀以來，一直保持著一百多萬人口，可謂中國古代大都市之一）：

> 杭州的街道和運河，都相當廣闊，船舶和馬車載著生活日用品，不停地來往街道上和運河上。估計杭州所有的橋，有一萬二千座之多。連接運河兩岸主要街道所架的橋，都有高級的建築技術，使橋身高拱，一邊豎有很高桅杆的船隻可以從下面順利通過。
>
> 杭州城內有十個巨大的廣場和市場，街道兩旁的商店，不計其數。……一星期中有三天是交易日子，每一個市場在這三天交易的日子裡，總有四萬人到五萬人參加。
>
> 杭州街道全鋪著石板或方磚，主要道路的兩側，各有十步寬的距離，用石板或方磚鋪成，但中間卻鋪著小鵝卵石。陰溝縱橫，使雨水得以流入運河。街道上始終非常清潔乾燥，在這些小鵝卵石的道路上，車如流水馬如龍一樣地，不停奔馳。馬車是長方形的，上面有篷蓋，更有

絲織的窗簾和絲織的坐墊，可以容納六個人。

從二十六公里外的內海所捕獲的魚蝦，每天都送到杭州。當你看到那龐大的魚蝦數量，你會想到怎麼能賣完。可是，不到幾小時光景，就被搶購一空，因為杭州的居民實在太多。

……

杭州主要街道的兩旁，矗立著高樓大廈。男人跟女人一樣，皮膚很細，外貌很瀟灑。不過女人尤其漂亮，眉目清秀，弱不勝衣。她們的服裝都很講究，除了衣服是綢緞做的外，還佩帶著珠寶，這些珠寶價值連城。

元帝國時代的揚州，由寫雜劇《揚州夢》的喬吉所寫，他借主人公杜牧的口如是說：

江山如舊，竹西歌吹古揚州。二分明月，十里紅樓。……列一百二十行經商財貨，潤八萬四千戶人物風流。……馬市街、米市街，如龍馬聚；天寧寺、咸寧寺，似蟻人稠。茶房內泛松風，香酥風髓；酒樓上歌桂月，檀木鶯喉。接前廳、通後閣，馬蹄階近；近雕欄、穿玉戶，龜背球樓。金盤露、瓊花露，釀成佳醞；大官羊、柳蒸羊，饌列珍饈。看官場，慣撣袖，垂肩蹴；喜教坊，善清歌，妙舞俳優……

看到馬可波羅與喬吉筆下的雙城記，總覺得橫徵暴斂如豺狼般的元政府，造就不了江南那樣的繁華景象。因為蒙古人征服中國後，任性殘殺，貪得無厭，一無是處。其中江南受害尤烈，而又以杭州、揚州兩地為最甚，百姓竟以出賣妻女的方式，籌集賦稅。當無妻女可賣，而又被迫交付稅賦時，只有去死。類似的自殺，近乎於風潮。中國北部，人稀地荒，殘破驚人；中國南部，即便稱作富庶之地的四川，元初也僅存十二萬戶。江浙堪稱中國財富聚集地，但同時也是貪腐官員鞭打、榨取最為突出的地方。元政府創收，基本就靠江浙；官員暴貪暴富，也靠江浙。

就是元政府庇護下的所謂活佛，也要在中國人的傷口上，灑一把鹽。江南佛教總督楊璉真伽，編五十萬戶農民（約二百五十萬人）為寺院奴役，供其差使。他每每出行，聲勢浩大，隨從如雲。所過漢人宅院，驅逐男人，留下婦女，肆意姦淫。無論男女，違者即斬。所謂活佛，勝似活閻王。其暴行，無所不用其極。

史學家筆下的雙城記，恰與馬可波羅與喬吉筆下的雙城記相反。我們該以誰為實呢？以我的見識，在事實面前，我寧信歷史，不信文學或準文學作品。因此，我也就認定忽必烈一族為豺狼政治，也就認定蒙古人在中國無惡不作。不僅杭州、揚州兩地的人民受到蒙古人的蹂躪，全中國人民皆然。我們不用去翻箱倒櫃，便可順手拈來蒙古人在中國所犯下的一連串暴行。

（一）元政府規定：殺蒙古人償命，殺漢人繳一頭驢錢即可（在蒙古人眼裡，漢人命賤如驢）；禁止漢人言論、集會、結社，違者處死；禁止漢人打獵、習武、持有兵器；禁止漢人集會拜神、趕集趕場作買賣；禁止漢人走夜路。

（二）蒙古人將二十家漢人編為一甲，由蒙古人充當甲主。甲主視這二十家為私有財產，隨意支配。男人為勞作機器，女人為淫具。

（三）甲主及其以上的地方政府首長，皆由蒙古人擔任；其子孫，無論年齡大小，皆可承襲父輩職權。

（四）蒙古大可汗，有權將土地以及土地上的漢人，賜給皇親國戚、親王公主或功臣之類。任何一個蒙古人，亦可隨意把漢人從賴以生存的土地上趕走，以作牧場。

（五）鐵木耳為帝時，封西天僧為司徒，西藩僧為大元國師，專門搜刮美女，供僧徒淫樂。鐵木真君臣，與男女僧俗，裸體宣淫。各地大小官員，熱情仿效。整個元帝國政壇，可謂是醜聲穢行，禽獸不如。

所以，說起元帝國，尤其說起那時的蒙古人，感情上我無法抱以好感，這不僅僅是因為蒙古人奴役了中國人長達一個世紀的緣故，更主要的是，這個民族在我心目中，直接就是頭腦簡單、四肢發達這麼一個印象。十三～十四世紀的戰爭，並不需要什麼高科技，肢體強壯、馬騎得好就算是最先進的軍事技術了。新崛起的蒙古人就占了這樣的優勢。因此，他們便一味侵略、擴張，以至整個蒙古帝國的版圖橫跨歐亞大陸，面積達三千萬平方公里。為了這個龐大的版圖，立國一百一十八年的蒙古帝國（特指中國史上的元帝國），僅領土擴張所進行的戰爭就達八十八年。事實上，蒙古人並沒有做上多少年安穩的皇帝，他們的王朝就開始（起自十四世紀初）步入腐敗再腐敗直至滅亡的軌道了。其中的原因，與蒙古人的武夫心態不無關係。

只有一百多萬人的蒙古人，在當時為世界的超級帝國。而版圖上和軍事上一個無比強大的帝國，卻是文化上的矮子。從漢文化的角度去審視，這一時期的蒙古人，幾乎就等同於文盲。那麼一個巨人國，說個垮臺，眨眼間便沒了。幸虧這是一個文盲型的巨人，否則，中國人真不知何年何月從他們的鐵蹄下解脫出來了。

中國歷史上不乏外族主導統治地位的例子，如鮮卑一族的完顏亮，他都知道要想在中國站穩腳跟，首先得漢化。女真一族的愛新覺羅氏也如法炮製，實行漢化，結果站穩了腳跟。蒙古人便沒有這個頭腦，他們除了打打殺殺外，還是打打殺殺。就這樣，他們還把元帝國的人民分為三等，一等是沒有文化、又為所欲為、無惡不作的蒙古人；二等是中亞人；三等是廣泛意義上的漢人，即中國人。漢人又分兩等，淮河以北的中國人是三等，淮河以南的中國人是四等。本文的雙城記，所涉及的就是當時四等中國人所居住的城市。四等人創造了馬可波羅與喬吉筆下的那般繁華，而頭等的蒙古人，所創造的業績，是任何一個白癡集團都能幹得了的下賤勾當：搶掠與屠殺！所謂頭等人四等人，孰優孰劣還用說嗎？

軍事・文化・影響力

你看這蒙古人，它在十三至十四世紀的一百多年間，竟然是打敗天下無敵手。一二二七年，成吉思汗死後，他的子孫繼承擴張事業，一路西進：滅金帝國↓進兵伏而加河↓毀莫斯科↓壞基輔↓侵波蘭↓入德國↓占匈牙利。一二四一年末，正要向西歐進發之際，大可汗窩闊台去世，侵略者東返，參與大可汗的選舉。西歐這才長舒一口氣。

十四世紀八十年代，蒙古人建立的極度誇張（指橫跨歐亞的版圖）的大蒙古帝國，說個垮塌就垮塌了。為什麼？還是文化問題。蒙古人雖然具備超常的軍事才能，但他們的政治才能卻遠為落後。蒙古人向外擴張，並沒有任何政治理想，目的只有兩個：掠奪財富與滿足征服欲。

僅就軍事而言，在世界史上，與蒙古帝國最有可比度的就是當今的美國。美國和當年的蒙古帝國一樣，也是一個軍事強國，而且是無與倫比的軍事強國。美國給人一種問題多多但卻比任何國家都強大和穩固的印象。這一印象之深刻，簡直不容人置疑。從這一點來講，當年的蒙古帝國就無法與之相比。更重要的一點是，美國不僅是當今的軍事大國，而且是經濟大國、科技大國、文化大國、製造大國，尤其美國文化，遍布全球，美國的價值觀，乃普世價值觀。世界上有二百多個國家，每個國家無論大小，都有人移民美國，使美國成為一個事實上的「聯合國」。所有國家的年輕人，幾乎全都美國味：用著微軟、玩著蘋果、喝著可口可樂、吃著美式速食，看著美國大片，嚮往著美國學校……總而言之，美國的文化吸引著全球的青年；甚至說，美國的文化比軍事還強大，還更長遠地征服全人類。美國之所以能這樣，是因為他們有一個廣納四海的胸懷，容納世界各民族。有的政權出於政治目的，有的人出於民族感情，都不願承認美國價值觀為普世價值觀，但是，當他們要準備放棄那些堂而皇之而又不中用的狹隘價值觀時，八九不離十的人都要選擇去美國。

這就是文化的影響力，美國似乎越來越強大，而當年的蒙古帝國，如果說今天還有點什麼影子的話，那就是貧窮、落後、閉塞，原來什麼樣，今天仍然什麼樣。蒙古統治中國一個世紀有餘，不僅沒有吸收中國文化，還極力排斥中國文化。蒙古人上自中央官員，下自地方官員，全不會說漢話，不識漢字。所以，蒙古人入侵中國時什麼樣子，被逐出中國，回到蒙古時，仍是什麼樣子。因此，我們只能說，元帝國時代的蒙古人，頂多也就是一個軍事爆發戶而已。

明朝篇

八股・屁股・優先股

就在元帝國大廈傾覆之際，年輕的朱元璋脫下僧服，立地成兵，投身民變領袖郭子興麾下，從衛士一直做到將軍。韓宋自立為國，郭子興率部歸附不久，便因病去世。之後，韓宋帝國便舉兵南征，任命郭子興的兒子郭天敘為元帥，朱元璋為副元帥。在進攻南京（時稱集慶）時，朱元璋的好友陳野叛變，殺郭天敘。野心勃勃的朱元璋一看時機成熟，便以除奸的名義，幹掉陳野。朱元璋攻陷南京後，改名應天，隨即做為自己的根據地。注意柏楊先生下面這段文字：

當時全國都在對蒙古人苦鬥，只朱元璋不然，他的作戰目標不是蒙古，而是中國人的其他抗暴力量。當韓宋帝國三路出兵向蒙古總攻的時候，朱元璋卻在南方擴張。

這就是朱元璋，一個地地道道的趁火打劫的民族敗類！藉著這個話題，我們還能往下延伸嗎？會不會延伸出什麼毛病來呢？比如二十世紀上半葉中華民族的抗日救亡運動，誰是那一時代的朱元璋呢？這些話題，談何容易。

然「成者王，敗者寇」的無恥心理，還是讓中國的所謂主流社會，貼服了朱元璋這樣的民族敗類，甚至認他為「根紅苗正」。不過在我眼裡，明帝國也就一原始而封閉的「股份公司」，朱元璋一族以他們的棍子入股，我謂之「優先股」。可不嗎？哪個專制時代執政者手裡的棍子不是優先使用的呢？這一股的作用就是，誰不聽話，或誰違反了皇帝的意旨，就毫不留情的予以懲處。以明帝國來說，他們的懲處手段很特別，那就是用棍子（實則荊條）打人家的屁股。無論你是政府總理，還是省部官員，一律把褲子給你脫下來，當眾責打，此即明帝國著名的「廷杖」。

既然有人拿棍子入股，須有人（皇權之外的人）拿屁股入股，予以配合。體現在行政操作中就是，文官要表達政見，倘皇帝不採納，文官就據理而爭。皇帝有棍子入股，當然有恃無恐。文官們仗著人多勢眾，再說被打屁股又是出名的好機會，遇事也是不肯退讓。對峙火了，皇帝就拿出他的「股份」（棍子）打壓文官們的「股份」（屁股）：「打！給我往死裡打！不打，這幫奴才不知道小鍋是鐵打的。」很多時候，就是打爛了屁股，那些文官也不肯妥協。這時皇帝才知道，小鍋是鐵打的；這時我們觀眾和讀者才知道，屁股真的可以說話，而且能把皇帝「說服」。

就皇帝的「股份」（棍子）而言，它即是政治意義上的，也是實際意義（打屁股）上的。明帝國給我們留下許多這方面的史話，這裡僅以正德、萬曆為例。

一五一九年，二十七歲的正德皇帝朱厚照準備南巡視時，監察官們集體上書勸阻。朱厚照裝聾作啞，監察官們就列隊跪在午門外請願。朱厚照還不吭氣，其他文官亦紛紛加入請願隊伍。朱厚照為之震怒：「這幫奴才，竟敢跟朕玩跪著的暴動！」遂下令，廷杖跪勸不去的官員。明帝國這一獨特的政治節目，使許多直言進諫者，因被皇帝打爛屁股而流芳百世。既使得不到這麼大榮耀的，也會受到文官們的廣泛讚譽。

此次挨打的一百四十六名官員，每人受廷杖三十下，其中十一人壯烈犧牲。見朱厚照如此固執己見，大學士們只好集體辭職。這還了得，大學士去職，政府內閣等於關門歇業，那皇帝不就成了光杆司令了嗎？所以，朱厚照只好溫旨慰留。這樣，朱厚照的南巡，拖延多月才成行。屁股的意見，總算得到一點點尊重。

一五七七年，張居正的父親在湖廣江陵去世，按慣例，他給皇上打個丁憂的報告，就可停職回鄉，為父喪守制三年。這麼大的事，十五歲的萬曆皇帝朱翊鈞吃不准，就與皇太后商量。皇太后是經歷過世面的人，她知道首席大學士張居正的所思所想，便依前例奪張先生的情。意思是，國務繁忙，張先生還不能請假回鄉。此乃張居正所願也，因為在政治上，他尚感腳跟未穩，怕走後生變。然他又不得不假以孝思，繼續打申請報告，懇請恩准回鄉守制。文官們看穿了皇帝與張居正之間的這出雙簧戲，遂一同去張居正私邸，勸告他放下偽裝，離職丁憂。無果。文官們乾脆越權，到朱翊鈞那裡彈劾張居正。朱翊鈞為表示和他的老師張居正保持立場上的一致，便下令懲治那些糾舉和彈劾張先生的文官。聖旨一下，錦衣衛便把四個犯官逮到午門外打屁股。施政如兒戲，官員體面全無。

皇帝有皇帝的「股份」，文官有文官的「股份」，讀書人怎麼辦呢？他們拿八股文「入股」呀。讀書人都知道，八股文這種東西，憑你是誰，都不能任由發揮，文字中更不能出現「我」這類字眼。意思是明擺著的，讀書人都必須自我閹割，成為百分之二百的「思想太監」。那麼，讀書人在寫八股文的時候，還有什麼可寫的呢？有啊，儒教界有一整套的廢話大全，讀書人寫作的時候，按照「八股」寫作格式（一股即兩個或四個完整的句子，要不多不少，正好），只須把滿紙廢話帶入筆下，便是上好的文章了。以陳獨秀為例。

一八九六年，十七歲的陳獨秀參加縣考，這一年八股文的考題是《魚鱉不可勝食也材木》。如此狗屁不通的題目，怎麼來作文呢？一向討厭八股文的陳獨秀來了個以不通對不通，把《文選》上所有鳥獸草木的難字和康熙字典上荒謬的古文，不管三七二十一，牛頭不對馬嘴、上文不接下文地填滿皇皇一篇大文了事。

收卷老師翻開陳獨秀的卷子，大約看了兩三行，便說：「站住，別慌忙走！」這倒把陳獨秀給嚇了一跳，以為闖下什麼大禍。那位老師略略看完了通篇，睜開大眼把陳獨秀從頭到腳看了一遍，問道：「你多大了？」答道：「十七歲了。」老師又說：「你年紀還輕，回家好好用功，好好用功。」後來，陳獨秀竟然被學院取了第一名。

這就是八股文，這就是儒家津津樂道的「滿腹經綸」，經少年陳獨秀輕輕一戳，頃刻驗證，那八股之下的所謂「滿腹經綸」，不過是「滿腹狗屎」。如此八股，如此遺風，絕不會因了朝代的更迭而銷聲匿跡。換句話說，八股還會以新的面目出現，謂之「新八股」也。舉例說，在中國當代小學教學中，仍保留著背誦課文的教學習慣。不僅讓學生背，還要考某一篇課文的填空題，就是把一段文字斷開，讓學生填上原文缺失的字詞。這就是說，學生不能按照自己的意願去理解某一篇文章，也不能有絲毫的對某一篇課文的改動。教學上，如此束縛學生的靈性，難道不是老八股的延伸嗎？

冤獄・詔獄・文字獄

有觀點認為，朱元璋在文化人面前很自卑，導致「胡藍冤獄」（參見《皇室・皇權・血連連》一節）。這種判斷，未免高抬了朱元璋。

大家知道，正當全國人民抗擊蒙古人的時候，朱元璋不是去打擊外敵，而是跑去打內戰，去和自己的同胞爭奪地盤。你想想，靠這種流氓手段奪得天下的人，能有多少文化心理？他之所以對革命同志大開殺戒，其最大的原因，當是掩蓋他背叛祖國和人民打內戰的歷史醜行，殺人滅口罷了。他愚蠢地以為，只要把開國元勳趕盡殺絕，也就沒人知道他的江山是怎麼來的了，他也就偉大、光榮、正確起來。天底下哪有這麼便宜的事，元首什麼貨色，歷史自有公論，後人也自會得出自己的判斷。該為人所唾棄的，你就是怎麼自我粉飾，也上不了盤。

另一個原因是，把那些開國元勳殺光了，也就等於剷除了部下舉旗造反、另起爐灶的隱患，那麼他朱家的江山也就牢不可破地代代相傳了。所以，朱元璋才不遺餘力地在建國二十五年內，親手處決近四萬名高官及其親朋好友。被朱元璋屠殺的這些人，都是他發家時親如手足的患難朋友，他們為朱元璋賣命，當他們可以分享富貴時，卻遭到朱元璋的毒手。用政治術語去表述，這就是清黨，一切大小專制主義集團，都這麼肆無忌憚地幹過。

朱元璋就是靠這種恐怖政治、流氓手腕來完成政權控制的，其清黨組織體系有三大塊組成，即冤獄、詔獄、文字獄。冤獄我們已經說了，只要國家元首覺得誰是他執政的障礙，誰就有了罪，必死無疑。詔獄實際就是特務政治，帝國舉國力維穩。本來，刑部、監察院、最高法院這三大機構，完全有能力把皇帝的一切異己剷除乾淨，至少能封上人們的嘴巴，不要亂說亂講。然朱氏一族仍不放心，又在三大機構外，陸續設立了錦衣衛、錦衣衛鎮撫司、東廠、西廠、內廠。這些機構的領導，由皇帝親自任命。維穩機構，像狗一樣地日夜盯著人民的一舉一動，但凡異見，哪怕隻言片語，都將視為反對現政權，抑或顛覆現政權，必繩之以法。

在特務治國方面，武則天是祖師，朱元璋是精英，雍正是後來者居上。雍正後來者居上到什麼程度呢？這麼說吧，全國各地官員與妻妾們的房事，他都瞭若指掌。可怕不可怕？

特務治國的孿生兄弟是文字獄，以朱元璋為例，他忌諱與「賊」諧音的所有字眼，認為那些字，在暗諷他曾經為賊的經歷。因為在奏章中出現過「則」（與賊諧音）字而被處斬的，就有浙江府學教授林元亮、北平府學教授趙伯彥、桂林府學教授蔣質；因在奏章上出現過「體乾法坤，藻飾太平」而被斬的，則是河南尉氏縣學教授許元。這兩句哪裡不對？朱元璋認為，「法坤」與「發髡」諧音，而「發髡」乃光頭之意，進而認為「法坤」就是諷刺朱元璋當過和尚。至於朱元璋對「藻飾」的解讀，就更加離譜了，認為「藻飾」諧音「早失」，說許元詛咒他早失太平。朱元璋歪解印度高僧釋來複「殊域及自慚」中的「殊」字，竟認為那是罵他「歹朱」，也把人家給斬了。這哪兒跟哪兒呀，可朱元璋就憑這些胡扯八扯的東西，砍了學者們的頭。

產生文字獄的心理背景十分簡單，專制政權無一例外地來自各種形式的搶奪，其政治地位名不正，言不順。不管別人說什麼，他總以為是諷刺他的。這樣的政權，無論立世多少年，也改不了作賊心虛的心態，所以時如驚弓之鳥，稍有風吹草動，便神經過敏。文字獄就是在這種環境裡產生的。

如果說朱元璋發揚光大了武則天的特務政治的話，那麼雍正則發揚光大了朱元璋的文字獄。以下便是清帝國最著名的幾例文字獄：

福臨時代，張晉彥為劉正宗詩集作序，因一句「將明之材」，二人皆被處死。

康熙時代，已故莊廷瓏，因著《明史》而被剖棺剁屍，與該書出版相關者，皆處斬。

雍正時代，汪景祺因著《西征隨筆》被處斬；禮部侍郎查嗣庭試卷中的「維民所止」，被雍正歪解為查嗣庭要砍掉「雍正」的頭——「正」字少一橫為「止」，就這麼個「砍頭」。查嗣庭雖然為此而自殺，但雍正仍不解氣，把查嗣庭的兒子們一併處死，才滿意。

乾隆時代，軍官盧魯生，假借大學士孫嘉淦之名，撰文勸止乾隆南巡。乾隆很生氣，將盧魯生五馬分屍，其子皆被處斬。盧魯生案，牽累千餘人下獄。

愛新覺羅爺兒們的歹毒性格，大部分體現在了他們的文字獄上。而後世一幫影視劇人，竟然無恥地把這家歹人倆捧上了天，堪稱卑劣之極。

剝皮・治國・難治國

腐敗是帝制的死結，當然也是一切專制政體的死結。朱元璋出身卑微，但卻是個聰明人，他深知腐敗亡了秦漢隋唐，還亡了宋元。接下來，就是他締造的大明帝國了。朱元璋並不認為自己勝比秦皇漢武，也不認為壓過世民匡胤，但他的確雄心大志，決意放手一搏，改變帝國「興盛→腐敗→亡國」的怪圈。

我們知道，朱元璋這麼做，是為他的江山好，為他的子孫好。但問題是，哪個帝國領導人，不存此私心？帝國本身，就是皇室私物，我們不必就此做過多糾纏。我想說的是，那麼多的帝國出現在中國歷史上，帝王們無論於公於私，誠心從體制上總結過去，開創未來，無人可及朱元璋。朱元璋找到亡國的癥結，那就是腐敗。因此，在帝國制度上，他大刀闊斧的程度，有別於前面所有的朝代。既然找到亡國的癥結，那還猶豫什麼。於是，朱元璋採取果斷行動，決心整頓幹部隊伍，是以破解歷史難題。此即制度反腐。

朱元璋開國，未雨綢繆，頒《大明律》，以示反腐決心。其中的《受贓》條目，懲罰之苛刻，觸目驚心。隨後，又相繼頒佈《大誥》、《大誥續篇》、《大誥三篇》，尖銳的矛頭，直指帝國貪官。而懲治手段，無一例外，全是酷刑，如族誅、剝皮、淩遲、抽腸、閹割、刷洗、剝指、剁手、刖足、剁趾、挑筋、秤桿、挖膝蓋等等。連座罪更是駭人聽聞，腐敗案出，必藤蔓式牽連，以至於並沒有享受到腐敗成果的人，也跟著人頭落地。皇親國戚涉貪，更是罪加一等。

在實施的酷刑中，以下幾項，令人極度不適：淩遲，就是把貪官綁在柱子上，一刀一刀，活活割死。歷史最高紀錄為，一個貪官被割三千多刀，肉都割完了，人尚未斷氣。除外，還有將貪官剝去衣服，高高吊起，劊子手用鐵鉤從肛門處伸進犯人體內，將其腸子鉤出，再將腸子的一端繫在石頭上，旋即鬆手，遂人起腸出，貪官便被活活地刳腸而死（稱為抽腸）、用開水澆一絲不掛的貪官，然後用鐵刷子刷，直至將貪官刷成白骨（稱為刷洗）、用鐵鉤把人吊起風乾（稱為秤桿）、將貪官剁為肉醬，分食各地官員（稱為醢刑）、將十名左右的貪官推入坑中，埋至頸項，然後用特製的板斧推將過去（稱為鏟頭會）等等。上述酷刑，無一不出自大明反腐總設計師朱元璋之手。

照理說，開國即舉反腐利劍，那就沒有人敢以身試法了。但大明的領導幹部們，似乎也不怎麼買朱元璋的賬，依舊奉行「千里做官只為財」、「紗帽下面無窮漢」的執政理念，該貪的貪，旁若無人，肆無忌憚。咱們先說一個叫郭桓的人，身居戶部侍郎，副部級官員，這麼大的官，政治敏銳性應該很高吧。不然。非但郭桓缺乏政治敏銳性，其他官員亦然。一三八五年，郭桓盜賣官糧案震動朝野。調查結果發現，全國省部級官員幾乎全部涉案，人數高達數萬人。每個部，除尚書與侍郎外，涉案官員，一律被殺。各部首長，已然為光杆司令。

這讓貪官們卻步了嗎？沒有。大明的領導幹部們，鐵了心的，要與皇帝的反腐對抗下去。朱元璋也不示弱，所殺貪官，動輒數萬人。有資料顯示，一三八六年，大明十三個省，從府到縣的官員，大部分未及任滿，便因貪汙被殺。再換一批幹部，照舊貪，朱元璋照舊殺，那真是：貪官殺不盡，官場催又生。以致殺得幹部隊伍，無以為繼。史載：一三八六年同批放榜任命的官員，有三百六十四人。

一年後，除六人判死刑外，其餘全部判有期徒刑（徒流罪之類）。這意味著，帝國的一批新幹部，年內全軍覆沒。沒有了官員，誰來替皇帝統馭基層百姓？就只有折中，讓貪汙犯們戴罪執政。這不可避免地出現一個荒誕不經的情景：戴著鐐銬的貪官坐堂，審訊其他貪官（二〇一四年山西省的「系統性、塌方式」腐敗，同樣導致該省領導幹部嚴重缺員）。

朱元璋那個氣悶，那個想不通：「噫，咱都嚴刑峻法了，怎的就管不住全國的領導幹部呢？」朱元璋摸著他那張船形臉，一拍腦袋：「他大爺的，看看下面這一招兒！」於是就有了一三九二年頒佈的《醒貪簡要錄》，規定：凡貪銀六十兩以上者，一律先斬首示眾，然後剝皮。貪官的人皮有三種昭示方式：一是給貪官的人皮裡填上草，懸於政府門口；二是懸於公堂之上；三是綳於現任領導幹部的座椅上。現任辦公，背靠前任之人皮，想來，世間再無此類反腐警示。然腐敗問題依舊。

翻遍中國歷史，沒有哪個皇帝如此反腐，但朱元璋還是一籌莫展。在中央辦公會上，朱元璋有些精疲力盡，他對大臣們說：「反腐不能光靠皇帝一個人，要大家一起來。」可「大家」是誰？大家都是貪汙犯，大家一起來幹什麼？幫著皇帝幹掉自己嗎？沒人犯這個傻。大臣們唯唯諾諾，敷衍贊和而已。下了班，大家照舊各行其是。不貪汙，當官所為何來？中國自古以來的官，不都這樣嗎，幹嘛到大明王朝就改了呢？

日久天長，朱元璋醒悟了：「大臣們這是跟咱當皇帝的隔著肚皮呀。」要不說朱元璋聰明，他想到反腐的侷限性上去。他皇帝一人反腐，手大捂不過天來，一拍腦袋：「打一場反腐的人民戰爭吧。」遂頒令，授予人民群眾以執法權：只要百姓認定誰是貪官，便有權將誰逮捕，押往京城，沿途阻攔者，處死本人，再誅滅全族。《縣官求免於民》載，農民趙罕晨將縣主簿汪鐸等幾個官吏捆綁，押送進京。結果，被押送官吏，皆被處死。《民拿下鄉官吏第十八》載，常熟縣農民陳壽六等將官吏顧英，綁至京城。陳壽六等人獲朱元璋獎賞，且發諭：打擊報復陳壽六者，一律誅族。

又如何呢？或許，朱元璋時代的腐敗勢頭，得到有限的遏制，但誰能保證，他子孫的江山，不被腐敗塗炭呢？結果是顯而易見的，朱元璋之後，明帝國的腐敗呈現反撲局面，而且那腐敗浪潮，一浪高過一浪。看看下面的這些大明貪汙犯吧。一五六二年，內閣首輔嚴嵩垮臺被抄家時，竟抄出黃金三十萬兩，白銀二十萬兩（嚴嵩時代的國家銀庫，存銀不到十萬兩）；嚴嵩家的其他珍寶不可勝數，只好編撰為《天水冰山錄》一書，予以登載。張居正死後被抄家，抄出金銀十九萬多兩，良田八萬餘畝。一代賢相尚且如此貪汙，其他官員便可想而知。大太監王振被抄家時，搜出金銀六十餘庫。太監李廣被抄家時，則搜出黃金白銀各千百石。黃金白銀要以石來計算，可見其數額之大。

最後說個清官吧。一五八七年，七十四歲的海瑞卒後，同鄉蘇民懷檢點其遺物，發現只有竹籠一隻，內有奉銀八兩，舊衣數件。士大夫不忍，湊錢為其買棺下葬。謂曰：

蕭條棺外無餘物，
冷落靈前有草根。

海瑞這盞燈苗，在明帝國兩百多年的暗夜裡，顯得孤獨而又微弱。

閹貨・正貨・純金貨（上）

說起宦官這種職業，最早可以追溯到周王朝，而比較接近我們視野，也為我們所熟悉的是「春秋五霸」時期的豎刁，他是五霸之首齊國政府中的一位工作人員，他為了貼近國君姜小白，竟一刀自閹為太監，進而目的達到。也就是這個閹人，最終成了姜小白的掘墓人，並一度執掌封國要務。這是歷史上，第一個宦官參政的例子，與後世宦官那些花花腸子比，單純多了。

我們知道，在中國歷史上，有三次大的宦官參政，史稱「宦官時代」。前兩次分別發生在東漢時期和盛唐時期，最後一次在明帝國，朱由校的隨身太監魏忠賢，實際控制中央政府達八年之久。

說起魏忠賢，須從他出道開始談起。史載，魏忠賢在一次賭博中輸光了褲子，他躲進一家酒館，被人找出後，差點丟了小命。魏忠賢討饒說：「我進宮當太監，早晚還你得了！」這時的魏忠賢二十二歲，已有妻和子。誰想，魏忠賢的一句戲言，為日後所應驗，只是這個過程未免曲折了些。

以太監人數而論，明帝國無疑最盛，高峰時達到十萬人。有一年，宮中招收太監，初定名額一千五百人，結果竟有兩萬多人報名，盛況堪比大陸招收公務員。報考公務員所做的功課，就是努力複習大學所學的知識，而報考太監所做的功課就是淨身——自閹。

要知道，一個男人自閹，僅手術所需的銀子就達二十多兩，這對家境貧寒的魏忠賢來說，著實不易。一五八九年，魏忠賢的哥哥忍痛，把家裡的一頭驢賣了，給魏忠賢做淨身手術。魏忠賢養傷在家，哥哥則去找人打點。中間人吳公公圖利，總不肯說痛快話。為此，魏家已經把房子賣了，全家搬進村邊的土地廟裡去住。吳公公仍嫌少，拒賄。魏忠賢的哥哥再賣三畝薄田，把賣房子賣地的錢加一快，總算打動了吳公公，但能否進宮當太監，仍要等四個月才見分曉。這年臘月十四日，魏忠賢終於趕上了那一年皇宮最後一次選拔太監。前三所需要一個倒馬桶的人，二十多個自閹者競爭這一崗位，魏忠賢勝出，成為一名光榮的掏糞工。能去皇宮掏糞，那也得講運氣、講緣份、講造化，否則，閹了也白閹。所以，魏忠賢的家人歡天喜地，燒香拜佛，他們家總算有人到首都的心臟（皇宮）吃皇糧去了。這對平民百姓來說，不啻一步登天。

試想一下，吃皇糧的太監大搖大擺走在北京街頭，不小心踩了行人的腳，那人怒道：「你哪兒的，走路怎麼橫著走？」太監把眉一橫：「宮裡的！怎麼著？」那人轉怒為喜：「您老踩得好，踩得妙，踩得孫子呱呱叫。」說完，一溜煙，跑了。這是吃皇糧的小太監，大太監就不這樣了，如人家李蓮英，倘若在北京街頭不小心踩了誰，問是哪兒的，李蓮英都不用親自回答，跟班撇呲拉嘴道：「哪兒的？你站直了，可別嚇趴下，大爺們全是中南海的！」中南海那啥地方，慈禧老佛爺的龍宮。李蓮英那是什麼人，乃慈禧一人之下、萬人之上的大太監。若再報上李蓮英的大名，說得誇張一點，膽小的人聽了，保不準會嚇癱如泥。

但最初進宮的魏忠賢，並沒有那樣的跋扈氣，他有的就是一個老實，因而常被那些奸滑的太監耍弄。久而久之，得一外號：傻子。直到十幾年後，他才脫離基層，做了一個才人的伙食管理員。一六二〇年，魏忠賢進宮已整整三十年。已五十二歲的他，頭髮日漸花白，處事方式，卻依舊平淡如初。但就在這一年的某一天，魏忠賢的命運卻發生意想不到的逆轉。首先，這年七月，萬曆帝朱翊鈞去世，太子朱常洛繼位。而朱常洛的長子，正是魏忠賢所服侍的那位才人所生。順其自然，那位才人的居所，也就成了準東宮，合府老小及僕役，個個興高彩烈，氣焰頓長。魏忠賢的地位也由此激烈攀升。

誰都沒想到的是，朱常洛登基才一個月，就因縱欲過度，一命嗚呼。轉眼間，昨天還在宮裡淌著鼻涕四處亂跑的皇長子朱由校就成了天子。這一轉機來得太快了，所有的人都有點暈頭轉向，魏忠賢尤其如此。朱由校還是個孩子家，貪玩是其天性，所以，但凡公文報告之類，他就讓魏忠賢代為批閱。這麼幸運的事，竟是劈頭蓋臉砸到魏忠賢頭上的。進宮前，魏忠賢叫魏四；進宮後，王才人將他改叫魏進忠；當批示公文大權落在他手裡時，便自行改名叫魏忠賢。從此，這三個字便成為明史不可分割的一部分。

閹貨・正貨・純金貨（下）

儘管魏忠賢一夜之間擁有了無可比擬的極權，但他也並非事事如意，因為有個東林黨（據點在江蘇無錫），利用在東林書院講學的便利，時常攻擊時政，他們雖不敢對皇帝發難，卻敢對大學士們發起猛攻。後來，很快在中央政府形成一種對壘態勢，即東林黨與反東林黨兩派；反方緊密地團結在魏忠賢周圍，因而被東林黨蔑稱為閹黨。這場黨爭，幾乎使絕大多數政府官員，捲入其中。最終，閹黨大獲全勝。閹黨一派有小皇帝，還有顯示手腕與力量的核心組織「五虎」（以兵部尚書崔呈秀為首）、「五彪」（以錦衣衛都督田爾耕為首）。

我們說，閹黨實在不是什麼好東西，但我們也不能因為閹黨不是好東西，而潛意識地把帝黨、後黨、東林黨或別的什麼黨，給襯托為好東西。我們在讀歷史的時候，尚需這樣的辨別力，否則我們會落入一種意識圈套，以為閹黨不好，帝黨等黨派就一定好了。歷史上的專制主義政體，無論它是帝黨、後黨、閹黨、戚黨（外戚），還是文人黨派，皆非善類。其中任何一黨上臺，沒有一個不是為了私利而獨斷乾坤的。雖說如此，在予以評判時，也不能持雙重標準，也就是不能因為是帝黨，它就是正宗，除外就是歪門邪道。理性的解讀是，專制政體裡的這些黨派，無論哪個黨派把持了中央政府的實權，那麼這個黨派就是執政黨。從這一意義上說，朱由校的帝黨是在野黨，而魏忠賢的閹黨才是實際的執政黨。不信你看看魏忠賢的所作所為，全是黨的領袖、中央政府一把手的勾當；不信你看看中央政府裡的高級官員、各級地方政府官員，他們對魏忠賢的奴顏婢膝，全是下屬對上峰應有的厚顏無恥般的尊重。

按照四年一屆的現代演算法，魏忠賢算是當了兩屆中國政府領導人。感情上你可以不承認一個太監曾為中國領導人，事實上，他就是。而且，他的統治手段，也是傳統的，與歷代專制政體如出一轍（殘暴與血腥），並沒有新鮮花樣。有一點倒是出乎我們的意料，那就是在歌功頌德方面。一六二六年，浙江巡撫潘汝禎率先立魏忠賢生祠，供人焚香膜拜。此舉，在全國政界轟動一時，自然也頗得魏忠賢讚賞。

給活人建祠堂，可謂明帝國政治的一大創新。於是，全國各地的政府官員紛紛前往參觀學習，回來後又一窩蜂式的搞起了效忠運動。一時之間，數百所魏忠賢生祠如雨後春筍，在中國拔地而起（蔣介石與毛澤東的塑像，在兩岸不也有過同樣的輝煌嗎）。薊遼總督閻鳴泰，建魏忠賢生祠七所；督餉尚書黃運泰，建魏忠賢生祠兩所。黃運泰更為奇特之處就在於，他對魏忠賢塑像正拜三扣頭，然後率文武將吏排班在階下行禮，禮畢至像前道：「黃運泰等仰賴九千歲[1]栽培，得有今日。我等誓死圖報……」叩頭謝恩。謝畢，跑回階下歸班，又率眾官行五拜三叩之禮，可謂醜態百出。文革時期的中國人，對著毛澤東巨型雕像或畫像，「早請示，晚彙報」的拙劣表演，其形態又能好到哪裡去。

1 閹黨政府官員，稱魏忠賢為九千歲，合著只比皇帝少一千歲。

各地生祠更是竟巧鬥麗，一座祠堂的建築費用多達數十萬兩。魏忠賢雕像，取材沉香木，雕刻精細，手足轉動如活人，腹中肺腸用金玉珠寶製成，衣服冠履，珠寶裝成。頭髻上穿一孔，插四時香花。魏忠賢祠堂，猶如列寧毛澤東蔣介石蔣經國金日成金正日遺體，派士兵日夜守護。太學生陸萬齡，竟然把魏忠賢與孔子相提並論，上書校領導，建議把魏忠賢的祠堂與孔子廟並列。副校長朱之俊欣然接納，立木牌於路旁，盛讚魏忠賢的功德，比大禹小一些，比孟子大得多。可謂無恥之極。

這一切令人作嘔的對執政黨領袖的無恥吹捧和獻媚活動，當代人都不陌生，甚至都經歷過。一六二七，二十三歲的朱由校皇帝病逝，因其無後，弟弟朱由檢繼之。魏忠賢被貶往鳳陽守陵，途中上吊自殺，時年六十歲。朱由校臨死前，曾叮囑弟弟朱由檢，說魏忠賢這個人「恪謹忠貞，可計大事」。然而，哥哥是哥哥，弟弟是弟弟，如今改朝換代了，魏忠賢也只有一死。戲劇性的是，十七年後，在李自成攻破北京城前夕，朱由檢竟下密旨，收葬魏忠賢遺骸於香山碧雲寺，這正是魏忠賢生前看好的歸宿。

朱由檢之所以在帝國大廈傾覆之際，重新評估魏忠賢，或許因為在他的政府裡，還真就找不出一個魏忠賢這樣的人物。魏忠賢雖黨同伐異，但也有不計前嫌的一面，例如他曾力排眾議，起用遼陽戰敗後遭受讒言的熊廷弼；再如果斷罷免寧錦一戰中畏縮不出的袁崇煥；又如不計私怨，薦舉趙南星、孫承宗等一批能臣直臣。上述種種，可見其在國事上的原則立場。魏忠賢主政帝國期間，內平外穩，這是一個基本事實。魏忠賢死後，情況逆轉：內亂外危。這並非就是魏忠賢死不得，也並非與他的死有直接關係，但卻與剛愎自用的朱由檢、與懦弱酸腐的東林黨，有著很大的關係，更與「十萬太監亡大明」的歷史悲劇相契合。

魏忠賢執政八年，這八年雖說他權傾一時，但他也時時自卑。有人進言，趁魏氏全盛（文武百官，幾乎皆拜服其腳下；甚至比魏忠賢年齡還大的許多省部級高官，爭相做他的乾兒子）之時，代君自立。應該說，魏忠賢完全有這個能力。但他卻驚慌失色，斥責幕僚謹言慎行。這也印證了朱由校臨終前對他的評價。

在專制政體裡，魏忠賢本只是個閹人。鴻運撞在他的門下，讓他一下子成為一國之尊。這個時候，再忠厚的一個人，只要給他一個極權，他也會由人變惡魔。極權能使所有的人變得不像他自己，尤其不像人。這與一個人是不是被閹割過沒有因果關係，也沒有必然的聯繫。無論魏忠賢以前的地位如何，總之在他還沒有成為實際的國家一把手之前，他是一個令正人君子鄙夷的閹貨，可當他一旦成為一國之尊，他就再也不是什麼閹貨了，而是無人不敬仰、無人不敬畏的正貨，即國家領導人是也。中國人的是非觀，如此不堪！

一個人什麼都不是的時候，誰瞧你都不順眼；一個人什麼都是的時候，哪怕你以前是癟三、是流氓、是土匪、是強盜，普世的俗人，尤其是那些機會主義者，也一定會把你捧上聖殿，這時你就從正貨轉為純金貨了。純到什麼程度呢？你看到竟巧鬥麗的魏忠賢生祠了嗎？他的一些雕像，連下水（五臟六腑）都是用純金製造的，真可謂內外一致的純了。

閹貨↓正貨↓純金貨。在專制這條道上，魏忠賢就是這麼走過來的，一切專制政權裡的領導人也都是這麼走過來的，並代代傳將下去。

荒唐・皇帝・荒朝政

魏忠賢等一批又一批的宦官，之所以能走到大明中央政府的前臺來，皆因當朝皇帝自覺或不自覺荒政所致。他們覺得，一個皇帝天不亮就起床上班，還批閱那麼多公文，實在是辛勞，不如在後宮玩女人、吸毒（如朱翊鈞者）來得爽。明帝國的文官們也還算錚錚鐵骨，他們冒死勸諫皇帝，以國事為重。但這種勸諫的最大障礙是，一切公文，須經太監之手，才能抵達皇帝辦公桌。這同時又要看太監願不願為你效勞，你和他關係好，比如首席大學士張居正就跟朱翊鈞的貼身太監馮保關係密切，他才得以聯繫上皇帝，並適時加以影響和控制。你和皇帝的隨身太監關係不睦，別說是向皇帝進諫，弄不好，小命都能搭進去。

當太監成為皇帝的惟一支柱團體後，文官們的任何話就都不那麼中用了。為此，文官們玩命的進諫，皇帝則玩命的拒諫。雙方矛盾鬧大了，皇帝就家法從事（專制政體，家法就是國法，國法就是家法），拿棍子打奴才們的屁股。儘管如此，文官們仍不肯善罷甘休，繼續他們的勸諫之路。皇帝一想：「行啊，骨頭真硬，就算你們贏了還不成。」於是，撂了挑子。哪個部的官員退休了，需要任命新的官員，吏部打報告上來，說建議調某某上任。皇帝把幹部任免報告往旁邊一丟，不做任何批示。這類事件，在朱翊鈞時期，可謂家常便飯，使得許多職位長期空缺。到一六〇〇年，中央政府的六個部，只有刑部有部長，其他五個部，全部空缺。六部之外的都察院御史，已空缺十年以上。大明帝國地方官，亦空缺一半以上。人事任免報告，官員辭呈，朱翊鈞一概視若無睹。大學士李廷機有病，連續上了一百二十次辭呈，都得不到消息，最後他掛冠而去，朱翊鈞也不追問。一句話，當皇帝的不跟大臣們玩了。

看看下面這些資料，就知道明帝國皇帝懈怠到什麼程度。朱見深創下二十四年不與部長們碰頭的紀錄；朱祐樘在位十九年，僅與部長們碰頭一次；朱載垕在位七年，未曾與部長們碰頭；朱翊鈞在位四十九年，僅與部長們碰頭一次。

維繫皇帝與政府官員之間的紐帶，是皇帝身邊的太監。皇帝有什麼事要吩咐政府去做，把批復交給太監，太監再交到具體的某個部，就算完事了。對於皇帝來說，這種辦公方式非常輕鬆，可以在喝著茶的時候辦，也可以在被窩裡辦。某個部有事了，寫個報告，先給太監；太監並不直接把下面呈上來的報告給皇帝，而是揀著重要的，說個大意給皇帝聽。皇帝要說回復，也就是嘴上說說，具體怎麼下文，由太監斟酌並執筆（故有秉筆太監一職）。這情景下的太監，往往就成了不是皇帝的皇帝。

在明帝國諸多不上班的皇帝中，朱見深是表現最為突出的一位，他當了二十四年的皇帝，一次也沒和各部官員碰頭。到他死，各部官員既不認識他，他也不認識各部官員。除外，在此可做交代的，是朱祐樘與朱翊鈞二帝，他們各有一次與官員們的碰頭會，說來滑稽可笑，也意味深長。

一四九七年，當了十年皇帝的朱祐樘，決定在文華殿會見幾位大學士。幾位老臣受寵若驚，皆著華服，提早趕到文華殿，懷著無比激動的心情，等待皇帝的親切接見。老臣們盼星星，盼月亮，總算把皇帝給盼出來了。皇帝駕到，隨從如雲；那陣勢，可謂氣吞人心；所見者，無不心驚肉跳。

朱祐樘給老臣賜座。隨後，朱祐樘問道：「眾卿身體都還好吧？你們在家養花嗎？以為哪種花最陶冶情操？」諸如此類的廢話，也僅僅幾句而已，朱祐樘便吩咐：「眾卿歇息去吧。」一場精心安排的會見，就這樣草草結束。短暫嗎？短暫也是二十四年來（朱祐樘的十年不見朝臣，加上其父朱見深二十四年不見朝臣）惟一的一次君臣晤面，也是大臣第一次看到皇帝的嘴臉，因而在當朝成為轟動一時的大事。

一六一五年，朱翊鈞接見各部官員的氣勢，比起朱祐樘接見大學士的氣勢大多了，甚至沒法比。朱翊鈞下凡，大學士方從哲和吳道南，率文武百官跪迎聖駕。落座，朱翊鈞與太子朱常洛演了一出雙簧，當爹的說：「有人造謠，離間我們父子，說朕要廢太子。」說完，拉著朱常洛的手狠狠地說：「這怎麼可能呢？再有人膽敢干預皇室私事，必嚴懲不貸。」朱常洛道：「是呀，臣等不可再生是非。」眾臣唯唯諾諾，不敢吱聲。御史劉光復顫顫巍巍，本想說句什麼，以回應皇帝與太子，然話未出口，朱翊鈞立刻暴怒：「給朕拿下！」幾個太監如狼似虎，撲倒劉光復，就是一頓暴揍。吳道南見狀，昏厥在地，算是認識了何謂皇帝——不過是掌握著極權的暴徒（截至一五九二年，朱翊鈞鞭死的宮女和小宦官，已達千餘人）而已！

此後，朱翊鈞再未與大臣謀過面。但這並不等於說，他什麼事都不抓了，比如礦監、稅監兩項，他就時時親自過問，批復之快，令人咂舌。比如全國各地的礦監、稅監們上午呈上來的報告，朱翊鈞下午就能給批下來。對礦監、稅監兩項，朱翊鈞何以這麼積極呢？要知道，這兩項的巨額收入，皆流入朱翊鈞個人腰包。難怪他這方面的工作效率極高。

乾坤・獨斷・國之難

永曆帝朱由郎殉難處（魏得勝攝影）

明尾五十五年的混戰，成就李自成、張獻忠一時的威名，也成就朱由檢一代中興之主的美名。朱由檢整頓幹部隊伍，嚴刑峻法，剷除腐敗，力度不可謂不大，然亡羊補牢，為時已晚。

一六四四年正月，李自成的軍隊北伐，所過如入無人之境，因而順利抵達首都北京城下。朱由檢為挽大局，召開緊急會議，但無一人發言。為什麼？這也叫慣性。國務會議，從來都是皇帝一人獨斷，那麼到了危機關頭，還得靠你獨斷。你獨得出路來，斷得出光明來，奴才這就跟你走，繼續吃香的喝辣的，否則就拜拜吧，您吶。朱由檢的結果是，他不能為自己屁股底下的江山獨斷出前途來，所以眾叛親離，各找個兒的出路去了。最使人奇怪的是，各地主張投降最力的，卻是那些被認為最忠誠的監視宦官。他們紛紛投誠，使李自成不費兵卒，即攻陷北京。正月十八日夜，朱由檢率十數名宦官突圍未果，吊死於煤山之上。

一些史學家不認為明帝國就此完結，他們把朱由檢之後的幾個流浪皇帝也算在內，如朱由崧，在南京建立政權僅一年一個月；如朱由榔，先是流落緬甸，後押至雲南昆明，於一六一一年，被吳三桂絞死。至今，在我寓所以近的翠湖一側，仍保留著朱由榔被絞死的遺址，碑石上寫有「逼死坡」三個字。這三個字何其矛盾，意思是吳三桂把朱由榔逼死，而非勒死。結局無論如何，二百九十四年的明帝國，至此史學般地滅亡、結束。

做為明尾的一部分，吳三桂具有不可替代的文獻價值。以我個人的判斷，吳三桂在明尾的表演僅僅是小人性質的，並非漢奸行為。我一向認為，一個政權都腐爛透頂了，讓它的人民看不到一點生存的希望，那麼人民對這樣的政權還有什可留戀的？生存是人的基本權利，為了這個權利而背叛一個腐爛透頂的政權，無論如何都不能定義為叛變行為和漢奸行為。否則，二〇〇三年三月，以美國為首的聯軍攻下伊拉克之後，那些在伊拉克臨時政府任職、工作的伊拉克人，都得算做「阿奸」。但國際社會並沒有這麼認同，而是歡迎他們，並在各種國際場合，給予充分尊重。

當然，站在薩達姆的角度，伊拉克臨時政府就是偽政權，臨管會及臨時政府裡的伊拉克人，統統是「阿奸」。只有專制、獨裁、暴虐、血腥的他薩達姆本人，才是伊拉克人民的大救星、偉大領袖。有人贊成薩達姆，我們不能武斷地說，這個人就是自虐的，而是暴政集團裡有他的利益，有甜點；有人反對薩達姆，我們也不能武斷地說，這個人就是「阿奸」，而是反暴政裡有他的利益，有藍天。

中國人常說，識時務者為俊傑，但又實行雙重標準，對他們所痛斥的識時務者，蔑稱漢奸、小人、敗類；對他們所崇拜的識時務者，則讚美為曲線救國的俊傑、能伸能曲的大丈夫。我們說，這種雙重標準是不公平的，同時也是無恥的。因為它的定義，無形中剝奪了弱勢的生存權利，卻擴大了強勢的生存範圍。文天祥那樣的烈士固然得到我們的大力贊許與尊重，但不做文天祥，而做文璧，同樣也是每一個人的權利。

文璧者，文天祥之胞弟也。宋帝國滅亡後，文璧為保百姓免遭戰爭屠戮，而歸順元帝國。忽必烈屢屢派人前去勸降文天祥，不從；又派文璧，勸其兄歸之，不從。最後，忽必烈親自出馬招之，未遂，殺之。文璧勸兄降元時，文天祥並沒有責備弟弟的政治選擇，並用一首詩，婉轉作答，詩曰：

兄弟一囚一乘馬，
同父同母不同天。

這也叫人各有志吧。

清朝篇

辮子・辮子・大辮子

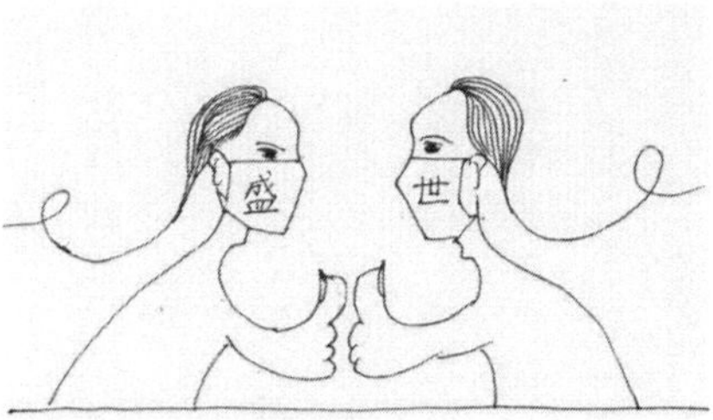

所謂盛世（魏得勝製圖）

漢人對滿清的態度，既排斥又曖昧；排斥在先，曖昧在後。說排斥，是因為滿清那條醜陋而令人作嘔的豬尾巴（大辮子），「版權」上並非漢人所有。與其醜陋無比，明朝遺民才不屈不撓，以生命為代價奮力抗之。說曖昧，三百多年後，在中國掌握一定話語權的眾多影視人，卻又將這條被割掉近一個世紀的豬尾巴揀了回來，視若珍寶，弘揚為一代主旋律。後一話題，暫且不提，我們先來說說滿人的辮髮。

一六四五年，清政府攻陷南京後，曾以法令的形式，向漢人頒佈剃髮令，實際就是大耍政治流氓。這裡的「剃髮」，也叫「辮髮」。漢尾即大分裂時代，北方的蠻族男子，就已經辮髮了，且五花八門，奇形怪狀。影視劇中所常見的，是演變後的髮型，狀如長把勺，扣在腦後，看上去，酷似幽靈與鬼魂。難怪束髮（把頭髮盤在頭頂）的漢人男子，可以接受滿清的奴役，卻堅決不接受他們這種髮型。以漢人的審美標準，滿人的「豬尾巴」，實在是不堪入目。

滿清政權無法接受漢人對「豬尾巴」的抵制，於是就把留不留「豬尾巴」的問題，與政治掛鉤，公然宣稱，「留頭不留髮，留髮不留頭」。漢人也絕不示弱，雙方一頂牛，就發生了「揚州十日」與「嘉定三屠」那樣的血腥場面——清軍在揚州屠殺十天，死八十萬人；在嘉定屠殺三次，死二十萬人。就為了一條辮子，奪去大明百萬遺民的性命。

就這樣，滿清大辮子在中華一族的背上，一拖就是二百九十六年，直至愛新覺羅家族，退出中國政治的舞臺。因為這條「豬尾巴」拖得時間過長的緣故，一些漢人忘了他們的根本，誤以為這是他祖先的象徵。電視劇《大宅門》有場戲是剪辮的，一老夥計捂著他的「豬尾巴」不肯剪，說這是老祖宗留下的，不能擅斷。白二奶奶（斯琴高娃飾）笑著說：「你老祖宗才不留這個呢。」不知有多少漢人爺們，在清末的時候，為剪這條「豬尾巴」，而神傷不一。被奴役的時間長了，人不被奴役反倒缺少了什麼似的。同樣，人被專制政權奴役久了，你給他人身自由、思想自由、言論自由，他反倒不習慣了。

下面再說說滿清的大辮子，是如何成為影視劇主旋律的。中國當代史學家，明史研究者居多，且聞名天下。然今天的影視劇工作者，好像並不看好明帝國，所以大都逮著清帝國這塊臭肉大啃特啃。大約覺著明帝國戲沒有現時的收益，因而「遠明親清」。這是學者與影視人的最大不同之處——學者研究的方向，往往是政治敏感區域，他們恨不得研究好了歷史，給現時提供前車之鑒。問題是，歷史也不是可以隨便談的，談不好就能把自己談到監獄裡去。新中國以來的歷次運動，讓學者吃盡了這方面的苦頭。如吳晗的劇作《海瑞罷官》，就讓他跌入政治的深淵。還是現代影視人實際，他們沒有救民於火的情節，有的只是明星效益、經濟效益、政治效益，因而他們的鏡頭視角，也往往就是電視新聞記者的視角，上峰喜歡什麼，他們就把鏡頭對準什麼。

上峰喜歡清帝國嗎？誰也沒有這麼說過，但清帝國的戲，拍一部，片審通過一部。於是，這幫嗅覺靈敏、唯利是圖的影視人，才以一種「爹親、娘親、不如大辮子親」的欣賞眼光，不遺餘力地打造「盛清」範本，時間持續之久，達二十多年。下面，就讓我們借助學者們的批評性文字，來瞭解一下「盛清」的壯觀程度：

秦暉先生認為，從一九八〇年代起，文藝界一反民國以來對「滿清」的貶斥，競相掀起歌頌清代帝王的浪潮。從努爾哈赤、皇太極、順治、康熙、雍正、乾隆以致多爾袞、孝莊文皇后，個個雄才大略，人人奮發有為，聖明君主之多開歷朝未有之盛。一九九〇年代後，「大清頌」的調子越唱越高了，以致出現滿台大辮子鬧螢屏的景觀。

李銳先生的看法，可作為秦暉觀點的補充，他說：「在中國普遍低劣的電視劇製作中，皇帝戲一直是個長盛不衰的題目。在各朝各代皇帝中間，國人似乎又特別鍾情滿清的皇帝們。悲劇、喜劇、正說、戲說、大陸的、香港的、臺灣的，拍過一兩遍的、拍過三四遍的，播了又播，看了又看，……你常常在同一個晚上，在三四個頻道裡，同時看到各種年號的滿清皇帝。」總之，螢屏上的滿清皇帝，全是勵精圖治、勇於自省、關愛臣民、憂國憂民、禮賢下士、廉潔奉公、鞠躬盡瘁、死而後已、國家利益高於一切的模範皇帝。

肖雪慧女士說，影視界受許多禁忌和紀律管束早已不是什麼祕密，劇目被禁的事時有發生，但帝王劇絕不在被禁之列，它們一路暢通，越拍越紅，成為當今一曲曲「頌帝」的主旋律。「明君聖主～奴才忠誠」的主旋律意味著什麼？意味著容易通過片審、容易打入主流社會、容易轟動、容易獲獎、容易獲得暴利。

清劇如此壯觀，也難怪二〇〇一年電視劇《雍正王朝》與《黑洞》同時播出時，讓人產生「蒙太奇」感。原因是，這兩部電視劇皆為陳道明主演，觀眾在轉換電視頻道的時候，總是在「千古一帝」康熙和「腐敗分子」聶明宇（《黑洞》主角）之間跳來跳去。雖說這只是一種巧合性的「蒙太奇」，但從實質上來說，康熙與聶明宇並無區別。

你也許說了，康熙與聶明宇是「賢明君主」對「亂臣賊子」，是針尖對麥芒，怎麼說他們之間沒啥區別呢？你只有冷靜下來才會發現，這「賢明君主」和「亂臣賊子」（即康熙和聶明宇的化身），實際是一條線上的人。皇帝手下的官員在沒有給皇帝出醜添亂的時候，皇帝是臣子的「吾皇」，臣子是皇帝的奴才；某個官員東窗事發，只有驚動了聖上的朱筆（批示），皇帝才開始英明偉大起來，臣子這時就不再是臣子，而是亂臣賊子了。

誰都知道，那些「亂臣賊子」（腐敗分子）在東窗事發之前，個個都是他那一畝三分地上的土皇帝。從政權的角度來講，康熙是大皇帝，聶明宇是土皇帝；從犯罪的角度來講，康熙是特大號腐敗分子——他的所貪所汙是一屁股江山和死後才交的權力；聶明宇則是小號的腐敗分子——他的所貪所汙僅僅是地方性的，其害遠沒有康熙大。這就是說，康熙和聶明宇是一丘之貉，跳看他們的故事，是沒有什麼奇可蒙太的。

西出・陽關・有故人

清帝國令人詬病的地方雖然很多，但也並非一無是處，就在它即將退出歷史舞臺之前，其政壇上出現過兩位出色的人物，一是林則徐，二是李鴻章。本節先來說說林則徐，就從他發配新疆說起。那是一八四〇年九月的事。

林則徐自中原出發後，一路西行，接受著為英雄壯行的洗禮。不論是各級官吏還是普通百姓都爭著迎送，都想盡力為他做一點事，以減輕他心理和身體上的痛苦。一八四二年八月二十一日，林離開西安，自將軍、院、司、道、府以及州、縣、營員送於郊外者三十餘人。抵蘭州時，督撫親率文職官員出城相迎，武官更是迎出十里之外。過甘肅古浪縣時，縣知事到離城三十一里外的驛站恭迎。林則徐西行沿途茶食住行都被安排得無微不至。進入新疆哈密，辦事大臣率文武官員到行館拜見林，又送坐騎一匹。到烏魯木齊，地方官員不但熱情接待，還專門為他雇了大車五輛、太平車一輛、轎車兩輛。

一八四二年十二月十一日，經過四個月零三天的長途跋涉，林則徐終於到達新疆伊犁。伊犁將軍布炎泰立即親到寓所拜訪，送菜、送茶，並委派他掌管糧餉。這哪裡是監管朝廷流放的罪臣啊，簡直是歡迎凱旋的英雄。林則徐是被皇帝遠遠甩出的一塊破磚頭，但這塊磚頭還未落地就被中下層的官吏和民眾輕輕接住，並以身相護，安放在他們中間。[1]

這段文字實在令人感慨。林則徐真可謂是西出陽關有故人了！

林則徐禁煙、戴罪治水的事就不必贅述了，在這裡我想說的是，那時的地方官吏和民眾，何以竟這麼毫無避諱地去親近朝廷欽定的一位罪臣呢？難道他們就不怕皇帝老兒怪罪下來視為同黨一併治罪嗎？一般來說，在專制主義社會，獨裁者所罪責之人，那百官萬民至少也要在表面上與其劃清界限並予以痛斥，表現出大義滅親、大義滅友、大義滅同道的政治姿態來，以此彰顯他是和中央極權保持高度一致的。如在文革時期，不要說親近欽定的罪人，你就是批鬥不及時、界限劃得不及時，都要受到株連而被冤獄。這之下的中國，湧現出無數冷血家庭，六親不認、檢舉揭發、批到批臭，成為骨肉之間的主旋律。

毫無疑問，林則徐是處在專制主義時代了。那麼，他為何獲罪而又被地方官吏和民眾禮遇呢？除了林自身的人格魅力外，更多的恐怕要扯到村民自治上去了。你也許會說，這哪兒跟哪兒呀？林則徐西行與村民自治根本就不搭界嘛。其實不然，是真實意義上的村民自治這塊土壤，使林則徐戴罪西行而受禮遇變成現實。所謂真實意義上的村民自治，不是「我要自治」（伸手要那層意思），也不是「給你自治」（賜予那層意思），而是本來就一直自我管理著，有點天賦權利的意思。也只有這樣的

1 梁衡：《最後一位戴罪的功臣》（《中華文學選刊》，二〇〇一年第十二期）。

村民自治，才能培養並影響出惟公（正）不惟上的民眾與官吏來。至於林則徐時代的村民自治達到什麼程度，無考。但從他戴罪西行而受禮遇一節去推想，估計與「五四」時期的村民自治相差無幾，畢竟一八四〇至「五四」才不過七十餘年的時間。「五四」時期的村民自治組織，可謂名目繁多，如香會組織，其結構就有：

> 香首、副香首（有的叫引香都管副都管）以及主管收費的催糧都管、管理銀錢的司庫、負責伙食的飯把（都管）、負責交涉的執事、負責車輛的車把（或者車上都管）、負責住宿的司房、擔負安全保衛的中軍（中軍吵子）等名目。香會不僅組織嚴整，而且擁有自己的紀律條文——會規，比如妙峰山一個名為「普興萬緣淨道聖會」的香會的會規規定：「本把人等不准擁擠喧嘩玩戲，亦不准沿路摘取花果。以及食葷飲酒，一概禁止。」
>
> ……在實際的進香過程中，所有香眾都嚴格地依令而行，極少有違規犯錯者，香首鳴金號眾。這種「率之如師長，令如諸父兄」的組織，卻完全出自普通百姓主要是農民之手。這類組織的最大特色，就是它們幾乎是鄉民自己發起組織，自行運作，不僅與官毫無關係，而且帶點官氣的鄉紳也很少參與。村民自治組織如此之嚴整，規模如此之龐大，令人咋舌，無怪乎歷史學家顧頡剛感歎道：「實在有了國家的雛形了！」[1]

1 張鳴：《爬上妙峰山看「村民自治」》（《讀書》，二〇〇一年第十一期）。

這就意味著，凡國家法度以外的事，全是村民自己的事，你就是天皇老子也管不著。如在大是大非問題上，民眾可以有自己的想法，也不必買皇帝的賬。這樣的村民自治，是不存在誰靠誰吃飯、誰看誰臉色行事問題的。在這裡，村民自治組織與地方政府與中央政府的隸屬關係意義不大，它們均屬國家體系下的獨立運作組織。如各省巡撫就有自我組織地方武裝的權利，故而歷史學家認為，清帝國有聯邦運作的某些特徵。由此可見，清帝國時期的村民自治不是孤立的，也不是偶然的，它更像是一種傳統，影響著各級地方政府行使有限職權（這樣，農民負擔就不再是大問題）。當然，實現村民切實自治目標，須首先獲得意識領域裡的自主權，這既是村民自治的基礎，也是村民自治的最高階段。我想，正是基於村民這種高度自治的傳統和影響（與此相對應的是有限皇權和有限政府），林則徐才西出陽關有故人的。然而，歷史總是具有顛覆性的，有的顛覆使社會進步了，也有的顛覆使社會倒退了。如清末民初以來國家政權的不斷下移，直接導致了村民自治土壤的消亡。

> 國民黨政權推行保甲制和鄉村自治活動，包括某些地方軍閥進行的村制改革，實際上都含有建立和強化鄉村行政網路的用意。進入合作化時代之後，農村鄉民組織面臨滅頂之災，一方面，社會所有的戲曲藝人和團體被逐漸統合進了官方的文藝體制之內……宗教也進入了一個嚴格的官方管理系統，各種名目的民間宗教由於其思想和宗教雙重意義的非正統和異端的色彩，不是被取締就是自然消亡。……到了這步田地，農村社會基本上已經沒有了鄉民自組織的空間。由

於鄉紳和宗教勢力早已被剷除，各類鄉民團體又相繼消亡，那麼原來意義上的鄉村社會事實上已經不存在了。[1]

這實際造成了一個惟上是從的社會，在這種體制下，地方官吏也罷，民眾也罷，不惟上（惟命是從、惟令是從、惟意是從），就等於自取滅亡。試想，被發配中的林則徐如果處在這樣的時代，他還會在西行路上受到那樣的人文關懷嗎？常在電視新聞上看到這樣的鏡頭：民主國家的官員尤其是高級官員，無論他在政治舞臺上淪落到怎樣的境地，而在民間，他總不缺乏人文關懷，其追隨者照樣會前呼後擁。人走了，象徵意上的茶卻依舊蒸騰著熱氣。西出陽關有故人——嗯，是個不錯的地方。

1 張鳴：《爬上妙峰山看「村民自治」》（《讀書》，二〇〇一年第十一期）。

榮辱・絕代・李鴻章

這一節，我們來說說晚清政壇名流李鴻章。

一八七〇年八月二十九日，李鴻章授直隸總督，接替處在困境中的曾國藩。不到三個月，他又被增授北洋通商大臣之職，受命駐在天津。李鴻章給外國使節的印象是，他比總署官員更加開放、果斷。尤其使他們認識到，朝廷在對外政策的籌畫階段，都不可避免地向李鴻章徵求意見。因而，外國使節在前往北京之前，總要在天津逗留幾天，專門前去拜訪李鴻章，這早已是慣例了。

至一八七〇年末，李鴻章已不僅是一個政策的執行者，而且還是政策的創造者。當總理衙門沒有能力處理對外事物時，李鴻章便作為當時最具影響的人物出現。其北洋通商大臣的地位，連同他的對外交涉權，使他成為與總理衙門相抗衡的一個單人外交部。清帝國駐外公使的公文常常既送總理衙門，也送給李鴻章；李可以未經諮照總理衙門而直接向駐外公使發出指令；清帝國駐外使節聽命於北洋大臣，軍機處準備的廷諭是寄給李鴻章再轉給駐外使節……總理衙門事實上被擱置一旁。「兩個外交部」的運作，正是慈禧太后對李鴻章重大信任的象徵。地緣政治和個人條件相結合，使李鴻章成為清廷外交炙手可熱的人物。

作為一個人的外交部，李鴻章在處理對外關係上難免有他的侷限性。李鴻章認為，西方大國在清帝國的目的在於通商，而不在於擴充自己的版圖。對清帝國來說，真正的威脅來自日益強大的日本。

因此，他不斷激勵同僚：「要當刻刻自強，便可相安無事。」

應該說，李鴻章對日本是有先見之明的。一個國家，尤其一個處在危難之際的國家，能有這樣一個對外政策專家，可以說是幸矣。然又不幸的是，李鴻章的侷限性，使他看到的和他實際執行的對外政策，正好相反。雖然在判斷上，李鴻章不完全相信日本人，但在對外政策的執行上，又竭力的去籠絡日本人，以圖實現共同反對西方侵略的合作目標。李鴻章對日本所抱持的某種模糊希望，就像陰影一樣，始終左右著他的對外政策。

一八七〇年秋，日本外務大臣柳原前光銜命抵達北京，向清帝國當局試探兩國訂立條約的可能性。總理衙門獲悉柳原的使命後，先是決定拒絕日本的要求，因為它擔心同日本的立約，可能給清帝國同朝鮮和越南這樣屬國的關係帶來令人不快的後果。處於困境的柳原前光又去天津求助於李鴻章。柳原前光早些時候曾告訴李鴻章，日本被迫同英國、法國和美國通商，這些國家利用日本，日本因而心懷不服。但是日本難以獨自抗拒這些大國，希望同清帝國合作。李鴻章沒有懷疑日本這一方面的誠意，於是，兩次致函總理衙門，表示同日本立約不僅不可避免，甚至是可取的。並強調，清帝國必須同日本結盟，絕不能讓日本成為西方侵華的基地。歷史證明，李鴻章判斷失誤，因為當時的日本領導層，正試圖與西方大國結盟。

一八七一年九月，在李鴻章的干預下，清日達成軍事同盟修好條規。隨後，李鴻章同日本人的接觸多起來。一八七六年十月初，日本前外務大臣副島種臣路過天津，他告訴李鴻章，日本擔心俄國侵略，希望同清帝國並力抵抗。一個月後，日本駐清公使森有禮謁見李鴻章，表達了同樣的訴求。李鴻章予以積極回應。一八七七年，日本爆發薩摩藩叛亂，李鴻章以十萬發彈藥，支援壓力重重的日本政府。就是在這種背景下，日本於一八七八年乘清俄伊犁邊界爭端之際，廢除琉球王國；次年四月，正式改琉球為沖繩縣。這一消息雖深令李鴻章震驚，但他仍沒有放棄與日聯盟的想法，並希望即將訪清的美國前總統格蘭特從中斡旋。在嚴酷的現實面前，李鴻章仍對日本人抱有幻想。一八七九年五月二十八日，李鴻章在天津會見了格蘭特，格接受了李關於調解琉球爭端的要求，但沒有產生任何具體結果。

日本吞併琉球後，又準備吞併朝鮮。為遏制日本這一舉動，丁日昌建議朝鮮同西方大國建立條約關係，搞均勢外交，以便牽制日本。一八八〇年八月末，美國水師提督薛斐爾在天津訪晤李鴻章時，李便把均勢外交付諸了實施。他答應運用自己的影響力，使朝鮮同美國訂約。一年後，朝鮮宮廷委託李鴻章，代為與美國談判。一八八二年五月二十二日，朝美條約簽訂。幾個星期內，英國和德國亦步亦趨，朝鮮半島的內部均勢得以創立。不幸的是，在此期間發生了漢城暴亂，日本人乘虛而入，征服了這個國家。

通過與日本人近距離接觸，李鴻章認識到，日本人彬彬有禮的外表，卻掩藏著工於算計和詭謀多端的性格。尤其一八七四年日本侵犯臺灣後，李鴻章更是發出警世之言：日本「誠為中國永遠大患」。[1]「日本侵犯臺灣、吞併琉球、入侵朝鮮等一系列得寸進尺的舉動，以及二十世紀上半葉日本對

[1] 劉廣京、朱昌峻等編寫：《李鴻章評傳》，上海古籍出版社，一九九五年版，第三〇六頁、三四一頁。

中國長達十四年之久的侵略，都驗證了李鴻章的話具有遠見卓識。遺憾的是，李鴻章的這些認識並沒改變什麼，他依舊對清日聯盟，抱有幻想。

問題是，在李鴻章認識到日本「誠為中國永遠大患」的情況下，他為什麼還如此執著地「聯日反西」呢？不知李鴻章於一八九六年的歐美之行，可否改變了他這一對外政策的看法。《紐約時報》詳細記載了李鴻章的這次訪美活動，七十四歲的李鴻章受到國賓待遇，其歡迎的盛況絕無僅有；以大清國直隸總督、清國總理大臣、外務大臣、北洋大臣、欽封一品正堂等頭銜出訪，同時又是作為一個人的外交部的發言人，這種身分恐怕也絕無僅有。

李鴻章訪美的消息一經美國媒體傳播，李在曼哈頓所經街道，人滿為患；就連街道兩旁的視窗，也擠滿歡迎的市民。紐約證券交易所的經紀人們，快遞公司、保險公司的員工們，也各自聚集一起，為李鴻章的到來，熱情歡呼。為安全起見，美航碼頭戒嚴，二百名精騎兵護衛李鴻章。據統計，前來歡迎和觀看的人，一天最多達五十萬人。美國政要（克利夫蘭總統特地從華盛頓趕來，會見了李鴻章），幾乎都會見了李鴻章。李鴻章還被《紐約時報》譽為「東方王子」，並描繪說，他的「一舉一動是那樣怡然自得，使旁邊的人習慣於服從，而他本人又不顯得傲慢」，更說他的做派，與美國很相像。《紐約時報》對李鴻章的報導，真是極盡讚美之詞。這恰與李鴻章前一年的落魄（與日本簽訂屈辱的《馬關條約》），形成鮮明對比。

在紐約水域的船上，李鴻章告訴代表總統前來歡迎的盧傑將軍說：「法國人試圖勸我經馬賽和蘇伊士運河回國，但我回絕了。我告訴他們，我想訪問美國。」盧傑將軍則謙遜地比喻此訪，「就像是一個國際大家庭裡的大哥哥探訪遠方的弟弟」。[1]這就是當時美國心態的真實寫照。沒有任何史料可以證明，這次歐美之行後的李鴻章，對西方和日本改變了看法。李鴻章的侷限性，並不影響後世對他的樂觀評價：

在中國尚未強大到足以採取堅定的立場之時，妥協和讓步是不可避免的。事後證明，李鴻章是一個弱國外交的大師，在可能採取堅定立場的少數情況下，他採取了堅定的立場；在不可能的時候，便作出最小的讓步。……李鴻章應當得到更為積極的評價，還有其他理由。他一生都顯示出個人的勇氣。他的幹勁和執著，在缺乏敢於作為和甘於奉獻精神的官場中有如鶴立雞群。在資金靠不住、批評攻擊不斷會使一個平庸之人沮喪的時候，李鴻章實現絕大部分自強計畫的成就令人矚目。[2]

做為特殊時期的外交家，李鴻章的貢獻與影響是顯而易見的，其功不可沒也。

1 鄭曦原編：《帝國的回憶》，三聯書店，二〇〇一年版，第三一一頁。
2 劉廣京、朱昌峻等編寫：《李鴻章評傳》，上海古籍出版社，一九九五年版，第二〇六頁、三四一頁。

帝制・殘喘・百年淚

清帝國的尾巴，距離我們的視野，較歷代王朝最近，但說起來，卻有相當的難度。因為沒有任何一個朝代的尾巴，有清帝國的尾巴這麼複雜多變。三百六十九年的漢尾，史稱大分裂、大混戰的時代，僅僅是五胡十九國，就夠讓人眼花繚亂的了，更別細說那些來來往往、聚散漂移的國名。然而，認真梳理起來，漢尾仍然沒有清尾那麼龐雜難辨。漢尾是：內有軍閥割據、外有五胡入侵；彼此混戰圈地，舉旗便能稱帝。二十四個字，全總結了。之所以如此簡單地總結漢尾，是因為這三百六十九年的大分裂、大混戰相對單純，參與者的目標，無非就是搶佔地盤，爭奪皇權。

然而，清尾卻不能這麼總結，單說清尾的時間界定，如果從鴉片戰爭算起，為七十二年。事實上是不能這麼輕率的，因為從乾隆第二次南巡開始，清帝國就開始走下坡路了。天災官災一起來，官逼民反，從一七七四年就開始了。這一年，白蓮教民變領袖王倫舉旗抗暴（有趣的是，這一年，美洲大陸上的十二個殖民地代表會議，選派五十六名代表，在費城召開第一屆大陸會議，決定建立大陸協會）。直到二十二年後（一七九六年），白蓮教才真正走進歷史的殿堂，為清帝國所惶恐不安。正如漢學家費正清先生說的，白蓮教雖然沒有取得政權，但它卻是清室將衰的徵兆，它揭開了十九世紀一次最大鬥爭的帷幕，那是中國的一次內戰，所參加的人數之多，使我們美國的南北戰爭相形見絀」。如果清尾的時間從這裡算起，一七九六～一九一二，那麼清尾當有一百一十六年。為便於敘述和加強記憶，我們權且把清帝國最後的日子，稱之為百年的苟延殘喘。這個稱謂的重要性就在於，這一百年不僅僅是清帝國的，更重要的，它是屬於歷時二千一百三十二年整個中華帝制時代的最後一百年。在這一百年裡，中國人的腦子裡，塞滿了各種以前從沒聽說的新概念。而伴隨這些新概念而至的，除了痛苦，還是痛苦。

考慮到閱讀上的便利，我們以組織和事件為座標，以時間先後為順序，分別來說說中華帝制史上的這最後一百年。

・白蓮教（一七九六～一八〇四）

白蓮教起源於蒙古人統治時期，為祕密教派組織。一七九六年，白蓮教公開活動，反對暴政，因而被嘉慶皇帝所鎮壓。白蓮教雖然以失敗而告終，但它卻揭開清帝國未來一百年內戰的帷幕。

・鴉片戰爭（一八三九～一八四二）

一八三九年，林則徐禁毒成功，鼓舞了旻寧皇帝，使其做出「永遠斷絕與英國通商」的決策。英國人不答應，遂於一八四〇年，用船堅炮利，逼迫清帝國對外通商。英、法、德、意、美等一哄而上，紛紛與清政府簽訂不平等條約。把鴉片戰爭稱作貿易戰爭，或更貼切。

・太平天國（一八五〇～一八六四）

面對西方列強，清政府無所作為；面對民變，清政府同樣無所作為，以至於讓洪秀全領導的民兵坐大。一八五三年，洪秀全攻陷南京，並於此定都；至一八六四年，太平天國被清政府消滅，其間有十年時間，清帝國出現南北對峙狀態。

・捻軍叛亂（一八五三～一八六八）

從一八五三到一八六八年間，捻軍控制華北地區。與捻軍同期活躍一時的，還有清帝國西南和西北的回民。至一八七二年，清政府攻陷大理城，結束西南歷時十八年的流血叛亂；至一八七三年，清政府攻陷青海樂都、甘肅酒泉，結束西北歷時十二年的流血叛亂。

・英法聯軍（一八五四～一八六〇）

內戰未止，英法聯軍又來。一八五四年，英法兩國公使準備向清政府提出：准許兩國使節進駐北京；准許開放天津為通商港口。清政府躲閃四年，令英法氣惱，遂用炮艦說話。清政府無奈，只好就範，簽訂條約，答應開放遼寧營口、山東煙臺、臺灣臺南與臺北、廣東汕頭、海南瓊州為通商港口，並賠償英法軍費銀幣六百萬兩。一八五九年，清政府變卦，在大沽與英法軍艦交火，並最終取勝。一八六〇年，英法艦隊捲土重來，攻陷天津。後又因英國代表巴夏禮被清軍逮捕，遭致英軍報復，這才上演英法聯軍火燒圓明園的慘劇。清政府澈底投降，英法聯軍的任何條件，無不答應。是以有了屈辱的《北京條約》：①賠償英法聯軍軍費白銀一千六百萬兩；②割讓九龍半島給英國；③增開江蘇鎮江、武漢漢口、江蘇南京、江西九江、天津為通商港口；④允許外國傳教士在清帝國內地傳教，並有權購置房屋田產。

・失地辱國（一八五八～一八八三）

一八五八～一八八三年的二十五年間，俄國掠走清帝國一百六十一萬平方公里土地。

・甲午戰爭（一八九四～一八九五）

甲午戰爭，由清帝國第二次保衛朝鮮[1]引起，清帝國戰敗。一八九五年，清政府和日本簽訂《馬關條約》，其中，清政府割讓遼東半島、臺灣、澎湖給日本，同時賠償日本軍費白銀二億兩。一九一〇年，日本命李熙簽訂跟日本《合併條約》，朝鮮遂亡。清帝國不但沒能保住朝鮮，反而連自己的領土也賠了進去。

1 從一五九二～一九五〇，歷三百五十八年，中國先後三次出兵保衛朝鮮，其代價之慘重，尤以一九五〇年代為甚，中國人民志願軍抗美援朝歷時三年，「各方作戰人員傷亡數字是：美國十四點二萬、南朝鮮二十萬、北朝鮮約五十二萬、中國九十萬。中國在朝鮮戰爭中的全部戰爭費用多達一百億美元。」（袁晞：《真相》，載《隨筆》，一九九九年第六期）。

・戊戌政變（一八九五～一八九八）

甲午戰敗，數千學生悲憤交集，推康有為為代表，上書皇帝，要求效法日本，變法維新。這場變革，僅維持一百零三天（史稱百日維新），便被慈禧血腥鎮壓下去。政權人物在考慮時弊的時候，不是以國以民為重，首先考慮的是他們的烏位是否會被顛覆。所以，專制體制下的徒子徒孫們，在涉及改革的時候，他們只肯在經濟改革上下工夫，而絕不願在政治體制上有半點閃失。

・義和團（一八九九～一九〇〇）

因種種複雜的原因，義和團瞄準洋人和清帝國教徒，大開殺戒。義和團在華北和東北殺死了幾千清帝國基督教徒以及約二百四十二名傳教士和其他外國平民。

・八國聯軍（一九〇〇～一九〇二）

一九〇〇年五月二十五日，慈禧宣布，向世界宣戰。英、美、意、德、法、日、奧、俄，遂組成八國聯軍接招兒。義和團與清軍，一敗塗地，慈禧西逃，繼續她的好日子。天塌下來，有黎民百姓頂著。

・清室退位（一九〇二～一九一二）

這是清帝國、同時也是二千一百三十二年帝制的最後十年。此前的十年，是李鴻章代國屈辱的十年；這最後十年（一九〇二～一九一二），則是李鴻章的得意門生袁世凱少壯當紅的十年。晚清有許多屈辱需要李鴻章這樣的人來承載，又有許多挑戰與機遇需要袁世凱這樣的人來承擔。歷史並非無緣無故地創造某一個人才，就像黃仁宇先生說的，中國歷史的關鍵時刻，如果沒有蔣介石的出現，必定另有一個「蔣介石」進入我們的視野，並擔當起他所該擔當的歷史責任（大意）。袁世凱就這麼應運而生了，他在一九〇二～一九一二這十年間，適時地出現在中國人的視野中。

民國篇

小引

《歷史的點與線》初版時，我僅僅寫到清帝國。不寫民國的原因很複雜，拋開政治因素（即受限於意識形態的禁錮）不說，單就民國史本身的龐雜，實在讓人頭疼。一九一一年十月十日，中華民國誕生。以民國行大陸之政的時間來算，三十八年。在這幾十年裡，政權的更迭，猶如走馬燈。彼此交替，你我互存，令人眼花繚亂。大致說來，有孫中山政權（南京臨時政府一九一二）、袁世凱政權（北洋政府一九一二～一九二八）、蔣介石政權（南京國民政府一九二七～一九三七）、汪精衛政權（南京國民政府一九四〇～一九四五）、蔣介石政權（重慶國民政府一九三七～一九四六；南京國民政府一九四六～一九四九）。

就政權的存續時間而言，孫中山政權幾乎是談不上的，但毫無疑問，孫中山開闢了中國的共和之路。同時，他也貢獻了一個偉大的國號：中華民國。除外，孫中山乏善可陳。[1]袁世凱政權與蔣介石政權，是中華民國的兩大政治支柱，他們對中華民國史的貢獻，無可替代。尤其袁世凱時代的北洋

1 一九一四年，國民黨借改組中華革命黨之際，規定黨員必須發誓：「願犧牲一己之生命自由權利，服從孫先生……如有二心，感受極刑。」同年，孫中山就任國民黨總理以後，黨章公然規定「總理對於中央執行委員會之決議有最後決定之權」。這些都給中國以後的獨裁不絕、民主難成，留下極其惡劣的榜樣。（參見李中：《和平奮鬥與中國——辛亥革命九十周年祭》，載《隨筆》，二〇〇一年第六期）。

政府，對中國文明史的貢獻，只有後來的蔣經國（一九八七年臺灣開禁）可比擬。袁世凱執掌民國，解除黨禁、報禁，實行三權分立、地方自治。這一切，雖有不盡如人意的地方，但中國總算踏進現代文明的門檻。蔣介石的歷史貢獻是，在最艱難的時刻，他領導國家與日軍做頑強抗爭，最終把日本人趕回東瀛老家。然而，加諸袁世凱與蔣介石身上的罵名，幾乎均等於他們的歷史貢獻。這也就是為什麼，袁世凱與蔣介石成為那一時代的政治座標。畢竟，那是一個亂世造英雄的時代，同時也是一個左右不討好的時代。商務印書館一九二一年出版的《共和人物》，就是一個很好的例證。書中羅列共和人物二十個，可以包括臨時大總統孫中山、副總統黎元洪，也可以包括閻錫山，就是不包括實際的第一任共和國總統袁世凱。歷史對袁世凱的成見，遠遠超過他對歷史的貢獻。蔣介石也如此。

本書終究不是民國史專著，因而也就無需面面俱到。正如前面各朝代的書寫那樣，以框架結構的形式，再現時代風貌。或言以點帶面，未嘗不可。

少壯・當紅・袁世凱

民國部分，我寫了八節，有四節與袁世凱有關。下面逐一道來。

一八八四年，在李鴻章的一份述職報告中，有一段對袁世凱的評價，說他「膽略兼優，能知大體……足智多謀，兩次勘定朝鮮變亂，厥功甚偉」。[1]獲此殊榮時，袁世凱年僅二十五歲。此後，李鴻章對袁世凱一度給予積極舉薦和重用，彰顯出其惜才的一面。一九〇一年十一月，當李鴻章天年即盡之時，慈禧問誰能接他的班，他指定了袁世凱。這年起，袁世凱逐步走向清廷政壇的前臺，並在短短的五六年內，一躍成為晚清一時無二、舉足輕重的政治家。

到一九〇六年前後，袁世凱不但控制著清帝國惟一一支十萬大軍的近代化武裝力量，而且他自己還取得了身兼八大臣的特別政治地位。這八大臣分別是：參預政務大臣、督辦山海關內外鐵路大臣、督辦政務大臣、直隸總督兼北洋大臣、督辦天津至鎮江鐵路大臣、督辦商務大臣、督辦電政大臣、會辦練兵大臣。到這節骨眼上，清廷一切要政，惟袁世凱建言是聽了。

袁世凱之走向晚清乃至民初的政治前臺，尚無實據證明，在他的仕途中，有什麼奴顏婢膝似的買官、賄官之行為，憑的完全是個人實力和舉世公認的軍事、政治方面的才幹。既使後來他榮登中華

1 郭劍林主編：《北洋政府簡史》，天津古籍出版社，二〇〇〇年版，以下引文均同。

民國總統的寶座，也絕非一般常識所說的竊國。歷史表明，那是大勢所趨，人心所向，南北合作的結果。至於袁世凱「成了神仙想升天」（當了總統想皇上）的倒行逆施（我們將放在《染缸・失足・古德諾》一節詳談），又在另當別論之中，本節重在當紅的袁世凱。

回溯至一八七九年，正是二十歲的袁世凱第二次鄉試名落孫山的一年，他因此憤而投筆從戎，還給自己找了個妥帖的理由：「大丈夫當效命疆場，安內攘外，（豈能）久困筆硯間，自誤光陰！」隨後就去了山東煙臺，在他嗣父故交吳長慶麾下，任營務處幫辦一職。隨軍入朝不久，即趕上朝鮮政變，袁世凱又出任前敵營務總理。任上一年，袁世凱果斷幹練地處理實際事務的才能，為他贏得較高聲譽，連朝鮮國王都要親自請他代韓練兵。一八八四年，吳長慶因故內調回國，袁世凱代行職權，僅年餘，便獲得「知兵」美譽。李鴻章在述職報告中對袁世凱的高度評價，就來自這裡。兩年後，在李鴻章的大力舉薦下，袁世凱獲加三品銜，其平步青雲的速度，史無前例。當知，此時的袁世凱僅二十七歲。此後，袁世凱以清帝國大臣身分，駐朝長達十年之久，直至一八九五年清日甲午戰起，他才奉命回國。

甲午之戰，清帝國的戰敗，促使袁世凱致力於陸軍軍制學的研究。在戰後很長的一段時間裡，自東北前線返京的袁世凱僦居在北京蒿雲草堂，摒絕雜物，邀集同志，潛心搜集、整理、翻譯了各類西方軍事著作。袁世凱此舉，在朝野上下引起強烈反響。聯繫自甲午清日開戰以來，袁世凱對於帝國傳統軍制所提出的強烈批評，及其「凡所建白，均料事如神」，使袁世凱一時成為矚目的當代軍事奇材。眾望所歸，袁世凱被當時（一八九五年十一月）的督辦政務大臣們一致舉薦為練兵大臣。就這樣，袁世凱在天津小站，組建了帝國惟一一支裝備完善的陸軍部隊，名曰：北洋新軍。袁世凱正是靠這支軍隊，樹立起他在政府（包括國內各派勢力）及列強面前的崇高威望，也由此奠定了他牢固的政治基礎。

在清末政治舞臺上紅極一時的袁世凱，使皇室大為不安。袁世凱畢竟是漢人——而讓漢人掌握著如此強大的一支軍隊，在滿清史上絕無僅有。一九〇七年，皇室為裁抑袁世凱及其北洋勢力，免去了袁的直隸總督兼北洋大臣一職，內調軍機處工作。這不但沒有削弱袁世凱的勢力，相反，袁還利用在軍機處工作的機會，加快了他的政治理想——立憲政治的步伐。果然，自一九〇八年軍機處重組之後，清政府的《資政院章程》、《欽定憲法大綱》等一系列立憲文件相繼頒發，從中央到地方的各級立憲機構相繼設立，清廷立憲政治的步伐明顯加快。袁世凱也由此獲得帝國立憲派亦即地方實力派們的大力支持。

袁世凱的立憲主張並非一帆風順，甚至早為他的政治夙敵醇親王載灃所不快。一九〇六年，以袁世凱為首的立憲派提出一項改革方案，即《新官制改革案》，其核心內容是：取消軍機處，設立責任內閣制。內閣制主要仿照立憲國的成例，使立法、司法、行政各有責任，互不統屬，也就是通常意義上的三權分立。在政務處的一次立憲討論會上，當袁世凱提出這一議案時，載灃聞言即怒，強詞而駁。袁世凱據理而辯，載灃詞窮，掏出手槍，即開槍射擊袁世凱。所幸未中。真可以說，為追求三權分立的政治理想，袁世凱在當時是冒了生命危險的。隨後，袁世凱仍促成五大臣赴歐美考察憲政的活動。以當時的情況來看，在晚清高層內部，還沒有哪一位官員能像袁世凱那樣，在如此短的時間內，為改革爭取到這麼多東西。

在這次立憲會上，因未能擊斃袁世凱，載灃一直耿耿於懷。一九〇八年十一月十四~十五日，光緒皇帝和慈禧太后相繼死去，溥儀登基，小皇帝的爹爹載灃為攝政王。載灃手握帝國大權，第一個要滅掉的，就是立憲派領袖袁世凱。載灃本想致袁世凱以死地，可他錯估了自己的能量；殺不了袁世凱，就只好求其次，撤銷袁的一切職務。後又以袁世凱在帝國政府的同黨為目標，將他們一一免職，企圖以皇族勢力，取代立憲勢力。但載灃所做的這一切，在袁世凱及北洋勢力面前，總顯得那麼蒼白無力。因為在北洋軍中，自統制以下的各級軍官都是袁世凱一手提拔的，非袁不從。滿族親貴們既然無法澈底更換這一龐大集團的下層，其對於集團上層的局部人事調整，也就變得毫無意義了。

進而，我們看到這樣一種奇特的政治現象：以布衣之名隱居河南漳德洹上村的袁世凱，卻牢牢地控制著北洋的幾萬精兵和中國政局。當時的洹上村，實際上成了清帝國的政治中心。這裡專門設有電報房，隨時保持著與中國乃至世界各地的資訊聯絡，袁世凱每天上午都要花上一兩個小時來處理「公務」。北洋各路將領還隨時赴洹上村，向袁世凱請示彙報。甚至一些朝野要人、外國使節也常常到洹上村來拜望袁世凱，聆聽他的政見。這使人想起當年李鴻章在天津辦公的情景，外國使節在前往北京之前，都要去天津逗留幾天，以專程拜訪在那裡的李鴻章。因為那一時期的大清政策，惟李鴻章可定奪。這一點，袁世凱頗似李鴻章，但又突破有餘。

袁世凱在彰德息影林泉三年間，仍通過各種管道盡力地建立與革命黨人的聯繫，並因此在相當一批革命黨人，尤其是年輕人中建立了極好的印象。

時留東學生之歸國者，必繞道謁袁……其私邸中談宴遊觀，無不座客常滿，有的還「誼若父子」。在宣統紀元以後的許多記載中，我們的確常常可以發現袁世凱靠著「金錢蒸發之力」幫助革命黨人揭竿的例子，如一九〇八年四月，袁世凱就曾資助過同盟會在雲南河口的一次起義。客觀上，袁世凱對於革命所持的這種曖昧態度，使相當的革命黨人對其產生好感。因此，在辛亥革命爆發之後的南北談判期間，頗有聲勢的臨時大總統「非袁莫屬」的呼聲，有很大一部分就來自於革命黨人的內部各派。

一九一一年十月十日，武昌起義爆發，清帝國出現混亂局面。西方記者莫里循在與友人談到這一時期的清帝國政局時斷言：袁世凱是皇室的惟一希望，他在國內有好聲譽，在外國有好名聲，是惟一可以從動亂中恢復秩序的人。同期的《泰晤士報》直接刊文，公開提出要清廷召回袁世凱，而且聲稱：只有他，才是能夠挽救時局的惟一人物。辛亥革命前夕，皇室成員載濤、載洵等人赴歐洲考察，曾受到列強的一致責問：「清國至今奈何不起用袁世凱？」在列強心目中，袁世凱不但關係著清帝國政局的穩定；這種穩定也關係著他們各自在清帝國及遠東地區的利益。

說到這裡，我們不能不說一說趁火打劫的日本和俄羅斯。袁世凱離職後，清政府失去了一位鐵腕人物，這在客觀上造成了政局的混亂與惡化，為日本和俄羅斯在遠東地區肆無忌憚地擴張，提供了一個絕好的機會。這也影響了英、美、德等其他列強在這一地區的利益。當然，受害最大的當是清帝國。在國家處於分崩離析的緊要關頭，加之英、美、德等外交使團給清廷施壓，袁世凱受命出山，並提出六項條件，前兩條便是即開國會和成立責任內閣。

對袁世凱的條件，清政府全部答應了。問題是，在這樣一個驟變的時代，誰都不知道未來會發生什麼，不會發生什麼。一句話，這時沒人能掌握得了自己的命運，包括皇室成員和袁世凱在內。一九一二年一月一日，孫中山就任中華民國臨時大總統，袁世凱大感意外；皇室尤感意外。袁世凱的出山，不但沒有像皇室一廂情願的那樣「保我大清」，相反倒加速了滿清帝國的滅亡。南邊的革命黨人提出條件，只要袁世凱能迫使清室退位，他們就把大總統一職讓予袁世凱。袁世凱果然做到，清室和平退位。革命黨人履行承諾，隨即於一九一二年三月十日，把袁世凱扶上了中華民國大總統的寶座。

這真是中國人實行先進政治民主的一次大好機遇——推翻帝制，南北統一，開啟國會，三權分立……這是戊戌變法以來，多少開明之士的夢想呀！萬萬不幸的是，中華民國《臨時約法》（詳見《量身．憲法．塞私貨》一節）一開始就極大地削弱了總統許可權，使其在職能上僅僅成為一個「橡皮圖章總統」（在國會和內閣通過的文件上蓋蓋章而已），而國會的許可權則無所不及，等於創造了數百議員皇帝。不要說袁世凱這樣一個半新半舊的官僚難以就範，就是專制文化薰陶下的新官僚，也絕不肯向嚴重違背三權分立原則的《臨時約法》躬身。袁世凱那樣的強權人物一旦感到憲法的不公，自然就要設法去突破。一邊要破，一邊要立，總統府和國會就打起來了。一開始，雙方還有妥協和忍讓，鬧到後來，袁世凱乾脆解散國會，進而稱起帝來。兩方都缺乏容人之雅，是以至此。

袁世凱這個清末民初紅極一時的政治家，登上極權寶座僅五年，就成了黑極一時的人物！真可謂，英雄美名，毀於一旦。如袁世凱去世的時候，在上海養病的黃興就寄來一幅挽聯，表達了他的某種惋惜之情，挽聯曰：

好算得四十餘年天下英雄，陡起野心，假籌安兩字美名，一意進行，居然想學黃公路。
僅做了八旬三日屋裡皇帝，傷哉短命，援快活一時諺語，兩相比較，畢竟差勝郭彥威。

挽聯的「好算得四十餘年天下英雄，陡起野心」前十五個字，基本公正客觀地總結了袁的一生。「四十餘年天下英雄」——是對袁世凱才幹的讚譽和認可；「陡起野心」——似乎又為袁世凱開脫了不少稱帝罪責。作為袁世凱政敵的黃興，真可以說是溫良敦厚了。只可惜袁克定「這樣的曹丕」（馮國璋語）不識貨，堅決拒絕懸掛黃興的這幅挽聯。因此，在次日中國各大報登出這幅挽聯後，社會各界也多從反面去解讀，挽聯的正面意義也就被埋沒了。而黃興的溫敦寬厚，更無從體現。今天來讀黃興挽袁世凱聯，我認為它實際總結了專制社會政治人物的共同命運：

少壯清明建功業，
老大昏庸留罵名。

量身・憲法・塞私貨

前一節提到的《臨時約法》，根本問題就在於，有人往這部根本大法裡塞了私貨。說白了，就是藏匿或夾帶了個人意志。

民國創立前夕，在討論政府組織法的時候，宋教仁極力主張設立責任內閣制，結果遭到孫中山的堅決反對，他認為「責任內閣制度平時不使總統當政治之要衝，故以總理對國會負責……孫文既為各位推舉置信，自不應再設此防制之法度」。[1]一九一一年十二月二十七日，在南京召開的臨時中央組織機構設置會議上，獨立各省代表討論修改了《臨時政府組織法》，規定採取總統制，不設國務總理。在同時期逐步完善起來的政府框架中，明顯地移植了美國式的總統制藍本。可見孫中山的意見得到尊重與認可。

總統制就總統制吧，然要準備「以大總統酬袁世凱，促其迫使清廷退位」的關鍵時候，在政府組織上，又來了個一百八十度的大轉彎，改美國式總統制為法國式總理責任內閣制。也就是說，孫中山當大總統，就實行總統制，政府這一塊，由總統說了算；而袁世凱當大總統，就實行責任內閣制，政府這一塊，由總理說了算。這種與其說是制度上的選擇，還不如說是因人立法。對此，孫中山自己也

1 本節所引，參見郭劍林主編《北洋政府簡史》，天津古籍出版社，二〇〇〇年版，一〇四、一〇六、一〇七頁。

從不諱言。曾參與《臨時約法》起草的人也回憶說，「孫公解職，袁氏繼任，中央政府須得改組，約法問題因之而起。孫公命胡漢民召集同志、參議院及我等討論大體……首都雖定南京，而袁氏不來，遂成懸案，至中央則宜改總統制為內閣制」。很明顯，「責任內閣制的確立，是得到孫中山的首肯或由他授意的」。這部「因人立法」的國之根本大法《臨時約法》，於一九一二年三月十一日，即袁世凱就任臨時大總統的次日，由南京臨時參議院正式宣布通過，由孫中山公開發布。

《臨時約法》規定，臨時大總統公布法律，發布命令，均需國務員副署。也就是說，如國務員不同意臨時大總統的上述事項，即可以拒絕在那些文件上簽字。國務員一職由大總統提名，任命則由參議院。而國務員受參議院彈劾後，臨時大總統又必須免其職。換言之，國務員是對參議院負責而不是對臨時大總統負責。歷史上，說這一時期的袁世凱是「橡皮圖章總統」，看實際的情形，他這個「橡皮圖章」的角色都當得不痛快。對此，曾以革命元勳自居的章太炎評論說，這種削弱三權分立功能的《臨時約法》，等於創造了數十百議員皇帝，其尊與帝國之君相似。

私貨甚重的憲法，遭到鐵腕人物袁世凱的挑戰，乃在料想之中。到一九二一年七月，民國走了十年，《臨時約法》被踐踏得一榻糊塗的時候，孫中山感到當時的立法存在嚴重問題，於是出來為自己十年前的「首肯或授意」辯護，他在一次演講中說：

> 在南京訂出來的民國約法裡頭，只有「中華民國主權屬於國民全體」一條，是兄弟所主張的，其餘都不是兄弟的意思，兄弟可不負那個責任。

孫中山的意思，是否認親往憲法裡塞私貨的。是非曲直，已無追究的必要。倒是「憲法與私貨」的問題，當為世人警覺。憲法為公——除了公，它還是公，那是容不得一點私貨的。容下私貨的憲法，也一定是獨裁專制式憲法。比如總統什麼的，把自己的兒子或親密戰友之類做為總統繼承人寫進憲法；比如某個專制元首把個人的思想理論塞進憲法；再比如你今天當政，把自己的私貨塞到憲法當中去，明天我當政的時候，我也把自己的私貨塞到憲法中去，這樣的憲法豈不兒戲化了嗎？歷史實踐證明，只要是私貨，在被塞入憲法的那一刻，就已經成為世人的笑料和歷史的垃圾。

染缸・失足・古德諾

書寫袁世凱，很難遵循編年表的方式。他承繼傳統，開闢未來，同時還有開倒車的僥倖心理。因此，我們必須以跳躍的書寫方式，方可詮釋他複雜的性格。為形象起見，本節首以文學描寫入題。

有一輛產於二十世紀初的車子，名曰「帝制號」。你也許知其貌，卻未必知其複雜構造。這上面坐著一位心事重重、心力交瘁的衰邁老人，此即袁世凱是也。楊度為司機，副座上的袁克定一路催促著：「加速！加速！」楊度說：「這一路坑坑窪窪，極盡顛簸，我已把油門踩到底了。」袁克定說：「要皇祿，先修路。誰能鋪平這坑窪之路呢？」楊度想了想說：「非古德諾莫屬。」果然，有古氏的加盟，「帝制號」迅猛提速。這一路，後座上的老乘客頻頻煞車減速，以策安全。畢竟終點站的皇冠太吸引人了，後座上的老乘客在「又想著，又怕著」的矛盾心態中，煞車十餘次後，便半推半就地一任「帝制號」瘋狂駛往懸崖峭壁……遊絲尚存的老乘客袁世凱，哀傷地對榻畔侍疾的徐世昌說：「他害了我。」言畢，命西。那一天是中國人迷信的好日子，六六大順——一九一六年六月六日，三個六哩！

袁世凱遺言，「他害了我」中的那個「他」，向無定論，但也並非無主可尋。可以圈定的有楊度、袁克定、古德諾（Goodnow）、喬爾典，具體是誰，就要分析。袁克定不用說，他擁帝最力，是因為仰望皇儲已久。為此，他專請寫手，每天編一份《順天時報》，使上面充斥著全民及列強支持帝制的假消息。帝制前夕，袁知真相，遂令「太子」下跪而施以鞭刑。楊度也不用說，他是擁帝班底之首，且浮於面上，為眾所周知。剩下的兩位就是西方人古德諾與朱爾典了，前者是袁世凱的美國顧問，後者是袁世凱私交三十年的英國駐華大使。

不知從何而起，中國有口頭禪曰：「外來和尚會念經。」乾隆時，他蔑視外來「和尚」，那是自大；後又反過來，「外來和尚會念經」了。在稱帝問題上，袁世凱一直伸不開攤兒，恰有朱爾典適時出現，他對袁說，中國君主立憲「不但英國歡迎，凡英國聯盟諸國，也絕無損害中國之意」。[1]以排除法而論，朱爾典這幾句，顯然不是袁世凱下定稱帝決心的關鍵因素。觀其一生，袁非輕舉妄動者。而袁克定和楊度則更不為袁世凱所看好，他十餘次踩煞車，為帝制叫停，既是對他們瞎嚷嚷、窮忙活的嚴重質疑。這樣就剩下古德諾了。

古德諾出生於紐約市布魯克林區，受聘於袁政府時五十四歲，其時他在哥倫比亞大學已執教三十年，時為美國哥倫比亞大學的法學院院長，美國政治學會的創議人，為當時世界政治學和行政學的權威。

史家認為，古氏之所以能為袁世凱的顧問，得便於古氏的學生顧維鈞（前者為後者的博士生導

1 郭劍林主編：《北洋政府簡史》，天津古籍出版社，二〇〇〇年版，第三一六頁。

師）。但我認為，這只是其一，更重要的是，袁世凱早在清政府內總攬大權的時候，就對美國抱有好感。一九〇八年六月十四日，袁世凱在接受美國記者採訪時就直言不諱地說，他是希歐多爾・羅斯福總統的崇拜者，還說：「我一直期待著訪問美國。在所有未訪問過的國家裡，最吸引我的就是美國。這也許是因為，在我周圍，有很多年輕人都是在美國接受教育的。」[1]這也是實情。此後，袁氏執國，其閣員亦多英美留學歸來者，且年輕有為，如顧維鈞任袁氏機要秘書時二十五歲，王寵惠任外交總長和司法總長（先後）時，也不過三十掛邊。加之共和初肇，中國始由傳統的王法，向西方的法治轉型，袁氏雇請美國顧問，再順理不過了。

水到渠成，古德諾夫婦於一九一三年五月三日抵京，與中國政府簽約三年，無稅年薪為二點五萬銀元，為當時美金的一點三六萬元，其購買力約合今日的三十萬美元。然未及一年，美國約翰・霍普金斯大學寄來聘書，聘古德諾為校長。魚和熊掌不可兼得，古氏便毅然選擇了後者，於一九一四年八月返美，出任新職。中國方面越發覺得古德諾奇貨可居，仍續為顧問，其職由卡內基基金會委人代理，古氏遙領。一九一五年夏，古氏乘暑假之便二度來華，並以袁總統顧問的身分，拋出他的課業，即飽受中外非議和指責的《共和君主論》。

古德諾認為，政體本身，帝制也罷，共和也罷，無絕對優劣可言。這一觀點，與日本學者福澤諭吉的相關論述如出一轍。早在一八八二年就發表了《帝室論》的福澤諭吉認為，「政府的體制只要對

1 《帝國的回憶》，三聯出版社，二〇〇一年版，第一四一、一四二頁。

國家的文明有利，君主也好，共和也好，不應拘泥名義如何，而應求其實際」。[1]不知古德諾是否受到福澤諭吉的影響，但可以肯定地說，古德諾與福澤諭吉都受到了英國政體的影響，因為他們二人在論及帝制時，皆以其為例，指出國體應以實際為重的意義。英國政體走向略下：

十七世紀中葉，克倫威爾（一五九九～一六五八）領導英國的「辛亥革命」，不但推翻了英王查理一世，還將其公審、定罪，然後砍頭。隨之，建立起人類史上的第一個共和國，克倫威爾也由此成為首位民選總統，在位九年（一六四九～一六五八）。不料，克倫威爾在年邁多病之時，卻遇到一個棘手問題：誰來接共和國的班。說是棘手，是因為歷史上沒有先例可尋。如父傳子承，那還是帝制。由於當時尚無父傳子承以外的智慧和法統（法律）保障，致使克倫威爾提請傳位於子的計畫流產。但諾大的英國又不能一日無主，怎麼辦呢？國會內的老議員們，認為共和不合大英國情，還是復辟的好。經國會提議，全國同聲說好，他們乃把已廢太子找回來做英王查理二世。大英共和國也就再度變回大英帝國了，以迄於今。

引述英國政體的前後轉變，古德諾重在說，帝王專政可依老香火、老法統行事，老王晏駕，自有小王按老法統和平接班；不像個人專制的寡頭政權，一旦老寡頭死了，眾多小寡頭必須大打出手才能

[1] 劉岳兵：《福澤諭吉的天皇觀及其影響》（《讀書》，二〇〇五年第六期）。

接班。古氏是以建言袁政府，君主立憲未嘗不是一種政治選擇。

說起來，古德諾教授這篇學術文章也不怎麼長，僅五千多字，約與《老子》的篇幅相當。在袁黨來說，他們打定的主意，就一定能點石成金，使古氏文章有價。唐德剛先生說古德諾是一個不折不扣的「滿腹詩書，胸無城府」的夫子，一點錯都沒有。古氏初臨東土，對詭譎的中國政壇毫無認識，一朝入染缸，哪還有你迴旋自拔的餘地？古氏成為袁黨帝制的殉葬品，也就在所難免。

本節開篇就述「帝制號」的行車狀況，那路坑窪不平，車子當然無法提速。帝制路最大坑窪的製造者，就來自袁政府內部。你想，段祺瑞、馮國璋、張勳等人當時皆手握軍權，自成方面。在這種情況下，慢說袁世凱做皇帝，就是維持個總統大位，也要時時看他們的臉色。北洋內部尚且如此，中國其他勢力也就更不容袁氏倒行逆施了。所以，要想填平帝制這股道上的巨坑，國無一人，而外國彷彿也只有古德諾最合適。理論層面上，挾洋人以自重，於時為始，於時為烈。

政治上遇到坎兒，到外國人那裡去尋找出路，至少從袁世凱起，就已經成為中國政治的定律了。斯時，中國人也可以挺著胸脯地說：誰說我們是東方主義者？誰又說我們是東方專制主義者？你看看我們的思想始祖，除了孔子以外，如古德諾、如馬克思等等，不都是西方人嗎？而且半個多世紀以來，我們扛的是來自西方的馬克思主義大旗，而非孔子主義的大旗。論起真來，我們今天的華族該是另一層面上的西方主義者才對。

這話也許偏頗了些，但事就擺在那裡，似也無可辯駁。袁世凱之流的聰明就在於，傾慕西方文化的中國精英們不是動輒歐美如何嗎？我政府中人比你們還進步，我大總統有三十年私交的英國權貴，有美國憲法顧問為我大總統之顧問。我大總統也就是天年不期，否則重金請美國下三濫寫個《他改變了中國——袁世凱傳》，那還不是小菜一碟！我政府、我總統的西方化，哪裡又比你等知識份子差？你等還有什麼話可說？你等文化精英總說美國的月亮是圓的，我政府我總統也說呀！美國學者都給我顧上問、捧上高座了，你等倘若誹腹，豈不成了只許士人放火，不許官州點燈了嗎？

事實表明，袁世凱之流在借重外國人的理論來樹立自己的政治權威方面，確有一套，乃至多套。從古德諾受人之托，忠人之事，作《共和君主論》一文，原是從純學理立場出發的一個政體性建議。從該文的密件性質來看，顯然是專供雇主個人參考的。但《共和君主論》的宏文一到袁黨手裡，就由不得古氏了。總統派和後來的帝制派對古氏的純學理毫無興趣，他們所需要的只是古氏為我所用的那部分理論，謂之斷章取義亦無不可。古氏的理論是，共和帝制各有所適，到了袁黨筆下，就變成「君憲優於共和」了。袁黨一拿到這正中下懷的救命稻草，便如獲至寶，並迫不急待地加以漢譯，使之通過媒體，迅速流布中國。唐德剛就說：「以古氏在學術界的權威地位，他的片言隻字，對中國政治所發生的影響，都是無法估計的。」正因此，古氏的理論，一下子就為袁黨的帝制鋪平了道路，從此，帝制運動也就可以大張旗鼓地進行了。

借重洋人理論，以期達到鄙劣政治目的，這是新老專制集團所一貫玩弄的流氓手法。袁世凱算得上是這一手法的鼻祖，他將古德諾的《共和君主論》「作為支持帝制的特別有力的證據」[1]而大肆

1 保羅・S・芮恩施著，李抱宏譯：《一個美國外交官的使華記》，商務印書館，一九八二年版，第一三六頁。

渲染。之所以如此，乃因這意見不是來自伊朗、敘利亞和辛巴威，也不是來自朝鮮、古巴和緬甸，而是來自世界上最重要的共和國——美國。某些當代專制集團在標榜自己的政治主張受到國際社會歡迎時，連上述幾個小國都敢厚著臉皮地收入囊中，更況袁黨是得到美國的支持呢。拋開這種「拉他旗作虎皮」的卑鄙性不說，僅就民主政治的份量而言，幾十個類似朝鮮和古巴這樣的國家，確也無法與美國等比。

古氏也不是傻瓜，他察覺自己已被專制所利用，便於一九一五年八月十七日招待中外記者，說明真相；隨即又得袁氏批准，在《京報》的英文版上披露《共和君主論》的原文，以正視聽。但其時，帝制派利用古德諾祭旗復辟的目的已達，「君憲優於共和」的口號已傳遍中國，他再怎樣招待記者來痛加批駁，亡羊補牢，為時已晚。加以約翰・霍普金斯大學就要開學了，古德諾校長不得不於當月底匆忙離華返校。人去樓空，楊度搖身一變，而為古顧問君憲救國的代言人了。

對於古德諾校長來說，事情到這裡本可以結束了。你搞你的帝制，我當我的校長，大洋兩岸，彼此東西，互不相擾。但誰也沒料到，《共和君主論》的政治主見，隨著在中國的震波，越過大洋，返回美國本土。古德諾的《共和君主論》不僅遭致中國社會各界的強烈批評，也遭到美國學界、政界的強烈質疑和不滿。本來在美國政壇就有很好宦途遠景的古德諾，亦因此而前功盡棄。

需知，古氏出任約翰・霍普金斯大學校長時，其聲望之隆，原不在普林斯頓大學校長威爾遜之下，所以共和黨便有意提名古德諾為總統候選人，使之與威爾遜一爭高下。不幸的是，古校長因有幫助袁世凱稱帝之嫌疑而被罷黜。古德諾本興致百倍地來華為新生的共和國服務，腳跟未穩，卻失足掉進了中國的大染缸裡，這已不是跳進黃河洗不清，而是跳進染缸臭一堆了！為此，後世中國史學家就對古德諾頗不客氣，說他「和中國國內的帝制派勾結在一起，進行了變更中國國體的大力鼓動」。其「勾結」二字，已為學術詈言了。

現在看來，古德諾不知就裡地趟中國政治的混水，實在是一樁賠大本的買賣，真可謂一失足成千古恨了。而步其後塵，馬失前蹄者，比比皆是。專制老店，不分東西，是學者，只要為我所用，來者不拒。至於命運幾何，那就看你的運氣了。

老袁・稱帝・又如何

今天回看袁世凱昔日稱帝一事，也並非洪水猛獸。共和之初的中國精英們，當時一聽說又要回到皇帝時代，便理性全無，國體惟共和無二。

從實說來，袁世凱即使要恢復帝制，也大大不同於「百代皆行秦政制」那種帝制模式了。當時，無論來自列強的帝制附和聲，還是來自國內帝制的附和聲，都首先打上了「君主立憲」這個標籤。兩千年的帝制，是皇權之一極；君主立憲則由皇室、內閣、議會三極組成，根本上是有所區別的。

就是飽受中外史家指斥的古德諾的《共和君主論》一文，也特別提醒袁世凱，從共和回到君主，「要真正落實君主立憲的具體計畫」才行。一同在袁世凱麾下發揮作用的日本顧問有賀長雄，當時還擬定了「新皇室規範」，其中包括「親王、郡王可以為海陸軍官，但不得組織政黨，更不得擔任重要政治官員；永廢太監制度；永廢宮女採選制度；永廢各方進呈貢品制度；凡皇室親屬不得經營商業，與庶民爭利」。[1]君不見，在當年的帝制活動人物中，一批受西方君主立憲政體影響較深的人還有這樣一種看法，即：

[1] 郭劍林主編：《北洋政府簡史》，天津古籍出版社，二〇〇〇年版，第三三六頁。

以帝制的重建來削弱袁世凱的個人勢力，以進一步「加強憲法的實踐和行政管理的效率」。時任袁政府財政總長的周自齊將其解釋為，帝制之後，「隨著袁世凱居於皇帝的高位，政府將掌握在國務總理和內閣手中，他們將按照憲法繼續掌管政府，並使之與立法部門協調一致……我們將使袁氏成為廟宇中的菩薩」。[1]

我們說，即使這一想法太天真、太過於理想化，即使袁世凱不會成為「廟宇中的菩薩」，那麼傳位到其後世子孫，就沒法不是「廟宇中的菩薩」了。袁世凱對其長子袁克定就有過這樣的評語，說：「叫他布置錫拉胡同，尚能勝任，叫他布置洹上村，便辦不了了。」退一步說，就是袁克定有其父那兩把刷子，國際和國內的政治環境，也容不下一個國家重返「秦政制」了。是以假設君憲成活，袁氏一族而為英國那樣的虛設王室，當不成問題。誰說這不是一種可以參酌的政治選擇呢？二十世紀上半葉，是中國繼春秋諸子百家之後又一個群英薈萃的時代，眾精英只要冷靜下來，攙扶著君憲這個新生兒走下去，而不是一路討伐，也許今天的中國又是另一副樣子。英日等國皆屬君憲政體，誰又說這兩國偏離了民主政體的軌道呢？

在近代史上，有兩次君主立憲的機會，都與中國人擦肩而過，這就使得中國的精英們鐵定地認為，中國只有搞共和才是出路，於是就有了後來的一黨專制下的共和。黨領導一切的野蠻政治，使國

1 郭劍林主編：《北洋政府簡史》，天津古籍出版社，二〇〇〇年版，第三二〇頁。

民黨黨魁蔣介石的權力，遠遠勝過兩千多年帝制時期裡的任何一任皇帝——科技的落後，使得古裝皇帝對身邊以外的政務鞭長莫及；科技的發展與進步，使得西裝皇帝靠廣播、報紙、電視、Internet以及遙控指揮下的各地軍警，就能把中國人民的思想統一到一個政體下——使個人獨裁下的中央集權達到幾乎無所不能的地步，萬馬齊鳴是他，萬馬齊暗也是他。這個「他」，就是極權寶座上的西裝皇帝呀！這也叫共和，你能說它比君主立憲制更民主嗎？誰又可以說，共和就是制約權力、平衡權力的靈丹妙藥呢？

可惜，中國善出革命家，而乏思辨家。前者，革完了皇命，他就取而代之而為一個新生的皇命，也就是魯訊說的，奴才做了主人，是絕不廢去「老爺」稱呼的。極權上，新老爺往往比老老爺的手法還狠毒、還流氓。所以，反對袁世凱做皇帝的人，自己未必不想著做皇帝。而這種人及其後世子孫，一旦登上大寶，就在一黨一族一姓之內香火不斷地傳接下去，稍有異議，就被視為顛覆其政權，必予除之而後快。這種新皇權政治，其貽害國民的程度，袁世凱怕也只能望其項背。

這裡不是說袁世凱有多好，而是說新皇權政治有多壞。與其覺得新皇權政治之壞，才又感喟：袁世凱稱帝又如何！

軍閥・混戰・辦教育

以我學生時期所受的文化訓練，使我對「民國」一詞，向無好感；而民國的伴生物軍閥，尤其如此。有一天，我在文海裡偶拾一點文字碎片，說某年某月的某一天，大概是祭孔的日子吧，張作霖脫去戎裝，換上長袍馬褂，跑到轄區各個學校，給老師們打躬作揖，說自己沒什麼文化，教育下一代，全靠諸位老師辛苦了。別看是隻言片語，卻從此讓我對軍閥另眼相看。雖然不是對所有的軍閥都有此好感，但就我個人來說，此後我便開始注意和軍閥相關的文字。多年的留心，我發現像張作霖這樣關心教育的軍閥，還不止他一人，主政山東的韓復榘是一個，主政山西的閻錫山也算一個。本節就說說他倆的教育情結。

韓復榘以大老粗著稱，也是搞笑大王。切入正題前，我們先講一個和他有關的笑話。一次，韓復榘到濟南一所學校給學生們做報告，他說：「同志們、老頭子們、老太太們、大學生們，二學生們、三學生們、大姑娘們：你們好，俺也好，咱們大家都好。今天天氣很好，俺十二萬分地高興，俺特地從山東趕到濟南來，俺是沒啥文化的，是從槍桿子裡爬出來的……今天誰沒來聽演講，沒有來的請舉手。好，都到齊了。今天俺的報告有四個問題：第一個問題，俺講了你們也聽不懂，俺就不打算講了。第二個問題很長，要講四個小時，今天時間來不及，俺就不講了。第三個問題（他用手摸了摸上衣口袋），對不起，俺的講話稿沒帶來，還在秘書處，俺也不講了。下面接著講第四個問題，就是講講怎麼做事。俺想，一個人做事，先要決定他的大前提，比如咱的馬，只有後面兩個蹄子，沒有前面兩個蹄子，它會走嗎？」

最後一句，雖然也很俏皮，但卻讓韓復榘歪打正著，說到了點子上。比如說用人問題，韓復榘就有個大前提，用正人不用歪人。他走馬上任山東省政府主席後，便把一些術士、僧道類人物，統統請出了衙門，取而代之的是新派文人，如大名鼎鼎的何思源、梁漱溟、趙太侔等等。後兩位不說了，咱們說說時任山東省教育廳廳長的何思源吧。

首先需要理清的一個問題是，何思源是蔣介石的人，他能出任山東省教育廳廳長，乃出於蔣介石的一手安排。這並不等於說，何思源出任該職，完全靠人際關係，他本人是有真才實學的。何思源學生時代，先後就讀於北京大學及美國哥倫比亞大學，此後又留學德國與法國。何思源回國後，先任中山大學教授，繼而跟隨蔣介石北伐，任政治部副主任。此後，便是現職，即山東省教育廳廳長。

再說韓復榘，他是由河南省政府主席平調山東的，新省府班底，基本上都是他從河南帶來的，只有何思源來自於南京方面。韓復榘與何思源最初的關係，不難預期。韓復榘也許是為了給何思源這位欽定的人物一個下馬威，就聲言要省財政削減教育經費。何思源聞之，怒氣衝衝地找到韓復榘，說教育經費不但不能減少，以後每年還要增加。何思源明確指出：「這不是我個人的事，事關後代青年。主席要我幹，就得這樣安排；不叫我幹，我就走人！」身為一省最高行政長官的韓復榘，不僅沒有被觸怒，反倒起身安慰何思源，說：「省財政絕不欠你的教育經費，盡請放心！」

韓復榘的大度，讓其身邊的人大為不滿，他們難以容忍何思源的存在，便時常在韓復榘面前，予以非議，並強烈要求韓主席，將何思源撤職。韓復榘下面的這段話，恐怕就是今天的官員，也未必說得出。他對省府一些高官說：「全省政府只有何某一個人是山東人，又是讀書人，我們還不能容他？不要越做越小，那樣非垮臺不可！」什麼叫「越做越小」？就是拉幫結夥唄。一個政府班子，有了拉幫結夥的心，再加上具體的行動，即使不垮臺，也一定幹不出什麼好事來。

韓復榘在山東主政七年，山東的教育事業不僅不落人後，且發展迅猛。就是教育工作本身，韓復榘也總是放手讓何思源去做，他從不橫加干涉，更未向教育界安排過一個親信。這也許就是讓何思源敬佩的地方。一九三八年，蔣介石為剷除異己，殺了韓復榘，成為民國第一冤案。此前，蔣介石為搜羅韓復榘的罪名，曾召見何思源，開口便問：「韓復榘欠你多少教育經費？他又是怎樣賣鴉片的？」何思源面對國家元首的誘導，他不是落井下石，而是直言相告：「韓復榘從未欠過教育經費，也並沒有賣過鴉片。」這何止是一句證言，直接就是對韓復榘人格的標榜與尊重。這尊重，來自於韓復榘對教育的言而有信。這同時也是一種民國精神。

接下來，咱們再說說閻錫山。他與韓復榘最大的不同，那就是主政一省的時間特別長，他執掌山西達三十八年。閻錫山曾留學國外，深受西方文化的影響，特別是在治學方面，卓有成效。因此，山西當年的教育，被稱為中國教育的典範。閻錫山辦教育，最值得一提的是，他在搞好山西經濟的基礎上，率先在全省實行中小學免費義務教育。自一九四二年開始，山西全境育齡兒童入學率，每年都能達到百分之八十以上。這個百分率，即使是在當時的世界上，也是首屈一指的。更何況，中國的這一歷史時期，正值抗日戰爭。在一個戰爭頻仍、離亂不斷的環境下，一省的入學率還能達到這麼高，做為後人的我們，除了感佩，還是感佩。

軍閥不一定都是壞的，也不一定都是好的。但我堅信，懂得辦教育的軍閥，起碼是一個可愛的人，或者他具有可愛的一面。這就像何思源先生所說的，辦教育「不是我個人的事，事關後代」。延伸開來，事關後代的事，難道不是事關民族的未來嗎？日本是怎麼強大起來的？難道不是他們在明治維新（一八六八年）時期強制推行普及義務教育的結果嗎？還記得早年播放過的日本電視劇《阿信》嗎？給人當保姆的阿信，她也必須上學——背上娃娃去上學！否則，政府就要嚴厲懲處她的雇主。正是這種嚴厲的教育政策，日本人也才把他們當年的義務普及教育，稱之為「血淚史」。在當時看來，這是多麼的不近人情；回眸一瞥，卻才發現，「血淚史」鑄就了日本，使之成為世界七強之一。由此我們也愈發覺得，懂得辦教育的人，是多麼的可愛與可敬。

或許因為有軍閥辦教育的傳統，到了一九三七年，南京國民政府遷至重慶時，北方三所大學（北京大學、清華大學、南開大學）遷至雲南昆明，組成西南聯合大學。即使戰火紛飛，蔣介石領導的國民政府，也沒有忽視教育。僅此一點，蔣介石也應該受到後世的敬仰，就如我們敬仰辦教育的軍閥一樣。而二十一世紀的中國，把教育當產業，這無論如何都是對後代的極大不負責任。從幼稚園到大學，各級教育機構，都把學生當成了搖錢樹。想來，世上再無如此斷子絕孫的勾當！

聯大・中心・西倉坡

清華大學辦事處舊址

西倉坡五號，為西南聯合大學（以下簡稱西南聯大）時期之清華大學辦事處，除辦公、會議外，西南聯大校長梅貽琦、清華大學教授馮友蘭亦居住於此；六號則是聞一多先生的寓所。殷海光先生就讀西南聯大時，其足跡，不絕於西倉坡。

西倉坡之所以能為民國史的一部分，一方面，西南聯大的常務會、校務會、教授會多在此召開，使這個淺陋的小巷一度成為西南聯大的行政中心；另一方面，又因聞一多先生在自己的寓所門前遭暗殺，又使這個淺陋的小巷一度成為國人矚目的中心。西倉坡陳跡，二〇一五年前，尚存聞一多先生舊居的一堵殘牆，幾片深灰色的藍瓦，幾縷隨風搖擺的牆頭草，低調得幾乎讓人忘卻了它的歷史存在。惟有殘牆一側一道綠色小門旁的「西倉坡5＃」幾個豎排紅漆字，尚且昭示著它曾經的輝煌。而今，這歷史陳跡已不復存在，代之一堵現代華麗的牆體。

主席頭上誰端坐：說到西倉坡五號，我們不能不提西南聯大的會議制度。以常務會議為例，它是西南聯大的最高決策機構，其內容由報告事項、議決事項組成。梅貽琦既是西南聯大校長，也是常務會議主席，報告事項首先由他開始。接下來是各常委們，就自己分管的部分，做有事報告。報告完畢，再逐一議決。在西南聯大常務會議記錄上，報告事項頭一條，往往是如下固定不變的字眼「梅主席報告」，或「某某代主席報告」。

「梅主席報告」這簡單的幾個字，正是民主制度在西南聯大的具體反映。梅主席向誰報告？他向西南聯大常務會議報告呀。換句話說，常務會議才是西南聯大的最高行政決策機構，而一校之長兼常務會議主席的梅貽琦，他僅僅是一個有事報告、議決執行這麼一個角色。進而我們知道什麼是民主，既一校之長、常務會議主席，不可以凌駕於常務會議之上，否則就是校政專制了。比如西南聯大每一屆的校務會議教授代表選舉，梅主席都無權干預。選舉結束，校務會議把結果呈文給梅主席即可。然後，梅主席再就此向常務會議報告一下，也就沒事了。校務會議會按照它自己的軌道運轉，教授會議亦然，這裡不存在會議的上傳下達，也不存在會議並軌的問題，更不存在大會議領導小會議那種荒唐的事。

辭職信函如落葉：在西南聯大常務會議記錄中，我見的最多的兩個詞是「辭職」與「慰留」。僅以西倉坡五號的常務會議記錄為例，如楊武之函請辭去理學院數學系主任職務，議決慰留；雷宗海先生函請辭去文學院歷史學系及師範學院史地系主任職務，議決慰留；羅常培先生再函請准辭去文學院中國文學系主任及師範學院國文學系主任職務等。余者還有聞一多、倪俊、馮友蘭、霍秉權、湯用彤、楊振聲、陳達、鄭天挺、張為申等先生，也先後致函常務會議，提出辭去行政職務。其中，在張為申先生請辭（教職員消費合作社委員會）照准一條後面，還附有一段帶著人的體溫的文字：「查張先生擔任該委員會委員職務為時既久，宣勞甚多，應由校專函致謝（已函謝）。」

接下來，我想重點說說樊際昌與鄭天挺兩位先生的辭職。樊際昌提出辭去註冊組事務員兼代理該組主任職務，常務會議議決慰留。未幾，樊際昌先生再次提出辭去該職。常務會議在議決事項中這樣寫道：樊際昌先生「辭意堅決，輓留無術，應照准」。相比之下，西南聯大總務長鄭天挺先生的請辭，更要困難一些，常務會一再議決慰留。然而，鄭先生則是鍥而不捨地請辭。最後，常務會議做出妥協，說「惟鄭先生仍面請准辭」，只得另聘沈履先生繼任。遺憾的是，沈履先生接任此職不到一周，竟然也提出請辭，理由是「體弱不勝繁劇」。西南聯大常務會議議決，仍由鄭天挺復職。這多少有些強人所難的意味了。我們也可以猜想，鄭天挺對此是何等的無奈！

我們不知道，西南聯大教授們何以個個與行政職務有仇似的，以至於辭職函，如落葉般滿天飛。但我們卻知道，西南聯大教授們八年的學術成果，是此後幾十年全國所有大學學術成果所無法比擬的。隨便數幾例吧：馮友蘭著《新理學》；金岳霖著《論道》；華羅庚著《堆壘素數論》；許寶騄著

《數理統計論文》；錢穆著《國史大綱》；王力著《中國語法理論》；張漢印著《滇緬鐵路沿線經濟地理》；費孝通著《祿村農田》；周培源著《激流論》；吳大猷著《多元分子振動光譜與結構》、《建築中聲音之漲落現象》；鐘開萊著《對於機率論與數論之貢獻》；馬上俊著《原子核及宇宙射線之向學理論》；孫雲鑄著《中國古生代地層之劃分》；朱汝華著《關於分子重排及有機綜合論》；馮景蘭著《川康滇銅記要》；李謨熾著《公路研究》；朱光潛著《詩論》；高華年著《昆明核桃等村土語研究》；湯用彤著《漢魏兩晉南北朝佛教史》；聞一多著《楚辭校補》；陳寅恪著《唐代政治史述論稿》；鄭天挺著《發羌之地與對音等論文》；羅廷光著《教育行政》；楊鐘健著《許氏祿豐龍》；王竹溪著《熱學問題之研究》；趙九章著《大氣之渦流運動》；張清常著《中國上古音樂史論叢》；陰法魯著《先漢音律初探》、《唐宋大曲之來源及其組織》；李嘉言著《賈島年譜》；樊弘著《資本蓄積論》等等。這些學術論著，包含了哲學、史學、文學、美術、音樂、自然科學、社會科學、應用科學、古代經籍等等。一九四一年至一九四六年間，教育部共舉行了六屆學術獎勵活動，以上所列，均被教育部學術審議委員會審查通過，並分獲一、二、三等獎。

如果把西南聯大教授的辭職函比作落葉，那麼西南聯大教授們的學術成果，則是果實累累。這不像也絕對不像今天的大學教授，他們為了掙得一個行政職務，在手法上，往往是無所不用其極。自然，學術方面也就乏善可陳了；乃至出現學術腐敗這類不堪事件。想來，人文精神的敗落，才是一個民族真正意義上的敗落。

深深・誤讀・吳佩孚

最後再來說說另一位舉足輕重的民國軍閥，他就是吳佩孚。我知道吳佩孚，是在學生時期的課本上。那印象，直接就是一個壞。作為孩子，壓根就沒有歷史知識，對於吳佩孚及其他所在的那個時代，完全一頭霧水。什麼吳佩孚、「二・七大罷工」、京漢鐵路等等，這些詞，猶如外星球事物。即便我們學生必須背誦那篇課文，也是囫圇吞棗，不知滋味。得出的相關結論，也十分的碎片化和簡單化：吳佩孚是壞人，工人是好人。大約，那也是課文編輯的初衷吧。

從事歷史研究後，感覺世界顛倒了。就拿一九二三年的「二・七大罷工」來說吧，我新的認識是，那實則是一個缺乏妥協精神的產物。這段歷史的起因，是召開全國鐵路代表大會，先行籌備成立各分會，進而籌備成立京漢鐵路總工會，直至成立全國鐵路總工會。前面的各項工作還是很順利的，實際掌控中國的吳佩孚對一九二二年秋京漢、粵漢兩鐵路工人的罷工，採取了妥協姿態，罷工得以順利進行。京漢鐵路工人的罷工，所得到的是增加工資，僅此一項，就使吳佩孚控制的北洋政府每年多支出七八十萬元。這就是說，京漢兩萬鐵路工人，這次罷工的結果是，每人每月增加三元。

以北京為例，當時的四口之家，每月十二元伙食費，足可維持小康水準。所以，每個工人一次加薪三元，已經是相當不錯了。但這似乎並沒有平息什麼，中國人「你敬我一尺，我敬你一丈」的文化傳統，在關鍵時候沒有發揮作用。一九二三年一月五日，京漢鐵路第三次代表會議在鄭州召開，草擬了總工會章程，會議決定於二月一日在鄭州正式舉行總工會成立大會。這次會議的規模很大，上海、北京、武漢、廣州等大城市均連續在各大報刊刊登廣告，邀請各團體來鄭州開會。這時，吳佩孚得到消息，說這次會議要實現一個最終目標，即舉行全國鐵路工人大罷工。

在類似消息不絕於耳的情況下，吳佩孚邀請工會代表到洛陽，進行面對面的溝通。一九二三年一月三十日，總工會籌備處派了五名代表前去洛陽談判。吳佩孚說：「你們工人的事，我沒有不贊成的。你們想，什麼事我沒幫助你們？此次京漢鐵路總工會成立，即有全國鐵路聯合大罷工。各方面是項電報，如雪片飛來，故不得不預為禁止。」[1]代表們則對總罷工一事力加否認。最後，吳佩孚提出一個折中方案，說：「鄭州是個軍事區，改期不行嗎？改地方不行嗎？我是宣言保護你們的，豈和你們為難？」

談判代表回來後，總工會籌備處召集會議，會上出現了三種聲音：一、吳佩孚認可工人成立總工會，未來的總工會也就取得了合法地位。因此，總工會成立大會的方式可以改變。二、可以繼續同政府談判，得出具體意見。三、吳佩孚這些人，都是壓迫我們的人，應該堅持鬥爭，按期開會。最終，第三種意見占了上風，會議決定「用最激烈的階級鬥爭來解放自己」。

於是，聚集鄭州的鐵路工人及其代表們就這樣集體出走了（二月四日，京漢鐵路線上的工人全線罷工），從而釀成了「二・七」京漢鐵路工人流血慘案，有五十二個工人被打死，三百餘人受傷。二

1 郭劍林主編：《北洋政府簡史》，天津古籍出版社，二〇〇〇年版，以下引文均同。

月九日，京漢鐵路總工會和武漢工團聯合會聯名下令：復工。

缺乏妥協精神的對峙，結果只有兩敗俱傷。這是誰都不願看到的結局，但當事雙方往往會一葉障目，因而也就與雙贏擦肩而過。

最後，有必要簡述一下吳佩孚的日常生活。一九三九年，上海《民生》雜誌創刊號述其大要曰：「吳佩孚雖身居要職，卻賦性剛毅，廉潔自守，節食淡飯。為杜絕任人唯親，他曾下過一道手諭，蓬萊吳姓五世之內不得依傍他為官。」如此品格的軍閥，在今天數千萬的紅色幹部中，可能找出一二人來？

青天・白日・滿地紅

最後，我們引用馬英九在二〇〇八年的就職演講（部分），來結束本章。

今年三月二十二日中華民國總統選舉，臺灣人民投下了改變臺灣未來的一票。今天，我們在這裡不是慶祝政黨或個人的勝利，而是一起見證，臺灣的民主已經跨越了一個歷史性的里程碑。不過，我們不會以此自滿。我們要進一步追求民主品質的提升與民主內涵的充實，讓臺灣大步邁向「優質的民主」：在憲政主義的原則下，人權獲得保障、法治得到貫徹、司法獨立而公正、公民社會得以蓬勃發展。

在開票當天，全球有數億的華人透過電視與網路的直播，密切關注選舉的結果。因為臺灣是全球惟一在中華文化土壤中，順利完成二次政黨輪替的民主範例，是全球華人寄以厚望的政治實驗。如果這個政治實驗能夠成功，我們將為全球華人的民主發展作出史無前例的貢獻。

談及兩岸關係，馬英九在演講中說：

英九由衷的盼望，海峽兩岸能抓住當前難得的歷史機遇，從今天開始，共同開啟和平共榮的歷史新頁。我們將以最符合臺灣主流民意的「不統、不獨、不武」的理念，在中華民國憲法架構下，維持臺灣海峽的現狀。一九九二年，兩岸曾經達成「一中各表」的共識，隨後並完成多次協商，促成兩岸關係順利的發展。

兩岸人民同屬中華民族，本應各盡所能，齊頭並進，共同貢獻國際社會。我深信，以世界之大、中華民族智慧之高，臺灣與大陸一定可以找到和平共榮之道。

英九堅信，兩岸問題最終解決的關鍵不在主權爭議，而在生活方式與核心價值。我們真誠關心大陸十三億同胞的福祉，由衷盼望中國大陸能繼續走向自由、民主與均富的大道，為兩岸關係的長遠和平發展，創造雙贏的歷史條件。

在中國大陸人的意識裡，只有國民黨才配享民國這個稱謂；甚至有時，就把這二者混為一談。當然，罵人也這麼罵：「你怎麼比國民黨還壞！」那不只是罵國民黨，包括了國民黨統轄的黨政軍及司法體系。這是說二十世紀的國罵，到了二十一世紀，國罵翻轉，讓人大有「風水」輪流轉的感覺。坊間有個經典笑話，更能說明世道人心。說劇組正在村外拍國共內戰的戲，休息期間，一群扮演國軍的演員未卸裝，進村去找廁所。結果，在村口碰到一老農，向其打聽廁所。老農激動地握著演員的手說：「你們什麼時候打回來的？先別上廁所了，我帶你們去抓村幹部。」[1]

1 二〇一四年八月七日人民網：據《新京報》不完全統計，自二〇一三年以來，中國各地公開村官違紀違法案件一百七十一起。其中，涉案金額超過千萬的案件有十二起，涉案總金額高達二十二億。

曾服務於川藏某部的朋友，給我講過這麼一件有趣的身邊事，一個河南戰友總不肯入黨（中共），大家力勸，無奈之下，他吐露真情，說：「我們一家都是國民黨黨員，我退伍後，要加入國民黨。」好心勸進的同事們這才作罷，而且也沒有人對此持有非議，笑笑而已。這是二十世紀末的事，若往前再推十年，那軍人如此說，就很危險；再往前推二十年，他說不定會有牢獄之災。從這件事來看，也算是大陸的一個小小的政治進步。但距離青天（乾淨的政府）、白日（公正的司法）、滿地紅（充滿活力的土地）還有很遠的距離。但願中國是在往前追趕，而不是倒退。

總論：我看傳統政治在中國的演進

一、專制主義的初級階段：秦、漢、隋、唐

專制主義的初級階段，亦各有別，秦漢專制不同，漢唐亦不同。這些區別，微妙者有之，顯著者亦有之。但無論怎麼變，都是專制主義的一種進化和完善。秦帝國專制為初級階段之首，不僅體現在一種新制度的創立上，還體現在其政府組織上。當初的秦帝國，政治、軍事、監察，三權分立，互不統攝。政府跟軍事不結合，可避免皇權被剝奪。監察權是皇帝的耳目，它主要目的在查看官吏和人民是否效忠或是否盡職……所有官員都為皇帝做私事，也同時為國家做公事。

始皇時，宮廷只是宮廷，它不干政。到秦二世，宮廷系統得到快速發展，漸變為政府系統的一部分，宦官趙高指鹿為馬，自此揭開綿延兩千餘年的宮廷血幕。宮廷流的是什麼血？是政權這個血！事實上，自秦二世以後，政府與宮廷之間的界限越來越模糊，宮廷裡的親眷、宦官干政，已為家常便飯。此皆專制主義之演進。因此說，雖同為秦帝國專制，始皇與秦二世亦別。具體到漢帝國專制，突出的，體現在以下三個方面。

（一）皇權與相權：秦帝國專制制度，至少還有封建時代的影響。那時的儒學，也還邊緣化得很。到漢帝國，劉邦政府全面起用儒學，儒家制定的「朝儀」，在執行過程中演化為政治

制度。皇帝跟大臣，制度化隔離；官僚與人民，制度化隔離。自此，獨裁專制標準化。錢穆先生在《中國歷代政治得失》[1]一書中標新立異，否認中國傳統政治為專制政體（他勉強認可明清兩朝的專制因素），他說：「皇帝是國家的惟一領袖，而實際政權則不在皇室而在政府。皇帝是國家的元首，象徵此國家之統一；宰相是政府的領袖，負政治上一切實際的責任。」（第三頁）為說明宰相的許可權大於皇帝，錢穆將漢帝國皇帝和宰相各自管轄的機關進行了一番對比，說皇帝只有一個實際的行政機構——秘書處（尚書處），「而宰相府下就有十三個機關」。（第五頁）意思是，漢帝國元首沒有政府總理權大，這樣的政體難道還叫專制嗎？這其實是錢穆偷樑換柱式的政治邏輯：只要元首與政府總理形式上分了權，那麼「國家的……實際政權則不在皇室而在政府」，因而「代表政府的宰相負政治上一切實際的責任」。則皇帝為國家元首，只是「國家統一」的象徵。這感覺怎麼都不像說漢帝國，而更像是在說君主立憲制的英國、日本等現代民主國家。

看一個政體是不是專制，不能憑表像去分析，要看實質。比如我們說漢帝國的宰相，他是擁有比元首多得多的機關，問題是，他這個總理是誰的？以英、日等現代君主立憲制國家為座標，他們的首相即政府總理，是民選的。則他們的權力來自人民，所做的事也必須考慮人民的利益與感情因素。二〇〇三年十月十七日，美國總統布希訪問日本。事先

[1] 錢穆著：《中國歷代政治得失》，三聯書店，二〇〇三年版。以下凡引自該書的內容，僅在正文注明頁碼。

有消息說，日本首相小泉純一郎要在會晤中，對布希說日本準備出兵伊拉克。到兩人真正會晤時，小泉的派兵政策，就發生了微妙變化，峰會中他提到了憲法對海外派兵的約束力等問題。來自東京的消息稱，日本即將面臨大選，而日本民眾對外海派兵又極為反感。所以，小泉不得不小心從事。[1]

而漢帝國宰相的權力，不是來自人民，而是來自皇帝，他不是人民的宰相，是皇室或皇帝一人的宰相，這是一切專制政權的特點。皇權按照宗法制度進行血統承繼，宰相及內閣、地方官員的權力，無不來自皇帝的指派。有一種例外，那就是，宰相要有歪心思，是個野心家，同時他還必須有這個內外一致的權力系統的支援，情況就完全不同。以東漢末年為例，曹操雖為丞相，因他實際掌握帝國的一切權力，他又有稱霸的野心，所以，帝國的大小事由他一人說了算，敗落的漢室皇帝則僅僅是個擺設。諸葛亮是蜀漢帝國的丞相，他雖然大權在握，因為他沒有曹操那樣的野心，扶不起的阿斗劉禪照樣高高在上。

刨除例外，一切權力只在皇帝。然錢穆卻據此（皇帝不及宰相行政權大）拋出一說，漢帝國「的一切實際事權，在相府，不在皇室」（五頁）。可他又自相矛盾，說漢帝國「丞相就是一個副官。是什麼人的副官呢？他該就是皇帝的副官」。（五頁）既然宰相只是皇帝的一個副官，又何談宰相為漢帝國的最高行政長官呢？

1 央視《中國新聞》（二〇〇三年十月十七日）。

在封建時代，貴族家庭最重要事在祭祀。祭祀時最重要事在宰殺牲牛。象徵這一意義，當時替天子諸侯及一切貴族公卿管家的都稱宰。到了秦、漢統一，由封建轉為郡縣，古人稱「化家為國」，一切貴族家庭都倒下了，只有一個卻變成了國家。於是他家裡的家宰，也就變成了國家的政治領袖」。（五～六頁）

「化家為國」四個字總結得極是。一位爸爸，因為制度的變化，一夜之間突然成了全國級爸爸（父母官的稱謂，大概就是這麼來的），那麼兒子則是全國級兒子，夫人則是全國級夫人。同理，全國級爸爸的高級奴才——宰，是當然的全國級宰。這樣的宰相，級別再高，再有全國性，在元首面前，也還是一條沒有實際意義的狗。

（二）選舉與公開：在說到中央和地方的關係時，錢穆用了《漢代選舉制度》這樣的小標題，說漢帝國中央和地方許多官員的來源是國立大學（太學），這裡的大學生一畢業，就是準國家幹部了（類似於二十世紀五十～八十年代的中國大學生）。這些學生「考試畢業分兩等，當時稱科。甲科出身的為郎；乙科出身的為吏。郎官屬於皇宮裡的侍衛，依舊例，他們的子侄後輩，都得照例請求，送進皇宮當侍衛。待他們在皇帝面前服務幾年，遇政府需要人，就在這裡面挑選分發。」（十二頁）從全國統一考試，到畢業，再到實習分配，這個過程就是所謂的漢帝國「選舉」。

後來，漢帝國的選舉演化為選舉孝廉，通常是中央政府下發通知，要求全國各地積極挖掘廉政幹部和優秀孝子。這實際是意識形態的一部分，也是中國最早利用意識形態治國的開端。漢武帝劉徹時，規定地方政府一年之內，必須選拔一個孝子和一個廉政幹部出來，否則就是失職。「漢帝國一百多個郡，至少每年要有兩百多孝廉被選舉到朝廷。十幾年就要有兩千多人。而那些郡國孝廉，又多半是由太學畢業生補吏出身的……於是從漢武帝以後，漢代的做官人漸漸變成都是讀書出身了」。（十五頁）錢穆稱這些人組成的政府為「士人政府」（十六頁），也就是由知識份子組成的政府。「政府即由他們組織，一切政權也都分配在他們手裡」（十六頁）錢穆據此得出結論，說：

「中國歷史上的政權，早就開放了……中國歷史裡的傳統政權，早已不在皇帝了，皇帝個人，並不能掌握政權」（一四五頁）「中國以前沒有政黨，政事一切公開，大家可以發言。……中國傳統政治……最可貴處，就是公開。一切事情都是公開的」。（一五二頁）

上述荒謬絕倫的說詞涉及兩點，一是選舉制度，一是政務公開。先談政務公開。稍微明白點事理的人都知道，專制政體與暗箱操作是相互依存的一對孿生兄弟。別的不說，單是政權交接，哪一次不是經過明爭暗鬥乃至血與火的「洗禮」後，才走到前臺來的？這能叫公開嗎？什麼叫「因有一制度存在，一切憑制度處置。要不公開也不可能」（一五三頁）？中國何時有一種制度到了「要不公開也不可能」那種地步的？就說當今吧，都二十一世紀了，中國農村的村務公開尚未普及，惶論更上一級的政務公開。要說有什麼制度是公開的，那就是宗法制度，秦帝國是嬴家黨的天下，帝國元首的位置，當然要一直由嬴家人來承繼。同樣，漢帝國是劉家黨劉氏承繼，唐帝國是李家黨李氏承繼，宋帝國是趙家黨趙氏承繼，明帝國是朱家黨朱氏承繼，清帝國是愛新覺羅黨愛氏承繼……一黨執政，這就是專制。執政黨大張旗鼓地實施一黨專制，被治下的全民又默認之，我們說，這一宗法制度就是公開的。

再說說所謂的「選舉」。早在春秋時代，古希臘人就開始運用選舉手段，選擇他們的執政官了。即使硬把「選舉」搬到中國，也違其原意。古希臘意義上的選舉是自下而上，下面的人即公眾選舉領導人；專制意義上的「選舉」是自上而下，上面的人即專制集團按照自己的標準，到下面選拔為我所用的人，把那些符合專制集團利益的人選拔到重要崗位上來，目的只有一個，怎樣更好地維護專制統治。這之下也就不存在「政權分配」的問題，更不存在所謂的「士人政府」。政府裡的知識份子，充其量也就是專制集團裡的走卒、幫閒，他們的職業是助紂為虐。討好了主子，還能自肥。所以，中國傳統政治體系中的所謂選舉，是不能混淆於當今世界所普遍公認的民主選舉的。實在要保留冠冕堂皇的「選舉」字眼，謂之「專制選拔」或更合理。

即使這樣，漢帝國的孝廉選舉制度，仍以神速步入腐敗軌道。如此情形，我們實在不知錢穆寓意何為，卻說「中國政權，卻因此（選舉孝廉～魏得勝注）開放給全國各地。……中國政府，始終是代表著全國性的，全國人民都有跑進政府的希望」。（三十二頁）

不僅要問，這個「全國人民」到底是哪一些「人民」呢？以腐敗成本而論，無權無錢的人是進不了政壇門檻的，一是他們送不起那個禮，再是送禮恐怕連門都不一定摸得著。腐敗通吃的社會，哪還有普通百姓的一席之地？別說漢帝國不能，專制社會，無論古今，普通人都少有機會躋身權力機構。在專制社會誰不想腐敗？腐敗意味著有官做，有錢花。腐敗具有別的行業所沒有的強大壟斷力，一般而言，越腐敗是越有權力，越有權力是越腐敗；腐敗再加上裙帶關係，專制集團幾乎就固若金湯了，圈外的人想躋身其中不容易，置身腐敗圈的人不想腐敗也不容易。說「中國政府，始終是代表著全國性的」，倒不如說是代表腐敗集團的。從這一意義上說，不是「全國人民都有跑進政府的希望」，是腐敗分子都有跑進政府的希望。

史載，州郡官舉孝廉，多憑權貴保薦，或取年少能報薦主恩德的私人。漢帝國「專制選舉」所產生的腐敗，為當時民謠所記錄，這裡僅選二節：

（1）寒素清白濁如泥，
　高第良將怯如雞。

（2）河清不可俟，
人命不可延，
順風激靡草，
富貴者稱賢。
文籍雖滿腹，
不如一囊錢。
伊優北堂上，
抗髒依門邊。

前一首的意思是，腐敗而又膽小如雞的人，卻被選拔為高等將才。後一首則說，世俗混暗，沒有澄清的希望；人無氣節，只能隨風而倒。在此濁世，滿腹經國理論，不如一囊錢來得實惠。在仕途上，正直的人（抗髒）只能靠邊站，而無恥之徒（伊優），卻能平步青雲。

東漢後半期的皇帝們，更在都門外掛出賣官價格表，窮官准許暫時賒欠，到職後加倍繳款。定價以外，還有折扣價目，額外價目，臨時價目，花樣繁多。從皇帝到小吏，除了極少數廉潔正人，其餘全像豺狼般向人民吞噬。說到這裡，回頭再去體味錢穆那句「全國人民都有跑進政府的希望」，就會令人作嘔。

（三）公款與私款：在帝國經濟關係這一塊，錢穆一如既往地自相矛盾，自打耳光，他一會兒自扮正方（否定漢帝國的專制政體），一會兒自扮反方（確認漢帝國為專制政體），擾亂視聽。如其所言，「大司農管的是政府經濟，少府管的是皇家經濟……而少府屬於宰相，宰相可以支配少府，即是皇室經濟也由宰相支配。這樣一講，豈不是皇室反而在政府之下了嗎？」（九頁）

彷彿「皇室經濟也由宰相支配」，皇帝就真的成了一個象徵性角色了。錢穆自己不也再三論述和承認，宰相不過是由高級家奴演變來的嗎？這樣的高級家奴，其一言一行怎能脫離帝國一把手（皇帝）的旨意呢？就是錢穆所說的漢帝國這種大司農和少府的經濟關係，也正是專制主義的進一步演進。在大司農和少府兩個職務之間，看似各管一攤，並都在宰相掌中。而實際上，宰相又在皇帝一人掌控之下，這才有了漢武帝的無所不為，他討匈奴，通西域，軍費浩繁，大司農的錢（所謂公款）用完了，連他父親、祖父幾輩子積蓄下來的財富都花光了。「政府支出龐大，陷入窘地，這又怎麼辦呢？漢武帝就只有慷慨，把少府的經濟拿出來捐獻給政府」。（二十頁）

少府裡的錢本是帝國稅收的一部分（亦即人民血汗錢的一部分），到錢穆這裡怎麼變成私款了？帝國的錢，拿來用在國務上，又怎能叫做慷慨呢？況且漢武帝為了財政上的缺口，曾讓全國的企業家主要是鹽鐵企業向帝國獻金。這些人不幹，他就一紙命令，把中國的山海池澤統統收歸國有，鹽鐵成了國營的，「利息收入則全部歸給政府」。（二十一頁）這是典型的強盜行為，更是地地道道的專制行為。錢穆不僅為之稱頌，還把這種嚴重侵犯人權的行為當做驕傲的資本，說漢武帝收歸國有的行為，「很像近代西方德國人所首先創始的所謂國家社會主義的政策。可是我們遠在漢帝國已經發明瞭這樣的制度」。（二十一頁）可謂厚顏無恥！

漢政府並沒有給人民一個基本的就業保障，但卻要求人民交納人口稅，包括小孩在內。違反了這一規定，就等於是犯罪行為，就得抓去充當官奴，強迫在各政府機關裡做苦工。但這也得到錢穆的讚揚，他說：「有的人寧願出賣自己，做私人家的奴隸。」（二十七頁）原因是，奴隸也要納稅，但如果做了私人家的奴隸，就由奴隸主來代為繳納。錢穆說：「當時做奴隸，並不是出賣自由，只是出賣他對國家法規上一份應盡的職責。」（二十七頁）這就完全胡扯了。都給人家做奴隸了，還何談「不是出賣自由」？那麼何又謂「出賣……職責」？尤為謊誕的是，錢穆竟說「有錢的養著大批奴隸，反可發大財……出賣為奴，便如參加發財集團」。（二十七頁）既然做奴隸那麼好，為什麼漢帝國的人民不爭先恐後地去做奴隸呢？誰聽說過，歷史上的哪個人是靠給人家做奴隸發家的？再者，如果說奴隸屬於發財集團的一個組成部分，那麼國家的稅收也一定是借此財源滾滾的，那為什麼王莽還要廢除奴隸政策呢？

二、專制主義的中級階段：宋、元、明、清

宋初有一故事，宋太祖時，遇某官出缺，他叫宰相趙普擬名。趙普擬後交給太祖，恰好這人是太祖平時最討厭的，他憤然說：「這人怎好用？」就把這張紙撕了，擲在地。趙普不作聲，把地上廢紙撿起來藏了。過一兩天，太祖又要趙普擬，趙普把前日撿起的破紙用漿糊粘貼了攜帶身邊，即又把這紙送上。太祖詫問：「何還是此人？」趙普答道，據某意見，暫時更無別人合適。太祖也悟了，點頭說：「既如此，便照你意見用吧！」（七十九頁）

錢穆借用這個例外，說明古代皇帝並非專制，告誡人們「不能單憑自己想像，罵中國傳統政治全是帝王專制與獨裁」。（八十頁）一個社會，具體它是民主的，還是獨裁專制的，不能依照個案來分析。正如一個民主社會有極少數獨裁專制的官員一樣，一個獨裁專制社會，同樣也會有極少數民主的官員。但我們說，趙匡胤是獨裁專制的，不然他就不會「杯酒釋兵權」，把黃龍袍披到他身上的昔日哥們的權力統統下掉。做為歷史學者，絕不能單憑個案，為專制主義開脫。

中國的專制，恰恰就在錢穆津津樂道的宋帝國，進入一個新的階段，即中級專制階段。在唐帝國，皇帝用宰相，宰相用諫官；而諫官的職責是專門諫諍皇帝過失的。然而這一制度，到宋帝國澈底變了。「宋制，諫官不准宰相任用，於是台官諫官同為皇帝親擢了。於是，諫官遂轉成並不為糾繩天子，反來糾繩宰相」。（八十二頁）這本身就是赤裸裸的專制遞進。

宋之前的諫官制度，惟一的用意就是，讓天子盡可能少地在人前出洋相。皇帝是金口玉言，同時皇帝又是肉身做的，他們說錯話的機會，甚至因為佔據著有恃無恐的政治地位，比一般人還要多。又因為皇帝金口玉言，說出的話就是聖旨，聖旨又直接生成為法律，弄不好就會給自己的專制設限，皇帝這才設置了諫官，讓諫官們給他拾遺、補闕，目的是為自己創造一個更加寬鬆的執政環境。初級專制時期的執政者，其專制的智慧也就到這裡。

之前的西方社會，在法律方面，已呈現出勃勃生機，希臘誕生防止官僚形成的城邦政體（合議制），雅典執政官梭倫於前五九四年創立了公民議會和司法陪審制度。嬴政不知道有什麼希臘雅典之類，他只知道天下只有一個大秦帝國，所以他要在這片土地上摸著石頭過河，搞出一套具有秦嬴特色的社會制度來。既然是摸著石頭過河，就只能是走一步算一步。到了漢帝國，就有了諫官。這是專制的進步，目的是為皇帝好，同時也就為江山好。到了唐帝國，專制又進步了，漢帝國實行的諫官制，開始走形變樣，變得有點有名無實。再到宋帝國，諫官制度，直接用來制約宰相以及各部官員了。這是專制的新階段。過去嬴政沒有摸到的「石頭」，如今宋帝國趙氏一族摸到了。這就是說，專制主義者每摸到一塊「石頭」，中國人民的頭顱就相應地低下一個刻度，直至屁股朝天頭著地，成為世界民族之林中最為龐大的一個怪異而懦弱的群體。

進入專制新階段的宋政府（參見《權術・犬術・偷安術》一節），其專制與集權，較之秦漢唐三朝是進步，但與明清兩代比，又落後了。專制政體，就專制手法上，一代勝過一代。到了明帝國，朱元璋更是取消了宰相，總歸嫌這一角色礙手礙腳吧。直到清帝國，也不再設宰相一職。其實，有無宰相並不是最重要的。有宰相，宰相不過是皇帝面前的一個高級奴才；撤銷了宰相，類似宰相的大學士們，自然就走到高級奴才的位置上來。假如皇帝無能，被大學士如張居正者所實際執掌中央大權，那又是另一回事。專制不分誰是一把手，歷史上皇帝被文武官員或宦官或母后架空的事很多，但無論誰掌握著中央的實權，他都是專制的。也就是說，權力可以易人，專制政體卻從不會輕易更弦易轍。

明帝國的專制顯然不屬於專制體制的高級階段，但它卻比前面幾個專制王朝進步了。民主政治在進步，專制政治同樣在進步。明帝國朱姓政府大致就是這樣的，他們經過政府改造，人事重組，把一切大權全部集中到皇帝手裡。那時的文官還有一種為國捐軀（同時也為了弄得一個剛正不阿的好名）的獻身精神和風氣，皇帝有了什麼錯，他們還敢於直言進諫，哪怕是屁股被打爛、人被打死。然而，偏偏是情懷如此壯烈的文官們，卻遇到一個非常殘暴的專制集團（明帝國是出現暴徒皇帝最多的一個朝代）。宋帝國趙匡胤一族「杯酒釋兵權」，目的是為了自己擁有絕對的統治權；明帝國朱元璋一族大開殺戒，目的也是為了自己擁有絕對的統治權。道不同，理同，都是為了更好地專制。

說到這裡，我又要拋出錢穆的觀點來了，他說：「現代一般人，都說中國人不講法，其實中國政治的傳統毛病，就在太講法，什麼事都依法辦」。（一二六～一二七頁）真是沒有這麼糟糕的結論了。專制主義的最大特點，就是什麼事都是極權說了算，因而「什麼事都依法辦」壓根就談不上的。除非極權專制者要懲辦的某個人，正好符合律條，順手予以法辦了，倒落得個依法辦事的好名。但如果極權人物要法辦的死對頭沒有碰到律條上，為了將對手致於死地，臨時設個罪名條款，也是專制主義者慣用的卑劣手法。中國人常說的，「欲加其罪，何患無辭」，就是針對專制主義者而言的。為此，中國人包括在政治鬥爭中失敗的那些官場人物，吃盡了「欲加其罪」的苦頭。整個文化大革命，不全是這樣的悲劇嗎？然而錢穆卻辯護說：

我們讀歷史的，讀到明朝晚年，總覺得中國太不行。滿洲不過是松花江外一個小部落，中國怎會抵禦不住他？我們因這一番憤懣之情，便不免要多責備。其實我們該曉得，像中國這樣一個大的國家而垮了台，當然不是簡單的一回事，我們該就歷史上切實來理會。這並不是說文化衰敗，道德墮落，政府專制黑暗，幾句空洞不著邊際的想像話，便能道出其中之因緣。專就政治講，每一制度，只要推行到兩三百年的，總不免出毛病。明代大體上已過了兩三百年的太平日子，無論當初制度怎麼好，也會腐化，這是很自然的事。兩百年的長時間，人們的精神不會始終緊張，維持原狀的。它也會放鬆一下。（一三六～一三七頁）

一派胡言！美國的制度兩百多年了，自然腐化了嗎？不僅沒有，還為世界所公推，儘管世界上的獨裁專制國家不斷攻擊美國的制度，但做為政治文明，美國的制度無疑是首屈一指的，不然，世界上的年輕人也就不會擠破頭的湧向這個國家。而且這個國家還設定了許多限制，非他們需要的頂尖人才，不得取得綠卡。相信任何一個讀歷史的人，只要他不是瞎子，只要他不懷著某種對專制的嚮往，他就不會忽視明帝國的專制、血腥與大黑暗，這怎麼能說是「空洞的想像話」呢？什麼「當初制度怎麼好，也會腐化」，還說是「很自然的事」。言外之意，錢穆是說，明帝國的制度是好制度了，因為他說「明代大體上已過了兩三百年的太平日子」。真虧他說得出口！明帝國的殘暴與血腥，能叫太平日子嗎？

三、專制主義的高級階段：民國以降

在錢穆的論述中，時有對西方政治制度信口雌黃般的評論。比如他說，「在西方現行的所謂民主政治，只是行政領袖如大總統或內閣總理之類，由民眾公選，此外一切用人便無標準」。（五十六頁）民眾公選出的總統，在用人上怎麼能說「無標準」呢？一個用人無標準的人，又如何被公民信任選舉為總統的呢？邏輯上就靠不住。況且我們看到的事實也不是這麼回事。比如克林頓時代，組閣時他提名一位女司法部長（具體名字已不記得）。美國法律規定，政府部長由總統提名，國會任命。國會任命前，需對被提名者進行全方位的調查，看他的個人史上，有沒有公眾所不能接受的劣跡。結果，克林頓提名的這位女司法部長被發現非法雇用傭人。一直調查下去，事情已弄到是不是當部長的問題，而是要追究這位部長提名人的法律責任了。這一來，白宮很尷尬，那位提名人更是狼狽，趕緊聲明不再謀求政府公職。

錢穆不僅對人家的所謂「無標準」津津樂道，甚至高高在上地言稱，「西方在選舉其政治領袖之外，還得參酌採用中國的考試制度來建立他們所謂的文官任用法。而在我們則考試便代替了選舉」。（五十六頁）意思是，我們的科舉要大大好於人家的選舉。說西方政治借鑑中國的考試制度，來建立他們的文官組織，何不試舉一二呢？

更甚的是，錢穆竟然荒謬透頂地說：「如必謂中國科舉制度是一種愚民政策，由一二皇帝的私意所造成，這更不合理。當知任何一種制度之建立，儻是僅由一二人之私意便能實現了，這便無制度可講。若謂此乃皇帝欺騙民眾，而且憑此欺騙，便能專制幾百年，古今中外，絕無此理」。（五十六頁）

好利害的錢穆，就這麼短短一百多字，中國兩千多年殘暴的專制制度，就讓他澈底給否定了。他不認為科舉是一種愚民政策，反過來說，科舉就是好的，好得連西方民主國家都要「參酌採用」。他認為中國歷代政治社會的「愚民政策」不是出於一二皇帝的私意。那麼我們要問，叔孫通給漢室劉邦搞的那個「朝儀」制度，難道不是皇帝個人的私意嗎？

由此可見，漢帝國的「朝儀」制度（比秦代更進一步的專制）不就是仰賴劉邦的意旨、叔孫通的幹練才得以建立的嗎？怎麼能說一種制度不能由一二人的私意來實現呢？專制主義的最大特點就是一人說了算，這個「一人」手握兵權，動輒斬殺一切與他不謀的異己。這樣的異己殺得多了，誰敢不惟這個「一人」的命是從？就因為中國人在這樣的環境裡生存兩千多年，骨子裡全無抗爭專制暴政的血性，才在十六世紀中期，出現六十七名倭寇（實為散兵游勇）經行內陸數千里，殺傷無辜四五千人的淒慘場面；也才在一九三七年日本人打過來的時候，出現幾個日本鬼子看守數千中國百姓，終又把他們全部殺絕的可悲場面[1]。一個長期受到暴政欺壓的群體，其精神是麻木的；在他們面對血腥外敵的時候，其精神也絕不會立刻從麻木中醒來。其實，他們早已失去了醒來的機會，畢竟那是兩千多年

[1] 金輝：《我們為什麼被屠殺》（《讀者》，二〇〇一年第十五期）。

的專制暴政呀！就像王彬彬先生說的：「我們往往一生下來，血液裡就流淌著專制主義的狼奶」。所以，就魯迅等文章中所批判的那種中國百姓的麻木，我持異議。因為麻木的責任不在百姓，而在長期的專制暴政。

我一向認為，這世界上最容易建立的就是專制制度，靠暴力起家的人，也一定用方法不同的暴力統治一個國家，這就是專制，這就是暴政。暴政表現在方方面面。並不能因為一個專制政權沒讓你流血，你就認為它是仁愛政治了。不然。他讓你向東你不敢向西，這是暴政！他讓你說他喜歡聽的話而不讓你說自己願意說的話，這也是暴政！他想讓誰接他的班，是他說了算而不是你公眾說了算，但他選接班人卻又打著人民的名義，這更是暴政！這些不流血的暴政比流血暴政還要壞，因為他在和平的氣氛裡，達到了卑鄙的目的，這樣他的暴政就成為名正言順、堂而皇之、高高在上、誇誇其談、人人敬仰的暴政。這樣的暴政就不容易死亡；暴政不死，百姓為奴。

對於中國兩千多年的專制，除了劃分為三個階段外，我還有一個基本的認識，即初級專制與中級專制，靠的是血腥暴力來統治；高級專制則靠的是意識形態來專制。從這一意義上說，初、中級專制並沒有愚民，因為他們把自己的卑鄙寫在臉上，告訴他治下的人民：「我們皇室以及帝國政府以及我們各級政府官員全是一群卑鄙無恥、下流齷齪的跳樑小丑，我們這樣的人統治著你們，你們要是敢說二話，我們什麼歹事都幹得出來。」結果人民害怕了，接受了地痞無賴們的統治。到了高級專制階段，愚民政策才開始出現，不殺人不放火，單單拋出個主義什麼的就夠了，讓所有的人都圍著這個主義轉。這時的專制開始把卑鄙藏在心裡，告訴人民：「我們各級政權裡的官員全是一心為民的公僕，我們將世世代代為你們服務，不同意的請舉手。」結果，百分之百通過。你看到薩達姆了嗎？他在垮臺之前，就曾在伊拉克搞過一人一票式的普選，這位惟一的候選人，百分之百當選為總統。什麼叫高級專制？這就是！

行文至此，本要收筆了。可錢穆在其《總論》中的一些話，總有讓人不吐不快的感覺。在談到中國兩千年的歷史大趨勢時，錢穆全然為囈語：

> 政治進步，政權自然集中（反過來說，西方的分權豈不成了政治倒退？無稽之談！～魏得勝評注）。……中國歷史上的傳統政治，已造成了社會各階層一天天地趨於平等……若要講平等，中國人最平等，若要講自由，中國人也最自由……然而正因為太過平等自由了，就不能有力量（字字句句，令人作嘔！～魏得勝評注）。……中國政治，實在是一向偏重於法治的，而西方近代政治，則比較偏重在人治。何以呢？因為他們一切政制，均決定於選舉。我們的傳統政治，往往一個制度經歷幾百年老不變，這當然只是說法治，是制度化。法治之下，人才就受束縛了……幾千年的皇帝打倒了，政治變了新花樣，但無論如何，不得不先求國家之統一。要求統一，便要中央集權。（一七〇～一七五頁）

我們完全不知道這位老先生在說什麼，前言不搭後語，語無倫次，自打老臉，語發夢顛。乃想，我魏得勝要是老糊塗到這種程度，是絕不敢再寫文章留罵名的。當然，最最讓人讀不下去的，還是錢穆下面這段與時共進的文字，說：

現在皇室是推倒了，皇帝是沒有了，我們只說政治的主權在民眾，現在是民權時代了。可是就實際言，中國四億五千萬人民，哪能立地真來操縱這政權呢？孫中山先生說：此四億五千萬人都是劉阿斗，這話再正確沒有。……理論上，國家政權當然在民眾，該以民眾大家的意見為意見。但民眾意見，終是句空話。（一七六頁）

把錢穆和孫中山的話翻譯成現代版的說詞就是：中國百姓的素質太低，不易搞民主政治（即大選）。國民黨在大陸執政時期，就常常以這樣的藉口，大搞一黨專制。孫中山可以說全中國的民眾無知，是劉阿斗，因為他是政客；錢穆當然也可以說全中國的民眾素質低，不能參政，因為他是政客的幫閒！所以，李敖才說錢穆是「一位反動的學者」。[1]

錢穆不僅在專制理論上幫閒，還在行動上，澈底投身專制主義政權卵翼下。一九六七年，錢穆從香港跑到臺灣，去投奔蔣介石，並撰文極力捧之。他在《總統蔣公八秩華誕祝壽文》中說，「誠吾國歷史人物中最具貞德之一人。稟貞德而蹈貞運，斯以見天心之所屬，而吾國家民族此一時代貞下起元文之大任，所以必由公勝之也。」對此，李敖評論說：「肉麻兮兮已是全然無恥，知識份子反動到這

1 李敖：《求是今說》，時代文藝出版社，一九九六年版，第三三三頁。

步田地，真太令人失望矣！」[1]

反動也罷，無恥也罷，反正錢穆從蔣介石那裡獲得了豐厚的獎賞：蔣介石請他「吃飯……給了他豪華住宅」[2]，給了他優厚的政治待遇。受寵若驚的錢穆，自然便淪落為專制集團的御用文人，所以才扯著喉嚨地叫喊說：「若我們更大膽說一句，也可說整個西方人在政治經驗上都還比較短淺。能講這句話的只有中國人。中國政治比西方先進步，這是歷史事實，不是民族誇大」。（一七七～一七八頁）

是的，中國政治經驗是比西方多，但絕不是先進，而是垃圾。什麼是垃圾？專制就是垃圾，而且中國這個專制是在世界上保持最長久、發揚最廣大的。毛澤東就曾毫不諱言他的個人獨裁，他在廬山會議上說：

> 如要講個人獨裁的話，如在王明和毛澤東之間選擇時，我投自己一票。他甚至自豪被人比做大獨裁者秦始皇，他說：「有人罵我們是獨裁統治，是秦始皇，我們一概承認，合乎實際。」並且補充說，「我們超過秦始皇一百倍」。[3]

1 李敖：《求是今說》，時代文藝出版社，一九九六年版，第三三五頁。
2 李敖：《求是今說》，時代文藝出版社，一九九六年版，第三三五頁。
3 沙葉新：《「檢討」文化》（《隨筆》，二〇〇一年第六期）。

是的，在專制上，西方人自不能和中國人比。至於說中國政治比西方先進，那是錢穆之一家胡言，事實就擺在大家面前，孰優孰劣，值得進一步去辯白嗎？只是覺得，像錢穆這樣的腐爛史觀如此堂而皇之地出籠，太過於污染後世精神與耳目了。痛哉惜哉悲哉！

後記

時隔十年，《歷史的點與線》以《都是孔子惹的禍》為書名得以在臺灣再版，幸甚。作為單一體制下的作者，面對多元社會的臺灣，面對獨特而前瞻的讀者，很是誠惶誠恐，不知說什麼好。思之再三，惟有遵循內心，隨意就好。

記得初寫本書時，我常常不能克制自己的情緒。有一天，我去郵政局取稿酬，走到半路，想到令我熱血沸騰的觀點，身上又沒帶筆，怕忘了那些一閃而過的思想火花，一度想折頭，回家去寫。本書，基本就是在這麼一個亢奮狀態下完成的。

《歷史的點與線》是我的第一本書，其好壞，不取決於我的亢奮，而取決於讀者的認可。這第一道關，當然要首先打動編輯。書稿殺青，隨即寄給我所信任的向繼東先生。之前，我大量的歷史隨筆，就是經向先生主持的《湘聲報・觀察週刊》面世的。這份週刊，當年幾乎聚集了中國知識界的所有精英，影響甚廣。我的文章在《觀察週刊》上一經發表，往往被廣泛轉載，是以得到同好認可。

向先生接到我的新著後，推薦給上海的文匯出版社，編輯陳飛雪女士，當即把出版合同寄來。遺憾的是，在後期的審稿過程中，本書未能過關。向先生不厭其煩，又推薦給長江文藝出版社，並很快簽訂出版合同。責任編輯陽繼波先生反復就書稿的內容，與我電話聯繫，其中提到：有些內容要刪；有些話，讀者一看就明白，不必說那麼透。遵循這一原則，刪減了許多內容，本書得以在面世。

說老實話，本書的暢銷是我沒想到的，本書被列為禁書，也是我不曾想到的。我的寓所附近，有家大型實體書店，本書上架的日子，我常常去光顧，連續兩次看到本書售罄，真是喜不自禁。可是有一天卻發現，店員正將本書下架。問為什麼，說不知為什麼。那一刻，我很是心灰意冷。

過了沒多久，陽繼波先生給我打電話。最是記得，那是一個黃昏，陽先生奉命採集我的個人簡歷，我大有被政治審查的感覺，很是不快。陽先生說自己也是無奈，需要我理解。最後，陽先生提出，要求我寫份檢查。我問：「為什麼？」陽先生說：「上面要求的。」我說：「檢查什麼？」陽先生說：「檢查錯誤。」我說：「我錯在哪兒了？」陽先生想了想說：「這不好說。錯就錯在……」他想了半天，方把實情來說：「唉，上面說，你每一棍子都打在他們身上，卻又找不到你打他們的證據。」我說：「這叫什麼錯？」遂明確回應：「這檢查我不寫！」不久，本書被禁的消息，長江文藝出版社閉門整頓的消息，見諸網上。

禁書一事，直接影響到我的另一本書的出版，那就是我在大型學術期刊《書屋》上的專欄結集。那本書，被當局審核了三年，刪減了五六道。實無耐心奉陪，便跟那本書的責任編輯、同時也是《書屋》的主編胡長明先生說：「長明兄，不難為你了，那書就不出了。」長明兄依舊堅持，說出比不出好。那本書，就是湖南教育出版社二〇〇八年出版的《另類人生》。此書被砍掉的篇章實在太多，其中就有被中外幾十家媒體轉載、多年被列入中學考題的《蘇格拉底與傅雷》一文。

鑒於既往的經驗，在修訂本書的時候，我仍有所保留。這在多元社會的臺灣讀者來說，是不能理解的。也許你會說，怕什麼，在臺灣出書，沒人會刪減書的內容，也沒人會因言獲罪。說到這裡，想起一句話，大約是從惠子的「子非魚，焉知魚之樂」衍化而來，說：「你不是魚，怎知道魚的感受。」可見，他者角度的重要性。以我之視角，每聞文禍，便仰天長嘆：「上帝為什麼如此不眷顧中國人！」想想臺灣，又深感欣慰：「還好呀，老天給華人保留了一塊精神樂園！」

二〇一六年春

血歷史65　PC0568

新銳文創
INDEPENDENT & UNIQUE

都是孔子惹的禍？

作　　者	魏得勝
責任編輯	杜國維
圖文排版	周政緯
封面設計	蔡瑋筠

出版策劃	新銳文創
發 行 人	宋政坤
法律顧問	毛國樑　律師
製作發行	秀威資訊科技股份有限公司 114 台北市內湖區瑞光路76巷65號1樓 電話：+886-2-2796-3638　傳真：+886-2-2796-1377 服務信箱：service@showwe.com.tw http://www.showwe.com.tw
郵政劃撥	19563868　戶名：秀威資訊科技股份有限公司
展售門市	國家書店【松江門市】 104 台北市中山區松江路209號1樓 電話：+886-2-2518-0207　傳真：+886-2-2518-0778
網路訂購	秀威網路書店：http://www.bodbooks.com.tw 國家網路書店：http://www.govbooks.com.tw

出版日期	2016年5月　BOD一版
定　　價	350元

國家圖書館出版品預行編目

都是孔子惹的禍? / 魏得勝著. -- 一版. -- 臺北市 : 新銳文創, 2016.05
面 ;　公分. -- (血歷史 ; 65)
BOD版
ISBN 978-986-5716-74-5 (平裝)
1. 中國史　2. 通俗史話

610.9　　105005251

讀者回函卡

感謝您購買本書，為提升服務品質，請填妥以下資料，將讀者回函卡直接寄回或傳真本公司，收到您的寶貴意見後，我們會收藏記錄及檢討，謝謝！
如您需要了解本公司最新出版書目、購書優惠或企劃活動，歡迎您上網查詢或下載相關資料：http:// www.showwe.com.tw

您購買的書名：＿＿＿＿＿＿＿＿＿＿＿＿＿＿＿＿＿＿＿＿

出生日期：＿＿＿＿年＿＿＿＿月＿＿＿＿日

學歷：□高中（含）以下　□大專　□研究所（含）以上

職業：□製造業　□金融業　□資訊業　□軍警　□傳播業　□自由業
□服務業　□公務員　□教職　□學生　□家管　□其它＿＿

購書地點：□網路書店　□實體書店　□書展　□郵購　□贈閱　□其他

您從何得知本書的消息？
□網路書店　□實體書店　□網路搜尋　□電子報　□書訊　□雜誌
□傳播媒體　□親友推薦　□網站推薦　□部落格　□其他＿＿＿＿

您對本書的評價：（請填代號　1.非常滿意　2.滿意　3.尚可　4.再改進）
封面設計＿＿　版面編排＿＿　內容＿＿　文／譯筆＿＿　價格＿＿

讀完書後您覺得：
□很有收穫　□有收穫　□收穫不多　□沒收穫

對我們的建議：＿＿＿＿＿＿＿＿＿＿＿＿＿＿＿＿＿＿＿＿

＿＿＿＿＿＿＿＿＿＿＿＿＿＿＿＿＿＿＿＿＿＿＿＿＿＿

＿＿＿＿＿＿＿＿＿＿＿＿＿＿＿＿＿＿＿＿＿＿＿＿＿＿

＿＿＿＿＿＿＿＿＿＿＿＿＿＿＿＿＿＿＿＿＿＿＿＿＿＿

請貼
郵票

11466
台北市內湖區瑞光路 76 巷 65 號 1 樓
秀威資訊科技股份有限公司 收
BOD 數位出版事業部

（請沿線對折寄回，謝謝！）

姓　　名：＿＿＿＿＿＿＿＿　年齡：＿＿＿＿　性別：□女　□男

郵遞區號：□□□□□

地　　址：＿＿＿＿＿＿＿＿＿＿＿＿＿＿＿＿

聯絡電話：(日) ＿＿＿＿＿＿＿＿ (夜) ＿＿＿＿＿＿＿＿

E-mail：＿＿＿＿＿＿＿＿＿＿＿＿＿＿＿＿